Recht für Mieter

Martin Gaida

Recht für Mieter

**Wohnungssuche · Mietvertrag · Mieterhöhung
Nebenkosten · Wohnungsmängel · Wohngeld
Kündigung · Prozessführung · Auszug**

Inhalt

Vorwort

Fast ein Drittel des Einkommens wird in Westdeutschland für die Miete verwendet, in den neuen Bundesländern immerhin bereits ein Viertel. Vor allem in den Ballungsräumen ist die Situation der Mieter noch viel dramatischer. Trotz dieser hohen Kosten sind die Wohnbedingungen bei weitem nicht ideal. Schon bei der Wohnungssuche kann es viele unangenehme Überraschungen geben und auch beim Abschluss des Mietvertrages ist äußerste Vorsicht geboten. Sind auch diese Hürden geschafft, stellen sich andere Fragen: Was darf der Mieter und was der Vermieter? Wann kann der Vermieter die Miete erhöhen und wann kann der Mieter sie mindern? Dürfen Tiere gehalten werden oder darf eine Satellitenantenne angebracht werden?

Auf viele dieser Fragen gibt das Mietrecht, das sich in den letzten Jahren erheblich verändert hat, eine Antwort. Weniger durch gesetzliche Änderungen als durch eine Flut von weit reichenden Gerichtsentscheidungen haben Mieter und Vermieter eine ganz andere Position als noch vor einiger Zeit. Dies macht es nötig, das Recht des Mieters einmal völlig neu zu durchleuchten.

„Recht für Mieter" befasst sich genau mit dieser Problematik. Das Buch begleitet den Mieter von der Wohnungssuche bis zur Beendigung des Mietverhältnisses und geht dabei auf die zahlreichen Neuerungen ein, die das Mietrecht in den letzten Jahren erfahren hat. Dabei stellt es sich konsequent auf die Seite des Mieters. Zahlreiche Musterbriefe, Checklisten und Mietvertragsmuster helfen dem Mieter dabei, seine Interessen durchzusetzen.

Was Sie bei der Wohnungs- suche beachten sollten

Schon um eine passende und dennoch bezahlbare Wohnung zu finden, braucht der Mensch viel Glück. Die Nachfrage nach preiswertem Wohnraum steht im krassen Missverhältnis zum Angebot. Sie sollten deshalb jede sich bietende Chance nutzen, um an das begehrte Objekt zu kommen.

Zuerst das Wichtigste: Wie findet man eine Wohnung? Nun, der Tipp mit den **Zeitungsannoncen** ist zwar nicht besonders originell, dafür aber bewährt. Die meisten Wohnungsangebote findet man in der Wochenendausgabe der Tageszeitungen. Sagt Ihnen eine Anzeige zu, dann rufen Sie aber unverzüglich an, sonst ist die Wohnung weg.

Haben Sie schon Ihre Verwandten, Freunde und Arbeitskollegen gefragt? Sehr viele Wohnungen finden ihren neuen Mieter ausschließlich durch **Mundpropaganda.** Mit großer Wahrscheinlichkeit kennen Sie jemanden, der einen kennt, der gehört hat, dass ein Dritter eine freie Wohnung hat.

Kontakte nutzen

Ferner können Sie sich mit Wohnungsunternehmen oder **Wohnungsgenossenschaften** direkt in Verbindung setzen. Vor allem die Wohnungsgenossenschaften verhelfen vielen Mietern zu einer preiswerten Wohnung. Dabei müssen Sie zuerst einen bestimmten Betrag zahlen, um Mitglied in der Genossenschaft zu werden. Die Mitglieder kommen auf eine Warteliste. Wird dann eine Genossenschaftswohnung frei, bekommen die ersten sie angeboten, die anderen Mitglieder rücken nach. Eine gute, aber zeitaufwendige Lösung.

Wenn es schneller gehen soll, können Sie eigene **Such- anzeigen** in Zeitungen schalten oder einen **Makler** beauftragen. Bei einem Makler müssen Sie allerdings mit erheblichen Kosten rechnen (mehr dazu lesen Sie ab Seite 16).

Die eigenen Ansprüche

Gezielt zu suchen bedeutet, von Anfang an eine genaue Vorstellung über die gewünschte Wohnung zu haben. Besonders wichtig dabei: Lage, Größe, Ausstattung und Kosten der Mieträume. Werden Sie sich deshalb zunächst einmal klar über Ihre Wünsche und Bedürfnisse. Wenn Sie sich über die Ansprüche, die Sie an Ihre zukünftige Wohnung stellen, im Klaren sind, engen Sie zwar das vorhandene Angebot ein – aber später gibt es auch kein böses Erwachen. Denn aus so mancher Traum- wurde später eine Alptraumwohnung. Da achtet man auf die niedrige Miete und muss später feststellen, dass die Fahrtkosten zum Arbeitsplatz die Mietersparnis um ein Vielfaches übertreffen. Sie sollten also von vornherein wissen, welche Eigenschaften Ihre Wohnung unbedingt haben muss. Natürlich sind die Ansprüche sehr individuell, es gibt jedoch Kriterien, die fast immer eine bedeutende Rolle spielen. Einige davon sind in der Wohnungscheckliste am Ende dieses Kapitels zusammengefasst.

Unseriöse Angebote

Bei der Lektüre der Wohnungsangebote stellt sich oft die Frage: Wen sucht der Vermieter eigentlich? Einen Mieter? Einen Hausmeister? Eine Krankenschwester? Oder gar eine Mischung aus allem?

Nun, die Miete kann natürlich auch in Naturalien erbracht werden. Nicht selten stehen dahinter handfeste Interessen des Mieters. Ein Haus im Grünen für wenig Geld, da kann man schon einmal den Rasen mähen oder Schnee räumen. Sofern die Miete ihren Leistungen entsprechend reduziert wird, ist das durchaus in Ordnung.

Leider gibt es Vermieter, die versuchen aus der schwierigen Situation auf dem Wohnungsmarkt zusätzliches Kapital zu schlagen. Da die finanziellen Mittel der Mieter natürlich begrenzt sind und auch das Gesetz so manchen Riegel vorschiebt, was die Miethöhe betrifft, werden vom Mieter oft Dienstleistungen verlangt, die zusammen mit der zu zahlenden Miete in keinem Verhältnis zum tatsächlichen Wohnwert stehen. Will also der Vermieter neben der regulären Miete noch zusätzlich ein paar „Gefälligkeiten", kalkulieren Sie genau, ob Ihre Leistungen durch angemessenen Mietnachlass honoriert werden. Sind die Bedingungen akzeptabel, sollten Sie, um spätere Streitigkeiten zu vermeiden, den Umfang und die Dauer Ihrer Dienste schriftlich fixieren.

Hellhörig sollten Sie werden, wenn der Vermieter oder Verwalter vor Abschluss des Vertrages irgendwelche Vorausleistungen verlangt. In der Regel sind keine erforderlich. (Ausnahmen können sich im Rahmen eines Vorvertrages ergeben; s. das Kapitel „Vorverhandlungen".) Es werden aber immer wieder Fälle bekannt, in denen für nur eine Wohnung – sofern überhaupt vorhanden – bei mehreren potentiellen Mietern abkassiert wird; und dann sind Geld und Verwalter plötzlich verschwunden.

Vorsicht bei Vorleistungen!

Sind Sie bereits einem **Wohnungsvermittlungsverein** beigetreten? Noch nicht? Dann haben Sie nichts versäumt, denn solche Vereine verstoßen gegen das Gesetz. Ihre Grundidee ist denkbar einfach: Der Wohnungssuchende tritt dem Verein bei und entrichtet dabei eine Beitrittsgebühr oder einen Mitgliedsbeitrag in ansehnlicher Höhe. Im Gegenzug sollte ihm der Verein eine Wohnung besorgen. Abgesehen von den beträchtlichen Kosten sind die Methoden der Wohnungsvermittlung vieler dieser Vereine mehr als zweifelhaft. Teilweise werden lediglich Zeitungsannoncen abgeschrieben. Außerdem wird hier – verdeckt – schon allein für den Versuch einer Wohnungsvermittlung – Provision verlangt. Das aber verstößt gegen das Wohnungsvermittlungsgesetz. Dort wird bestimmt, dass eine Provision nur gezahlt werden muss, wenn die Wohnung erfolgreich vermittelt wurde. Wenn Sie einem solchen Verein bereits beigetreten sind, verlangen Sie das gezahlte Geld einfach zurück; das Recht steht auf Ihrer Seite.

Wohnungs-vermittlungen

Nicht zu verwechseln mit den Wohnungsvermittlungsvereinen sind die kommunalen **Wohnungsvermittlungsstellen,** die es in einigen Städten noch gibt. Dort können Sie sich ohne Bedenken nach freien Wohnungen erkundigen.

Maklerprovisionen

Führen die eigenen Bemühungen nicht zur gewünschten Wohnung, beginnt die Suche allmählich kostspielig zu werden. Jetzt soll ein Wohnungsmakler die Angelegenheit kurz und schmerzlos erledigen. Im Gegensatz zur Wohnung braucht man ihn nicht lange zu suchen, überall bieten Makler ihre mehr oder weniger professionellen Dienste an. Mit etwas Glück findet einer die passende Wohnung, vielleicht sogar schnell. Doch das hat seinen Preis. Der Makler lässt sich in der Regel seine Dienste gut entlohnen. Aber Vorsicht! Zahlen Sie nicht mehr als tatsächlich nötig. Was der Makler wirklich fordern darf und was nicht, bestimmen Gesetze und Rechtsprechung. Insbesondere das Gesetz zur Regelung der Wohnungsvermittlung (WoVermittG) schützt Sie nicht nur vor zu hohen Maklerprovisionen, sondern regelt genau, ob ein Makler überhaupt Anspruch auf Provision hat oder leer ausgeht. (Wenn im Folgenden Paragrafen zitiert werden, dann stammen sie aus dem WoVermittG.)

Schutz vor „schwarzen Schafen"

Zuerst sollten Sie jedoch darauf achten, dass Ihr Makler Mitglied in einem der Berufsverbände – Ring Deutscher Makler (RDM) oder Verband Deutscher Makler (VDM) – ist. Zwar sind sie auch dann noch nicht hundertprozentig vor „schwarzen Schafen" geschützt, die Wahrscheinlichkeit einen seriösen Makler zu bekommen ist jedoch größer.

Haben Sie einen Makler gefunden, so hat er nur dann Anspruch auf Zahlung der Provision, wenn Sie zuvor mit ihm einen Maklervertrag geschlossen haben. Dieser Vertrag kann schriftlich, mündlich, aber auch durch **schlüssiges Verhalten** zustande kommen. Schlüssiges Verhalten liegt z. B. dann vor, wenn der Makler darauf hinweist, dass er nur gegen Provision vermittelt, und Sie dem zwar nicht ausdrücklich zustimmen, aber dennoch weiterhin seine Dienste in Anspruch nehmen. Übrigens: Bestehen Zweifel darüber, ob ein Maklervertrag tatsächlich geschlossen wurde, trägt der Makler die Beweislast, d. h., er muss nachweisen, dass Sie ihn beauftragt haben.

Ist der Maklervertrag geschlossen, so muss der Vermittler zuerst seine Aufgaben erfüllen, bevor er Sie zur Kasse bitten darf: Erst muss Ihnen der Makler eine Wohnung **nachweisen** oder **vermitteln**. Nachweisen bedeutet: Der Makler nennt Ihnen die Adresse der Wohnung und die des Vermieters oder Verwalters. Die Vermittlung einer Wohnung erfordert in der Regel außerdem, dass der Makler mit dem Vermieter verhandelt oder Ihnen das Mietobjekt zeigt. Schließlich muss über die nachgewiesene oder vermittelte Wohnung tatsächlich ein Mietvertrag geschlossen werden (§ 2 Abs. 3); der Abschluss eines Vorvertrages genügt nicht.

Aufgaben des Maklers

Sie haben einen Maklervertrag geschlossen, eine Wohnung wurde Ihnen vermittelt oder nachgewiesen, der Mietvertrag ist auch unter Dach und Fach. Darf der Makler jetzt endlich Geld von Ihnen verlangen? In der Regel ja. Aber keine Regel ohne Ausnahme! So steht dem Makler die Provision dann nicht zu:

- wenn der von ihm vermittelte Mietvertrag nichtig ist oder erfolgreich rückwirkend angefochten wird.
- wenn die Maklertätigkeit für den Abschluss des Mietvertrages nicht ursächlich war. Kannten Sie also die Adresse der freien Wohnung noch bevor der Makler sie Ihnen mitteilte, hat er keine Ansprüche gegen Sie.
- wenn durch den Mietvertrag ein Mietverhältnis über dieselben Wohnräume fortgesetzt, verlängert oder erneuert wird (§ 2 Abs. 2 Nr. 1). Das heißt: Waren Sie bereits vorher Mieter dieser Wohnung, dann brauchen Sie nicht zu zahlen.

- wenn es sich bei der nachgewiesenen Wohnung um eine öffentlich geförderte oder eine sonstige preisgebundene Wohnung handelt, die nach dem 20. Juni 1948 bezugsfertig geworden ist (§ 2 Abs. 3).
- wenn der Wohnungsvermittler zugleich Eigentümer, Verwalter, Mieter oder Vermieter der betreffenden Wohnung ist (§ 2 Abs. 2). Wer Eigentümer, Vermieter oder Mieter ist, lässt sich relativ leicht herausfinden. Woran erkennt man aber einen Verwalter? Diese Frage beschäftigte oft die Gerichte. Generell kommt es auf den äußeren Schein an und nicht darauf, ob er vom Eigentümer tatsächlich für diese Tätigkeit bezahlt wird. Kennzeichnend für einen Verwalter ist z. B., dass er die Mietverträge abschließt, die Miete einzieht, Handwerker beauftragt oder Betriebskostenabrechnungen erstellt. Ist das der Fall, dann besteht kein Anspruch auf Provision. Aber Vorsicht bei Eigentumswohnanlagen! Der Verwalter einer solchen Anlage darf in der Regel eine Provision verlangen, es sei denn, dass er gleichzeitig noch die Verwaltung für eine einzelne Wohnung dieser Anlage übernommen hat, also z. B. für den betreffenden Eigentümer die Mietverträge abschließt.
- wenn zwischen dem Makler und dem Eigentümer, Vermieter oder Verwalter der Wohnung ein enger wirtschaftlicher Zusammenhang besteht (§ 2 Abs. 2 Nr. 3). Wann dies der Fall ist, haben bereits einige Gerichte entschieden. Ist z. B. der Geschäftsführer der Maklerfirma gleichzeitig Mitvermieter oder wirtschaftlich an der Vermieterfirma beteiligt, so hat er keinen Anspruch auf Provision.

Viele Vermieter, Eigentümer und Verwalter versuchen die für sie ungünstige gesetzliche Regelung dadurch zu umgehen, dass sie ihren Ehepartner als Vermittler einschalten. Aber auch das wurde von den Gerichten erkannt und so manches Gericht setzte diesem Treiben ein Ende. Dabei genügt es jedoch nicht, dass dem einen Ehepartner die Verwalterfirma und dem anderen die Maklerfirma gehört – eine solche Regelung würde Ehepaare diskriminieren –, vielmehr muss neben der Ehe noch eine zusätzliche Verknüpfung zwischen den Firmen vorliegen. Das ist z. B. dann der

Ehepartner als Vermittler

Fall, wenn die Ehepartner gemeinsam in den gleichen Geschäftsräumen arbeiten oder wenn die Maklerfirma vorwiegend Wohnungen des Ehepartners vermittelt. Liegen diese Voraussetzungen vor, dann zahlen Sie die Provision nicht.

Hat Ihr Makler alle Voraussetzungen erfüllt und gegen keine Regel verstoßen? Dann hat er auch einen Provisionsanspruch. Aber der **Provisionshöhe** sind Grenzen gesetzt: Seit dem 1. September 1993 darf der Makler von Ihnen höchstens eine Provision in Höhe von zwei Monatsmieten zuzüglich Umsatzsteuer verlangen. Dabei bleiben die Nebenkosten, die gesondert abgerechnet werden, außer Betracht (§ 3 Abs. 2). Ob der Makler sich daran hält, können Sie in der Regel relativ schnell aus dem Maklervertrag ersehen, da der Makler dazu verpflichtet ist die Höhe seiner Provision als Bruchteil oder Vielfaches der Monatsmiete anzugeben. Der Makler muss also in etwa so formulieren: „Die Provision beträgt 1 Monatsmiete", „Die Provision beträgt 2 Monatsmieten" oder „Die Provision beträgt 1⅓ Monatsmieten".

Wie hoch darf die Provision sein?

   Was aber, wenn Sie bereits zu viel oder gar zu Unrecht gezahlt haben? Auch hier hat das Gesetz für Sie eine Lösung parat. Sie können Ihr Geld zurückfordern, und das innerhalb von vier Jahren, von dem Tag an gerechnet, an dem Sie Ihre Leistung erbracht haben (§ 5 Abs. 5).

Beispiel:
Xaver Hell findet mit Hilfe des Maklers Uwe Gierig eine passende Wohnung. Die Miete beträgt 1 200 DM. Dabei werden die Nebenkosten gesondert abgerechnet. Hell schließt den Mietvertrag und wäre eigentlich rundum zufrieden, wenn es da nicht die Forderung des Maklers gäbe. Dieser verlangt drei Monatsmieten, also 3 600 DM, zuzüglich Umsatzsteuer. Aber Vertrag ist Vertrag, schließlich hat Xaver Hell ja auch den Maklervertrag unterschrieben, in dem eine Provision in Höhe von drei Monatsmieten zuzüglich Umsatzsteuer vorgesehen war. Also zahlt er am 1. Februar 1994 das geforderte Geld. Gierig durfte jedoch höchstens zwei Monatsmieten als Provi-

sion verlangen, also 2 400 DM, plus Umsatzsteuer. Hell kann deshalb bis zum 2. Februar 1998 die zu viel gezahlten 1 200 DM zurückfordern. Sein Schreiben, in dem er das Geld zurückfordert, muss spätestens am 2. Februar 1998 beim Makler eingehen. Er sollte dabei ein Einschreiben mit Rückschein verwenden, um den rechtzeitigen Zugang später beweisen zu können. (Ein Musterschreiben zu diesem Thema finden Sie am Ende dieses Kapitels.)

Mieterselbstauskunft

Vor dem Abschluss des Mietvertrages möchte der Vermieter in der Regel so viel wie möglich über den künftigen Mieter erfahren. Um ein genaues Bild von Ihnen zu bekommen, wird er entweder mündliche Fragen stellen oder einen Fragebogen ausfüllen lassen. Manche dieser Fragen sind zulässig, andere jedoch verstoßen gegen das Recht des Mieters auf **informationelle Selbstbestimmung.**

Welche Fragen sind zulässig?

Als zulässig betrachtet die Rechtsprechung Fragen nach dem Arbeitsverhältnis, dem Einkommen, der Bonität, dem Familienstand und der Anzahl der Kinder. An diesen Fragen hat der Vermieter ein berechtigtes und billigenswertes Interesse – schließlich will er seine Mietzahlungen gesichert sehen und die Wohnung sollte auch nicht überbelegt werden.

Fragen nach der Religionszugehörigkeit sind nur dann zulässig, wenn der Vermieter ein kirchliches Wohnungsunternehmen ist, dessen Ziel – die Versorgung der Kirchenmitglieder mit Wohnungen – im Vordergrund steht.

Unzulässig hingegen, so die Gerichte, sind Fragen nach eventuellen Vorstrafen, staatsanwaltschaftlichen Ermittlungsverfahren, der Aufenthaltsberechtigung eines ausländischen Mieters, der Mitgliedschaft in einem Mieterverein, der Partei- oder Gewerkschaftszugehörigkeit und solche nach früheren Mietverhältnissen.

Uneinigkeit besteht darüber, ob der Vermieter nach einer möglichen Schwangerschaft der Mieterin fragen darf oder nicht.

Sie sind verpflichtet die zulässigen Fragen wahrheitsgemäß zu beantworten. Stellt sich nämlich später heraus, dass Sie es mit der Wahrheit nicht ganz so genau genommen haben, kann der Vermieter den Mietvertrag entweder anfechten oder kündigen. Zwar kann eine unrichtige Auskunft über die Einkommensverhältnisse unter Umständen durch pünktliche und vollständige Zahlung der Miete nach Einzug wieder wettgemacht werden, doch sollten Sie sich nicht unbedingt darauf verlassen. Denn findet der Vermieter die Wahrheit zu früh heraus, wird er Ihnen nicht mehr die Gelegenheit zur regelmäßigen Zahlung geben. Außerdem: Sollte es zu einer gerichtlichen Auseinandersetzung kommen, haben Sie nicht die besten Karten.

Was aber, wenn sich der Vermieter nicht an die Spielregeln hält und Fragen stellt, die unzulässig sind? Sie können natürlich von Ihrem Recht auf informationelle Selbstbestimmung Gebrauch machen und schweigen oder sogar auf die Unzulässigkeit der Frage hinweisen. Das führt jedoch in vielen Fällen dazu, dass Sie zwar im Recht sind, aber die Wohnung nicht bekommen. Um das zu vermeiden, können Sie durchaus die Unwahrheit sagen. Es wird Ihnen keiner einen Strick daraus drehen. Sie müssen bedenken, dass hier schließlich der Vermieter derjenige ist, der ein falsches Spiel spielt. Sie können sich also mit Recht durch eine falsche Antwort revanchieren. Erfährt der Vermieter nachträglich, dass Sie ihm die Frage falsch beantwortet haben, dann darf er Ihnen deswegen keine Kündigung ins Haus schicken.

Schufa-Auskunft

Früher hatten Vermieter noch die Möglichkeit eine Schufa-Auskunft über den Mieter einzuholen. Damit verschafften sie sich zusätzliche Informationen über seine Zahlungsfähigkeit. Das ist heute verboten! Eine solche Auskunft erhalten nur noch Banken oder vergleichbare Institute. Vor der übertriebenen Neugier der Vermieter sind Sie dennoch nicht ganz geschützt, da jetzt einige eine **schriftliche Selbstauskunft** verlangen. Das heißt, Sie müssen über sich selbst Auskunft bei der „Schufa" einholen und diese dem Vermieter übergeben oder auf die Wohnung verzichten. Leider kann diese unfaire Vorgehensweise nicht unterbunden werden.

Bevor Sie den Mietvertrag abschließen, sollten Sie auf jeden Fall das Mietobjekt besichtigt haben. Dabei können Sie zunächst einmal feststellen, ob die Wohnung der Beschreibung des Maklers oder Vermieters entspricht. Lassen Sie sich *Alle Räume* vom Vermieter aber auf keinen Fall mit der Aussage abspeisen, dass gewisse Räume nicht besichtigt werden könnten, weil der jetzige Mieter damit nicht einverstanden sei. Denn der Vermieter hat das Recht – natürlich nur nach vorheriger Ankündigung und Terminvereinbarung mit dem Mieter – alle Räume zu betreten, insbesondere dann, wenn eine Neuvermietung ansteht und jemand die Wohnung sehen will.

Alle Räume besichtigen

Sind Sie in der Wohnung angelangt, dann stürzen Sie sich nicht sofort auf den in der Annonce besonders angepriesenen Kachelofen aus dem neunzehnten Jahrhundert, sondern achten Sie darauf, ob auch die anderen Eigenschaften tatsächlich vorliegen. Vor allem sollten Sie aber auch nach möglichen Mängeln suchen. Insbesondere ist hier auf Feuchtigkeit und Schimmel zu achten. Haben Sie Mängel entdeckt, drängen Sie darauf, dass sie behoben werden – am besten noch vor Ihrem Einzug. Wenn das nicht möglich sein sollte, ist es ratsam die Pflicht zur späteren Behebung der Mängel in den Mietvertrag hineinzuschreiben. Auf jeden Fall sollten Sie die Mängel der Wohnung schon jetzt notieren. Zwar haben Sie dazu noch Gelegenheit bei der tatsächlichen Wohnungsübernahme (ein ausführliches Übergabeprotokoll dafür finden Sie in Kapitel 2), doch könnten bis dahin die großen Wasserflecken an der Wand so kunstvoll übermalt worden sein, dass Sie nicht mehr an sie denken. Außerdem können Sie Ihre Sonderwünsche in Bezug auf die Ausstattung oder auch etwaige Umbauten vereinbaren.

Was sagen die Nachbarn? Fragen Sie auch die künftigen Nachbarn und den Vormieter, am besten ohne Beisein des Vermieters, nach den Vor- und Nachteilen der Wohnung. Diese können Ihnen die besten und neutralsten Auskünfte geben. Es empfiehlt sich auch die Wohnung oder zumindest die nähere Umgebung zu verschiedenen Tageszeiten zu erkunden. So manche zur Tageszeit ruhige

Gegend verwandelt sich bei Einbruch der Nacht in ein geräuschvolles Vergnügungsviertel und die sonntags so ruhige Straße kann werktags zum Nadelöhr für Fernlastzüge werden.

Vorverhandlungen

Vor dem Abschluss des Mietvertrages sind weder der Vermieter noch der Mieter gebunden. Das heißt, der Vermieter kann die Wohnung einem anderen überlassen und der Mieter die Verhandlungen abbrechen und eine andere Wohnung mieten. In der Regel bleibt das ohne Folgen, auch wenn zwischen den Parteien schon längere Vorverhandlungen durchgeführt wurden und die eine Partei im Hinblick auf den Abschluss des Mietvertrages bereits Investitionen getätigt hat.

Etwas anderes gilt nur, wenn durch das schuldhafte Verhalten der einen Partei der anderen ein Schaden entsteht. Dann muss dieser Schaden ersetzt werden. Das Verhalten kann als schuldhaft angesehen werden, wenn die eine Partei leichtfertig oder sogar bewusst das Vertrauen der anderen geweckt hat, dass der Vertrag mit Sicherheit geschlossen wird.

Schuldhaftes Verhalten

Beispiel:

Xaver Hell wollte eine Wohnung in München mieten. Nach langer Suche fand er mit Hilfe eines Maklers ein bezahlbares Objekt. Der Vermieter ließ nach längeren Vorverhandlungen keinen Zweifel daran, dass er die Wohnung an Hell vermieten werde. Zwischen beiden wurde vereinbart, dass Hell bereits am 4. Oktober 1996 in die Wohnung einziehen dürfe und deshalb schon eine Speditionsfirma beauftragen werde. Im Vertrauen auf diese Zusage leitete Hell alle Vorbereitungen ein. Zum vereinbarten Termin stand nun Hell samt Speditionsfirma vor verschlossenen Türen. Die Wohnung war inzwischen an Jens Petersen vermietet worden, der mehr dafür geboten hatte. Hier kann Hell den Ersatz der Speditionskosten, der Maklerausgaben und der anderen Kosten, die mit dem Umzug im unmittelbaren Zusammenhang stehen, vom Vermieter als Schadensersatz verlangen.

Wurde zwischen dem Vermieter und dem potentiellen Mieter ein **Vorvertrag** abgeschlossen und hält sich eine Partei nicht an die Vereinbarung, so ist sie auch zum Schadensersatz verpflichtet.

Ein Vorvertrag wird häufig dann geschlossen, wenn sich die Parteien zwar durchaus binden wollen, aber noch nicht gleich den endgültigen Mietvertrag schließen wollen oder können. Das kann z. B. dann der Fall sein, wenn noch keine Einigkeit über den Inhalt des Mietvertrages besteht, die Wohnung noch eine Zeit lang anderweitig vermietet oder noch nicht fertiggestellt ist. Ferner auch dann, wenn sich der Mieter an der Finanzierung des Neubaus beteiligen soll, z. B. durch Baukostenzuschüsse oder Mietvorauszahlungen.

Ein Vorvertrag bedarf nicht der Schriftform und zwar auch dann nicht, wenn der endgültige Mietvertrag für länger als ein Jahr geschlossen werden soll.

Liegt ein solcher Vorvertrag vor, sind die Parteien dazu verpflichtet, später den endgültigen Mietvertrag abzuschließen. Vermietet der Vermieter die Wohnung entgegen seiner Zusage an einen anderen, dann können Sie zwar nicht mehr auf die Erfüllung des Vorvertrages pochen (der andere Mieter genießt ja schließlich auch Mieterschutz); Sie können aber vom Vermieter den Ersatz des Ihnen entstandenen Schadens verlangen.

Anspruch auf Schadensersatz

Einen Anspruch auf Schadensersatz können Sie auch geltend machen, wenn der Vermieter Ihre Fragen falsch beantwortet hat. Denn nicht nur der Mieter ist dazu verpflichtet zulässige Fragen wahrheitsgemäß zu beantworten, sondern auch der Vermieter.

Wollten Sie eine ruhige Wohnung und versichert Ihnen der Vermieter, dass sowohl die Lage als auch die Nachbarn besonders ruhig seien, trifft das aber nicht zu, dann können Sie nicht nur kündigen, sondern auch Schadensersatz z. B. für die Umzugskosten oder andere mit dem Wohnungswechsel verbundene Aufwendungen verlangen.

Der Vermieter ist auch dazu verpflichtet Vorkehrungen zu treffen, dass der Wohnungsinteressent oder seine Familienmitglieder bei den Vorverhandlungen oder bei der Besichtigung in den Räumen des Vermieters nicht zu Schaden kommen. Kommt er dieser Pflicht nicht nach, so muss er bei Schadenseintritt haften.

Beispiel:
Xaver Hell, seine Ehefrau Sylvia und Sohn Florian besichtigen die Wohnung von Jürgen Finster. Beim Betreten des Balkons stützt sich Florian auf der Balustrade ab. Diese wurde jedoch vorerst nur provisorisch befestigt und Florian stürzt ein Stockwerk tief in den Garten. Dabei zieht er sich neben mehreren Prellungen auch einen komplizierten Oberschenkelbruch zu. Der Vermieter Finster hat hier seiner Verkehrssicherungspflicht nicht Genüge getan, deshalb muss er sowohl für die Behandlungskosten aufkommen als auch ein angemessenes Schmerzensgeld zahlen.

Die Verkehrssicherungspflicht

Abstandszahlungen

Das bestehende Missverhältnis zwischen vorhandenem Wohnraum und der Nachfrage nach bezahlbaren Wohnungen führte dazu, dass nicht nur die Vermieter und Verwalter, sondern auch die Vormieter ein Geschäft mit der Not der Wohnungssuchenden machen wollten. So ließen sie sich nur dafür, dass sie die Wohnung räumten, fürstlich vom Wohnungsinteressenten entlohnen und das selbst dann, wenn sie sowieso umziehen wollten. Daneben wurden für teilweise wertlose oder vom Nachmieter nicht gebrauchte Einrichtungsgegenstände Summen verlangt, die in keinem Verhältnis zum tatsächlichen Wert standen. Wollte der Interessent die Wohnung haben, musste er wohl oder übel das Gerümpel teuer kaufen und dann in der Regel, auch nicht billig, entsorgen. Solche Regelungen, die den Vormieter zur Aufgabe der Wohnung veranlassen sollen, nennt man **Abstandsvereinbarungen.**

Der Gesetzgeber versuchte durch § 4 WoVermittG den Auswüchsen der Abstandszahlungen entgegenzusteuern. Nach § 4 Abs. 1 S. 1 WoVermittG ist „eine Vereinbarung, die den Wohnungssuchenden oder für ihn einen Dritten verpflichtet, ein Entgelt dafür zu leisten, dass der bisherige Mieter die gemieteten Wohnräume räumt, unwirksam". Deshalb brauchen Sie für die Räumung der Wohnung durch den Vormieter an sich nichts zahlen, egal ob Sie das mit dem Mieter, dem Verwalter oder dem Vermieter vereinbart haben. Anders ist es jedoch mit der Vereinbarung, dass der Nachmieter für die Umzugskosten des Vormieters aufkommt. Diese Vereinbarung ist gemäß § 4a Abs. 1 S. 2 WoVermittG zulässig. Dazu zählen nicht nur die Kosten für den Transport der Einrichtungsgegenstände, sondern alle Kosten, die mit dem Umzug im direkten Zusammenhang stehen. Unter Umständen müssen Sie also, falls vereinbart, die Renovierung der bisherigen oder gar der künftigen Wohnung des Vormieters finanzieren. Diese Ausgaben müssen jedoch durch den Vormieter nachgewiesen werden.

Soweit es um Abstandsvereinbarungen in Bezug auf Einrichtungsgegenstände oder Inventar des Vormieters geht, schützt der Gesetzgeber in § 4a Abs. 2 WoVermittG den Nachmieter vor überzogenen Forderungen des Vormieters. Danach gilt Folgendes: Haben Sie sich im Zusammenhang mit dem Abschluss des Mietvertrages dazu verpflichtet Einrichtungsgegenstände oder sonstiges Inventar des Vormieters zu erwerben und wurde nichts anderes vereinbart, so müssen Sie im Zweifel diese Gegenstände nur abnehmen und bezahlen, wenn der Mietvertrag tatsächlich zustande kommt. Ist das nicht der Fall, dann hat der Vormieter keine Ansprüche gegen Sie.

Keine Ansprüche ohne Vertrag

Ferner ist die Vereinbarung dann unwirksam, wenn der Preis für die Einrichtungsgegenstände oder das Inventar in auffälligem Missverhältnis zu ihrem tatsächlichen Wert steht. Dies kann in der Regel dann angenommen werden, wenn Sie mehr als 150 % des tatsächlichen Wertes zahlen müssten.

Beispiel:
Xaver Hell hat endlich seine günstig gelegene und bezahlbare Dreizimmerwohnung gefunden. Sie hat jedoch einen kleinen Schönheitsfehler: Der Vormieter Uwe Klett möchte zwar grundsätzlich umziehen, es fehlt ihm aber noch ein gewisser „Anreiz" zum Wohnungswechsel. Da Hell die Wohnung auf

jeden Fall haben will, verpflichtet er sich die Umzugskosten des Vormieters zu tragen. Ferner zahlt Xaver Hell für die Aufgabe der Wohnung 2000 DM, erwirbt von Klett die schwarzen Vorhänge und Gardinen in der Wohnung zum Preis von 3000 DM und einen IKEA-Schrank zum Preis von 4000 DM.

Hell wird die Umzugskosten zahlen müssen, wenn sie vom Vormieter nachgewiesen werden. Für das Freimachen der Wohnung durch Klett braucht er hingegen nicht zu zahlen. Was die Gardinen, Vorhänge und den Schrank betrifft, muss er nur dann zahlen, wenn der Mietvertrag tatsächlich geschlossen wird und der Preis dieser Gegenstände nicht im „auffälligen Missverhältnis" zum tatsächlichen Wert steht. Stellt Xaver Hell fest, dass die Vorhänge und Gardinen nur 500 DM und der Schrank 2000 DM wert sind, dann muss er den überhöhten Preis nicht bezahlen.

Der tatsächliche Wert

Praxishilfen

Beispiele aus der Rechtsprechung

„Verpflichtet sich der Mieter zur Zahlung einer unverhältnismäßig hohen Bearbeitungsgebühr für die Ausfertigung eines Formularantrages zum Mietvertragsabschluss, so ist die Vereinbarung nichtig." (AG Bremerhaven, WM 1994, S. 194)

„Die (formularvertragliche) Vereinbarung einer Vertragsausfertigungsgebühr oder eines Abstandes, deren Höhe unüblich ist oder außerhalb der Vertragserstellungskosten liegt, ist nichtig." (AG Wuppertal, WM 1994, S. 194)

„Hat der Mieter für die Verschaffung einer Wohnung eine Sonderzahlung ausgelobt, kann er den an den Vermieter gezahlten Betrag wegen Verstoßes gegen das Wohnungsvermittlungsgesetz jedenfalls dann zurückfordern, wenn er von dem Vermieter auf die Sonderzahlung angesprochen wurde." (AG Dortmund, WM 1995, S. 665)

„Hat der Wohnungsvermittler eine Maklerleistung nicht erbracht, so kann er aus einer Provisionsverpflichtung, die der Mieter gegenüber dem Vermieter zugunsten des Maklers erklärt, keine Zahlungsansprüche gegen den Mieter herleiten." (AG Altena, WM 1995, S. 493)

Checkliste: Wohnungsmerkmale

Wohnungslage

Ort: _____   Stadtteil: _____

Umgebung: _____
(z. B. ruhig, Freizeitmöglichkeiten ...)

Süd- oder Nordlage: _____

Verkehrsanbindung: _____
(z. B. Bus, Bundesbahn, Flugplatz, Autobahn ...)

Arbeitsplatz: _____
(Entfernung, Verkehrsverbindung, Fahrkosten ...)

Kinder: _____
(Spielplätze, Kindergarten, Schulen ...)

Infrastruktur: _____
(Einkaufsmöglichkeiten, ärztliche Versorgung, Freizeitmöglichkeiten ...)

Wohnungsgröße

Quadratmeterzahl: _____   Anzahl der Zimmer: _____
(mögl. Familienzuwachs ...)

Wohnungsbeschaffenheit

Altbau/Neubau: _____

Zuschnitt: _____
(Zimmeraufteilung, Raumhöhe, Verwinklungen, Fenster und Türplatzierung,
Stauraum ...)

_____

_____

Küchen-/Badausstattung: _____

_____

Balkon/Terrasse: _____   Kellerabteil: _____

Baustoffe: _____

_____

(Ziegel- oder Betonmauern, ökologische Farben und Baustoffe ...)

Nachbarschaft: _____
(Lärmbelästigung durch Straßen, Gaststätten, Gewerbebetriebe ...)

Parkmöglichkeiten: _____

Helligkeit: _____
(Fenstergröße, Süd- oder Nordfenster ...)

Heizung: _____
(Öl-, Gas-, Stromheizung, Alter der Anlage ...)

Isolation: _____
(Wärme-, Schallisolation ...)

Wohnungskosten

Miethöhe: _____   Kabelanschluss: _____

Mieterhöhungen: _____   Abstandszahlung: _____

Nebenkosten: _____   Renovierungskosten: _____

Heizkosten: _____   Schönheitsreparaturen: _____

Stromkosten: _____   _____

Maklervertrag über Wohnraumvermittlung

Zwischen Herrn Xaver Hell, Steinweg 16, 80464 München, nachfolgend: Auftraggeber, und Herrn Uwe Gierig, Lilienstraße 3–7, 80757 München, nachfolgend: Makler, wird folgende Vereinbarung getroffen:

§ 1
Der Makler wird beauftragt dem Auftraggeber eine Mietwohnung in München nachzuweisen oder zu vermitteln.

§ 2
Der Auftraggeber verpflichtet sich für den Nachweis oder die Vermittlung der Wohnung eine Provision an den Makler zu zahlen. Die Provision beträgt 2 Monatsmieten zuzüglich Mehrwertsteuer. Dabei wird die Miete der nachgewiesenen oder vermittelten Wohnung zugrunde gelegt. Sofern ein Mietvertrag mit Staffelmiete geschlossen wird, ist für die Berechnung der Provision die Miete im ersten Jahr maßgebend.

§ 3
Der Anspruch des Maklers auf Provisionszahlung entsteht und wird fällig am Tag der Unterzeichnung des Mietvertrages über die nachgewiesene oder vermittelte Wohnung.

§ 4
Der Auftraggeber verpflichtet sich, auch wenn ein Mietvertrag über die nachgewiesene oder vermittelte Wohnung nicht abgeschlossen wird, die nachgewiesenen Auslagen des Maklers zu erstatten, sofern sie eine Monatsmiete übersteigen.

§ 5
Jede Veränderung dieser Vereinbarung bedarf der Schriftform.

§ 6
Im übrigen gelten die gesetzlichen Bestimmungen. Sofern eine Vereinbarung dieses Vertrages ungültig sein sollte, wird davon die Gültigkeit der anderen Bestimmungen nicht berührt.

§ 7
Hiermit bestätige ich durch meine Unterschrift den Maklervertrag gelesen zu haben und mit dem Inhalt einverstanden zu sein. Eine Zweitschrift wurde mir ausgehändigt.

München, den 30. Juni 1997

Xaver Hell   Uwe Gierig
Auftraggeber   Makler

Checkliste: Unzulässige Klauseln im Maklervertrag

Längst nicht alles, was sich in Maklerverträgen findet, ist zulässig. Im Folgenden finden Sie eine Auswahl der gängigsten unzulässigen Maklervertragsklauseln:

§ ...

Der Auftraggeber bestätigt, die Kenntnis der vom Makler nachgewiesenen Adresse erstmalig durch dessen Mitteilung erhalten zu haben.

Hier soll der Auftraggeber sozusagen „ins Blaue hinein" etwas bestätigen, was er noch gar nicht wissen kann. Diese Klausel benachteiligt unangemessen die Interessen des Auftraggebers und verstößt damit gegen das AGB-Gesetz.

§ ...

Mit dem Abschluss des Maklervertrages verpflichtet sich der Auftraggeber eine Einschreibgebühr in Höhe von 40 DM an den Makler zu bezahlen.

Einschreibgebühren und Schreibgebühren sind gemäß § 3 Abs. 3 WoVermittG unzulässig.

§ ...

Der Kunde ist verpflichtet die Provision zu zahlen, sofern der Makler ihm eine Adresse nachgewiesen oder vermittelt hat und der Vertrag durch Weigerung des Kunden nicht zustande kommt.

Diese Klausel ist unzulässig, da der Makler nur dann Anspruch auf Provision hat, wenn ein Mietvertrag zustande kommt. Also: Ohne Mietvertrag keine Provision. Auch wenn's an Ihnen liegt!

§ ...

Werden die aus dem Maklervertrag resultierenden Pflichten nicht erfüllt, so hat die Gegenpartei Anspruch auf Zahlung einer Vertragsstrafe in Höhe von 200 DM.

Diese Klausel ist gemäß § 4 WoVermittG unzulässig. Eine Vertragsstrafe darf zwar grundsätzlich vereinbart werden, sie darf jedoch höchstens 10 % der Provision betragen und 50 DM nicht übersteigen.

Xaver Hell   1996-09-9
Steinweg 16
80464 München

Uwe Gierig
Lilienstraße 3–7

80757 München

*Musterbrief:
Provisionsrückforde-
rung (am besten:
Einschreiben mit
Rückschein!)*

Maklervertrag vom 1994-01-01, Rückforderung

Sehr geehrter Herr Gierig,

am 1. Februar 1994 habe ich Ihnen 3 450 DM überwiesen.
Grundlage dieser Zahlung war der Maklervertrag vom
1. Januar 1994. In diesem Vertrag wurde eine Provision in Höhe
von 3 Monatsmieten zuzüglich Mehrwertsteuer vereinbart.
Diese Provision ist, wie ich nachträglich in Erfahrung bringen
konnte, viel zu hoch bemessen. Sie hätten nur einen Anspruch
auf höchstens 2 Monatsmieten (§ 3 Abs. 2 WoVermittG)
gehabt, also auf 2 300 DM.

Ich fordere Sie deshalb dazu auf 1 150 DM auf mein Konto,
Nr. 12345678 bei der Zaster Bank, BLZ 23456789, bis spätestens
1996-09-23 zu überweisen.
Sollte bis zu diesem Termin keine Zahlung erfolgt sein, werde
ich die Forderung gerichtlich durchsetzen.

Freundliche Grüße

Xaver Hell

Augen auf beim Mietvertrag!

Geschafft! Sie haben die Wohnung gefunden, die Ihren Vorstellungen entspricht. Auch die Verhandlungen mit dem Vermieter verliefen zu Ihrer Zufriedenheit. Jetzt noch schnell einen Mietvertrag schließen …

Nun, ein Mietvertrag ist natürlich erforderlich, aber nicht irgendeiner, sondern der passende muss es sein.

Erste Fragen zum Vertrag

- Wie lange dürfen Sie in der Wohnung bleiben?
- Welche Miete wird Monat für Monat fällig?
- Wie hoch sind die Nebenkosten?
- Was dürfen Sie und was nicht?
- Müssen Sie Schönheitsreparaturen durchführen?
- Ist die Haltung von Haustieren erlaubt?

Solche Fragen werden Ihre Lebensführung während der Dauer des Mietverhältnisses mit Sicherheit beeinflussen. Sie sollten also den Vertrag nicht als reine „Formsache" ansehen, sondern alles genau unter die Lupe nehmen. Vor allem ein vom Vermieter vorgelegter Formularmietvertrag sollte Klausel für Klausel genauestens geprüft werden.

„Ich überlasse Ihnen diese Wohnung zur Miete." – „Gut, ich nehme sie und zahle die Miete." – Fertig ist der Mietvertrag!

Natürlich wird die Angelegenheit in der Regel nicht so unkompliziert über die Bühne gehen. Meistens benutzen die Vermieter vorgefertigte Formularmietverträge oder es wird zumindest eine schriftliche Vereinbarung aufgesetzt.

Ebenso wie alle anderen Verträge kommt der Mietvertrag durch Angebot und Annahme zustande (§§ 145 ff. BGB). Sind sich die Parteien dabei über alle wesentlichen Punkte des Mietverhältnisses einig, dann wird durch die Annahme des Angebotes ein wirksamer Mietvertrag geschlossen. Wichtig ist vor allem die Einigkeit darüber, welche Räume überlassen werden und dass Miete dafür zu zahlen ist. Die Höhe der Miete kann dabei durchaus offen bleiben und erst später ausgehandelt werden. Im oben genannten Beispiel hat der Vermieter dem potentiellen Mieter das Angebot gemacht ihm eine bestimmte Wohnung zu überlassen. Der Mieter hat dieses Angebot mit dem Satz: „Gut, ich nehme sie und zahle die Miete" angenommen. Beide wollten ein Mietverhältnis begründen. Da Angebot und Annahme ernst gemeint waren, ist ein knapper, aber dennoch wirksamer Mietvertrag zustande gekommen.

Mündliche Verträge Auch die Tatsache, dass der Vertrag nur mündlich geschlossen wurde, hat in der Regel keine Auswirkung auf seine Gültigkeit. Zwar bedürfen einige Verträge zu ihrer Wirksamkeit einer bestimmten Form (verkaufen Sie z. B. ein Grundstück, so muss dies vor einem Notar geschehen; übernehmen Sie eine Bürgschaft, hat das schriftlich zu erfolgen). Solche gesetzlich vorgeschriebenen Formen brauchen Sie aber hier nicht zu beachten, denn der Mietvertrag kann, von einer Ausnahme abgesehen, **formlos** geschlossen werden (§ 566 BGB). Das heißt: Der Vertrag kann entweder schriftlich, mündlich oder auch durch schlüssiges Handeln zustande kommen. Etwas anderes gilt nur für befristete Verträge, bei denen die Mietzeit länger als ein Jahr dauern soll. Ein solcher **Zeitmietvertrag** bedarf stets der Schriftform. Sollte er jedoch entgegen der Regel mündlich geschlossen worden sein, so ist er nicht partout unwirksam, sondern gilt als auf unbestimmte Zeit geschlossen.

Sofern Sie jedoch die Wahl zwischen einem mündlichen und einem schriftlichen Vertrag haben, sollten Sie Folgendes abwägen: Der Vorteil einer mündlichen Vereinbarung besteht in der Regel darin, dass keine umfassenden Regelungen vom Vermieter getroffen werden. Wo dadurch Lücken entstehen, greifen die gesetzlichen Regeln für die Miete. Diese sind wesentlich mieterfreundlicher als die meisten von Vermietern oder Vermieterverbänden entworfenen Formularverträge. Zum Beispiel werden die Schönheitsreparaturen vom Gesetz dem Vermieter aufgebürdet, während in den Formularverträgen diese Pflicht meistens auf den Mieter abgewälzt wird. Die Nachteile der mündlichen Mietverträge sind offensichtlich: Der Mieter hat nichts Schriftliches in der Hand, kann also schwerlich etwas beweisen – und viele Regelungen geraten auch ganz einfach in Vergessenheit, was ebenfalls zu Streit führen kann.

Vor- und Nachteile des mündlichen Vertrags

Wird ein schriftlicher Mietvertrag geschlossen, so sind Ihre Rechte und Pflichten für jeden nachvollziehbar festgelegt. Die getroffenen Vereinbarungen können jederzeit nachgelesen oder bewiesen werden. Die Nachteile sind ebenfalls eindeutig: Der Vermieter wird vermutlich darauf bestehen, dass Sie einen vorformulierten Vertrag unterschreiben, den er ganz nach seinen Bedürfnissen und Vorstellungen gestaltet oder ausgesucht hat.

In den schriftlichen Vertrag ist zumindest der Name des Vermieters und der des Mieters samt Anschrift aufzunehmen und außerdem, dass der Vermieter dem Mieter die Wohnung überlässt und der Mieter die Miete entrichtet. Der Mietvertrag muss natürlich auch unterschrieben werden. Diese Unterschrift schließt gleichzeitig den Vertrag ab. Das bedeutet auch: Alles, was hinter der Unterschrift kommt, gehört eigentlich nicht mehr zum Vertrag. Wollen Sie und der Vermieter nachträglich dennoch Änderungen vornehmen, so fügen Sie sie unten an und unterschreiben Sie dann noch einmal. Dabei ist es außerdem sinnvoll, das Datum der Änderung hinzuzufügen.

Schriftliche Verträge

Vielleicht sind Sie aber zu dem Zeitpunkt, an dem der Vermieter den Vertrag unterschreiben will, z.B. auf einem Manager-Überlebenstraining in den südamerikanischen Regenwäldern? Keine Sorge, Sie können sich auch vertreten lassen. Die Vertretung muss jedoch entsprechend zum Ausdruck gebracht werden, z. B. durch den Zusatz „i. A." (im Auftrag). Dasselbe Recht hat selbstverständlich auch der Vermieter.

Mietparteien

Der Mietvertrag kommt nur zwischen den Parteien zustande, die tatsächlich den Mietvertrag geschlossen, also in der Regel unterschrieben haben.

Der Vermieter Dabei kann der Vermieter eine natürliche Person, eine Personenmehrheit oder eine juristische Person sein. Bei **natürlichen Personen** ist die Sache einfach: Sie wissen genau, mit wem Sie es zu tun haben, nämlich mit Frau oder Herrn X. Diese Personen unterschreiben den Mietvertrag selbst und leiten daraus dann Rechte und Pflichten direkt ab. Bei Personenmehrheiten wird es etwas schwieriger. **Personenmehrheiten** sind z.B. BGB-Gesellschaften oder Erbengemeinschaften. Hier müssen in der Regel alle beteiligten Personen den Mietvertrag unterschreiben. Ebenfalls haften alle Mitglieder gemeinsam für die eingegangenen Verpflichtungen aus dem Mietvertrag. Die Miete müssen Sie an alle auf der Vermieterseite beteiligten Personen zahlen. Auch eine Kündigung muss allen gegenüber ausgesprochen werden.

Mit einer **juristischen Person** haben Sie es zu tun, wenn Sie z. B. einen Mietvertrag mit einer Aktiengesellschaft (AG) oder einer Gesellschaft mit beschränkter Haftung (GmbH) schließen. Dann muss der Vertrag mit allen gesetzlichen Vertretern geschlossen werden. Verpflichtet und berechtigt ist in diesem Fall die juristische Person an sich.

Auf der Seite des Mieters ist Folgendes zu beachten: Sind Sie ein Single, dann unterschreiben Sie den Mietvertrag allein. Komplizierter wird die Angelegenheit, wenn Sie verheiratet sind oder einen nicht ehelichen Lebenspartner haben. In diesem Fall müssen Sie sich darüber Gedanken machen, ob nur einer von Ihnen oder beide den Mietvertrag unterschreiben sollten. Unterschreiben nämlich nur Sie, dann darf zwar Ihr Partner in der Wohnung wohnen, er wird jedoch selbst nicht Mieter. Das hat Vorteile, aber auch Nachteile. Ein Vorteil liegt darin, dass Ihr Partner gegenüber dem Vermieter keine Verpflichtungen aus dem Mietvertrag hat. Die Miete müssen also nur Sie zahlen. Sollten Sie gerade mal nicht „flüssig" sein, kann sich der Vermieter nicht an Ihren Partner halten. Der Nachteil besteht darin, dass die Rechte Ihres Partners ausschließlich an die Ihren gekoppelt sind. Das heißt u. a.: Werden Sie geschieden oder geht die nicht eheliche Gemeinschaft in die Brüche, dann können nur Sie als Mieter in der Wohnung bleiben. Eine andere Lösung ist nur möglich, wenn der Vermieter mit Ihrem Partner einen neuen Mietvertrag schließt. Etwas anderes gilt, wenn der Partner, der die Wohnung gemietet hat, stirbt. Dann treten die Ehepartner und auch andere Familienmitglieder, die mit dem Mieter einen gemeinsamen Hausstand geführt haben, automatisch in das Mietverhältnis ein, sofern sie dem nicht widersprechen (§ 569 a BGB). Ähnliches gilt – so die neuere Rechtsprechung – für den nicht ehelichen Lebensgefährten, sofern die Beziehung nach außen erkennbar gefestigt war.

Besteht auf der Vermieterseite eine Eigentümergemeinschaft, dann kann jeder Miteigentümer nur die Mietzahlung an die Gemeinschaft fordern – nicht aber nur an sich selbst. Als Mitmieter haften Sie als Gesamtschuldner für die Mietverbindlichkeiten, d. h.: Der Vermieter kann sich auch an Sie allein halten. Wie Sie den auf die anderen Mitmieter entfallenden Anteil von diesen erhalten, ist dabei Ihr Problem.

Mietobjekt

Im Mietvertrag sollte das Mietobjekt unter Angabe der Adresse, der Räume und der Größe genau bezeichnet werden.

Eine Verwechslung der Wohnung ist zwar nicht besonders wahrscheinlich, aber auch nicht ausgeschlossen. Vor allem bei größeren Wohnungsgesellschaften kann es schon einmal vorkommen, dass über unterschiedliche Wohnungen gesprochen wird. Der Mietvertrag wäre dann in der Regel unwirksam und Sie müssten sich wieder auf die Suche machen. Achten Sie deshalb darauf, dass die genaue Anschrift der Wohnung im Mietvertrag angegeben ist! Neben dem Ort mit Postleitzahl, Straße und Hausnummer sollte bei Mehrfamilienhäusern auch das Stockwerk mit der genauen Lage bezeichnet werden; also z. B.: 80123 München, Rosenstraße 15, II. Stock, links.

Weiterhin sollten alle gemieteten Räume einzeln aufgezählt werden, neben den einzelnen Zimmern also auch Küche, Bad, Toilette, Abstellräume, Balkon, Terrasse, Gartenanteil, Keller, Dachboden. Eine genaue Aufzählung wird Ihnen spätere Streitigkeiten über die Benutzung der einzelnen Räume ersparen. Auch wenn Sie den Mietvertrag im besten Einvernehmen mit dem Vermieter geschlossen haben – schon bei der nächsten Mieterhöhung kann die Beziehung frostig werden und schon hängt am bisher genutzten Kellerabteil ein Stahlschloss des Vermieters.

Größe der Räume und Miethöhe

Auch die genaue Angabe der Quadratmeterzahl der Räume kann vor bösen Überraschungen schützen, vor allem, weil die Quadratmeterzahl häufig zur Berechnung der Miethöhe herangezogen wird. Sichert Ihnen der Vermieter ausdrücklich eine bestimmte Quadratmeterzahl zu und stellt sich später heraus, dass die Wohnung kleiner ist, dann können Sie sogar Schadensersatz verlangen. Allerdings reicht dafür nicht nur die schlichte Angabe der Quadratmeterzahl im Mietvertrag, vielmehr muss der Vermieter ausdrücklich erklären – am besten schriftlich –, dass er für die Größenangabe einsteht.

Nutzungsart

Beim Abschluss des Mietvertrages sollte bereits feststehen, wie das Mietobjekt genutzt werden soll. Das kann sowohl eine gewerbliche Nutzung als auch eine Nutzung zu Wohnzwecken oder eine gemischte Nutzung sein. Wollen Sie die Räume ausschließlich zum Wohnen nutzen, dann sollte im Mietvertrag die Klausel stehen: „Der Vermieter vermietet die Wohnung an den Mieter zu Wohnzwecken." Ist eine rein gewerbliche Nutzung geplant, dann kann das durch folgende Klausel zum Ausdruck gebracht werden: „Der Vermieter vermietet dem Mieter folgende Wohnung zur gewerblichen Nutzung." Bei gemischter Nutzung, wenn Sie also in der Wohnung wohnen, aber gleichzeitig in einigen Räumen ein Gewerbe betreiben, sind folgende Varianten möglich:

Gewerbliche Nutzung

- Sie schließen zwei Mietverträge – einen über die Wohnung, den anderen über die gewerblich genutzten Räume. Dabei haben Sie aber den Nachteil, dass die gewerblichen Räume nicht denselben Mieterschutz genießen wie die Wohnräume. Vor allem kann die Miete für die gewerblich genutzten Räume schneller steigen als für die anderen.
- Schließen Sie einen einzigen Vertrag über das gesamte Mietobjekt, dann wird letztendlich, sofern keine ausdrückliche Vereinbarung über das Ausmaß der jeweiligen Nutzung getroffen wurde, nach dem Schwerpunkt der jeweiligen Nutzung entschieden. Überwiegt also die Nutzung als Wohnung, kommt Wohnraummietrecht zur Anwendung; überwiegt die gewerbliche Nutzung, dann unterliegt der gesamte Vertrag dem allgemeinen Mietrecht.

Mietdauer

„Das Mietverhältnis endigt mit dem Ablaufe der Zeit, für die es eingegangen ist" (§ 564 BGB). Das Gesetz lässt den Mietparteien die Freiheit selbst zu entscheiden, wie lange das Mietverhältnis dauern soll. Sie können also eine Wohnung für ein paar Wochen, Monate oder Jahre mieten. Im Mietvertrag muss dann lediglich ein bestimmter Zeitpunkt für die Beendigung des Mietverhältnisses genannt werden. Wenn ein Ende der Mietdauer angegeben ist, spricht man von einem **befristeten Mietverhältnis.**

Die meisten Mietverträge über Wohnraum enthalten jedoch keine derartige Befristung. Das Mietverhältnis wird hier **auf unbestimmte Zeit** geschlossen.

Grundsätzlich können Sie sowohl einen befristeten als auch einen unbefristeten Mietvertrag schließen. Der Unterschied liegt dabei aber nicht nur in der Dauer der Mietzeit, sondern auch in den Bestimmungen zur Mieterhöhung und auch zur Kündigung.

Unbefristetes Mietverhältnis

Ordentliche Kündigung

Ist die Mietzeit nicht im Mietvertrag bestimmt, dann kann das Mietverhältnis nur durch eine Kündigung oder einen Aufhebungsvertrag beendet werden. Ansonsten dürfen Sie in der Wohnung bleiben, solange es Ihnen beliebt. Der Nachteil liegt allerdings darin, dass auch eine **ordentliche Kündigung** möglich ist: Wenn der Vermieter ein berechtigtes Interesse an einer Kündigung hat, können Sie schon bald wieder auf der Straße stehen. Auch darf in der Regel die Miete regelmäßig erhöht werden. Andererseits gelten für Sie Kündigungsschutzvorschriften und mit etwas Glück können Sie in der Wohnung dann noch weiter verbleiben.

Befristetes Mietverhältnis

Liegt ein befristeter Mietvertrag vor, dann endet das Mietverhältnis automatisch nach Ablauf der Frist. Die Miete bleibt in der Regel für die gesamte Mietzeit gleich. Vor Ablauf der Frist ist eine ordentliche Kündigung ausgeschlossen. Es kann also nur außerordentlich gekündigt werden. Und eine solche Kündigung bedarf besonderer Gründe. Ein solcher Grund liegt z. B. vor, wenn Sie den Vermieter beleidigt haben. Natürlich gilt das auch umgekehrt.

Die Mietparteien haben allerdings auch die Möglichkeit einen Aufhebungsvertrag abzuschließen und damit das Mietverhältnis vorzeitig zu beenden. Der Vorteil für Sie: Wollen Sie wirklich nur eine bestimmte Zeit in dieser Wohnung bleiben, dann sind Sie vor einer ordentlichen Kündigung z. B. wegen Eigenbedarfs des Vermieters für die Dauer der Befristung absolut sicher.

Wenn Sie nach Ablauf der vereinbarten Mietzeit nicht ausziehen, sondern weiterhin in der Wohnung bleiben, gilt das Mietverhältnis als auf unbestimmte Zeit verlängert, sofern Sie oder der Vermieter nicht binnen einer Frist von zwei Wochen einer Verlängerung widersprechen (§ 568 BGB).

Das ist aber bei weitem noch nicht alles. Es gibt mehrere Arten von befristeten Mietverhältnissen. Die wichtigsten davon sind diejenigen mit und die ohne Kündigungsschutz. Für beide gelten verschiedene Regelungen auf die wir näher eingehen wollen:

Befristetes Mietverhältnis mit Kündigungsschutz

Ein befristetes Mietverhältnis endet zum vertraglich vereinbarten Zeitpunkt. Einer Kündigung bedarf es hierzu nicht. Sie dürfen also ohne weiteres Ihre Möbel packen, dem Vermieter die Wohnungsschlüssel übergeben und ausziehen. Ist Ihnen jedoch die Wohnung ans Herz gewachsen oder finden Sie ganz einfach keine andere, dann können Sie vom Vermieter die **Fortsetzung des Mietverhältnisses auf unbestimmte Zeit** verlangen (§ 564 c I BGB). Diese Erklärung muss schriftlich erfolgen und dem Vermieter spätestens zwei Monate vor Beendigung des Mietverhältnisses zugehen. Wie alle wichtigen Schreiben an den Vermieter sollten Sie auch dieses als Einschreiben mit Rückschein verschicken.

Und so geht es weiter: Hat der Vermieter ein **berechtigtes Interesse** an der Beendigung des Mietverhältnisses, beispielsweise wegen Eigenbedarfs, so kann er sich Ihrem Verlangen widersetzen. Ob er damit Erfolg hat, richtet sich nach denselben Vorschriften, die bei einer ordentlichen Kündigung gelten, also: Kündigungsschutz und Sozialklausel contra berechtigtes Interesse des Vermieters. Ansonsten wird das Mietverhältnis fortgesetzt und kann nur noch wie jeder unbefristete Vertrag durch Kündigung oder einen Aufhebungsvertrag beendet werden. Wenn Sie also einen solchen Vertrag schließen, sind Sie genauso geschützt wie bei einem unbefristeten. Der einzige Unterschied liegt darin, dass Sie rechtzeitig zum Kugelschreiber greifen und die Fortsetzung verlangen müssen.

Die Fortsetzung kann nicht verlangt werden bei Mietverhältnissen, für die generell kein Kündigungsschutz besteht. Das sind Mietverhältnisse über:

Eigenbedarf

- möblierten Wohnraum in der vom Vermieter selbst bewohnten Wohnung, sofern er nicht zum dauernden Gebrauch an eine Familie überlassen ist,
- Wohnraum, der nur zu vorübergehendem Gebrauch vermietet ist, z. B. Ferienhäuser oder Ferienwohnungen,
- Wohnraum, der Teil eines Studenten- oder Jugendwohnheims ist.

Befristetes Mietverhältnis ohne Kündigungsschutz

Zeitmietverträge Es können aber auch befristete Verträge ohne Kündigungsschutz abgeschlossen werden. Sie werden auch als **echte Zeitmietverträge** bezeichnet. Wurde ein solcher Vertrag wirksam abgeschlossen und liegen noch einige zusätzliche Voraussetzungen vor, müssen Sie die Wohnung zum vereinbarten Zeitpunkt räumen. Es gilt dann weder die Sozialklausel, noch können Sie Räumungsschutz begehren.

Im Gegensatz zu befristeten Mietverträgen mit Kündigungsschutz müssen bei solchen ohne Kündigungsschutz einige Voraussetzungen vorliegen. So darf das Mietverhältnis für nicht länger als fünf Jahre befristet sein. Ferner muss der Vermieter dem Mieter bereits bei Vertragsschluss, also nicht etwa nachträglich, schriftlich mitteilen, dass er den Vertrag nicht verlängern wird. In der Mitteilung muss er auch die Gründe dafür nennen. Dabei sind nur die folgenden in § 564 c II BGB aufgezählten Gründe zulässig:

Zulässige Gründe
- Der Vermieter will die Räume als Wohnung für sich, einen Familienangehörigen oder eine zu seinem Hausstand gehörende Person nutzen.
- Der Vermieter will in zulässiger Weise (also mit öffentlich-rechtlicher Genehmigung) das Haus abreißen, wesentlich umbauen oder instand setzen und die Fortsetzung des Mietverhältnisses würde diese Maßnahmen sehr erschweren.
- Der Vermieter will die Wohnung, die mit Rücksicht auf das Bestehen eines Dienstverhältnisses vermietet worden ist, an einen anderen zur Dienstleistung Verpflichteten vermieten.

Dabei muss der Grund konkretisiert werden. Das Zitat des Gesetzeswortlauts genügt dabei nicht. Will z. B. der Vermieter nach Ablauf der Frist die Wohnung einem Familienangehörigen überlassen, genügt es nicht, wenn in der Mitteilung steht: „Nach Beendigung des Mietverhältnisses will ich die Wohnung einem Familienangehörigen überlassen." Vielmehr müssen konkrete Angaben zum Angehörigen gemacht werden.

Außerdem muss Ihnen der Vermieter drei Monate vor Beendigung des Mietverhältnisses schriftlich bestätigen, dass seine Verwendungsabsicht weiterhin besteht. Erfolgt diese Mitteilung nicht, können Sie eine Verlängerung um einen entsprechenden Zeitraum verlangen.

Das gleiche gilt für den Fall, dass sich die vom Vermieter beabsichtigte Verwendung der Räume ohne sein Verschulden verzögert. Die Verzögerung kann dazu führen, dass die Befristung länger als die erlaubten fünf Jahre dauert. Das ist für einen gewissen Zeitraum zulässig. Dauert es allerdings zu lange, geht man zwangsläufig vom Verschulden des Vermieters aus und Sie können die Fortsetzung auf unbestimmte Zeit wie beim befristeten Mietverhältnis mit Kündigungsschutz verlangen.

Verschulden des Vermieters

Was aber, wenn der Vermieter die Wohnung nicht mehr zum ursprünglichen Zweck verwenden will oder die Gründe von Anfang an nur vorgeschoben waren? In diesem Fall können Sie die Fortsetzung verlangen. Sind Sie bereits umgezogen, können Sie unter Umständen sogar Schadensersatz vom Vermieter bekommen.

Übrigens: Befristete Verträge bedürfen, sofern das Mietverhältnis länger als ein Jahr dauern soll, grundsätzlich der Schriftform (§ 566 BGB). Wird diese Form nicht eingehalten, dann ist allerdings nicht etwa der Mietvertrag unwirksam, sondern er gilt als auf unbestimmte Zeit geschlossen. Die Kündigung ist frühestens zum Ende des ersten Jahres möglich.

Mietzins

Die Miethöhe kann in der Regel von den Mietparteien frei ausgehandelt werden. Fehlt eine solche Vereinbarung, müssen Sie die ortsübliche Vergleichsmiete zahlen. Das heißt, es wird darauf abgestellt, was andere Mieter für eine vergleichbare, ähnlich gelegene Wohnung zahlen müssen. Das dürfte jedoch eher die Ausnahme sein. Normalerweise wird bereits im Mietvertrag die Höhe der Miete vereinbart. Dabei sollten Sie jedoch beachten, dass Miete nicht gleich Miete ist. Zahlen Sie allein für die Überlassung der Räume, dann geht der Vermieter von einer sogenannten **Nettomiete** aus. Dabei bleibt es aber nicht: Sie müssen dann zusätzlich noch die Nebenkosten, auch „Betriebskosten" genannt, und zudem die Heizungskosten zahlen. Und die sind wirklich nicht zu vernachlässigen. Zum Teil werden sie bereits als die „zweite Miete" bezeichnet und das nicht ohne Grund, wie die Statistik belegt. So stieg die Miete von 1991 bis 1995 in den alten Bundesländern um 24 %, während die Kosten für Abwasserbeseitigung um 52 % und die für die Müllabfuhr im gleichen Zeitraum sogar um 85 % anstiegen. (Quelle: Süddeutsche Zeitung Nr. 178 vom 3./4. August 1996)

Die Nettomiete

Vereinbaren Sie eine sogenannte **Bruttowarmmiete** oder auch **Inklusivmiete**, dann sind darin sowohl die Nebenkosten als auch die Heizungskosten bereits enthalten. Besteht der Vermieter auf einer **Bruttokaltmiete**, dann beinhaltet die Miete bereits die Betriebskosten. Die Heizkosten müssen Sie, wie aus der Bezeichnung ersichtlich, allerdings zusätzlich zahlen.

Eigentlich müssten Sie die Miete erst am Ende eines Monats zahlen; so sieht es das Gesetz vor (§ 551 BGB). Die meisten Vermieter verlangen das Geld jedoch am Monatsanfang. Dann heißt es z. B. im Mietvertrag: „… die Miete ist am dritten Werktag eines jeden Monats zu zahlen." Leider ist diese Regelung zulässig, da § 551 **dispositives Recht** ist, das heißt: Die Vertragsparteien dürfen von der gesetzlich vorgesehenen Regelung abweichen.

Einzugsermächtigung

Eine Einzugsermächtigung für Ihr Konto brauchen Sie hingegen Ihrem Vermieter nicht einzuräumen. Es genügt, wenn Sie die Miete pünktlich überweisen. Sollte es jedoch bei der Überweisung Probleme geben, dann haften Sie und nicht etwa eine der Banken dafür, dass der Vermieter sein Geld rechtzeitig bekommt.

Aufrechnung

Haben Sie einen Anspruch gegen den Vermieter, z. B. wegen Mängeln der Mietsache, dann können Sie ihn unter bestimmten Voraussetzungen gegen die Mietforderung des Vermieters aufrechnen. Das ist der einfachste Weg, um eine Forderung durchzusetzen. Häufig enthalten aber Formularmietverträge eine Klausel, die eine Aufrechnung beschränkt oder sogar kategorisch ausschließt.

Ein völliger Ausschluss ist jedoch unwirksam. Formularmietverträge unterliegen der Kontrolle durch das Gesetz zur Regelung der Allgemeinen Geschäftsbedingungen (AGBG). Gemäß § 11 Ziffer 3 AGBG darf eine Klausel das Recht des Mieters, mit unbestrittenen oder rechtskräftig festgestellten Forderungen aufzurechnen, nicht einschränken. Eine Klausel beispielsweise mit dem Wortlaut: „Der Mieter kann Forderungen gegen den Vermieter nicht aufrechnen" ist demnach unwirksam.

Heftig umstritten ist die Frage, ob eine Vorauszahlungsklausel wirksam ist, wenn der Mietvertrag gleichzeitig in einer Klausel das Aufrechnungsrecht des Mieters beschränkt. In seinem Beschluss vom 26. Oktober 1994 hat der Bundesgerichtshof diese Frage zugunsten der Mieter entschieden. Der Bundesgerichtshof wörtlich:

Vorauszahlungs-klausel

„Die in einem Mietvertrag enthaltene Formularklausel:
Die Miete ist monatlich im voraus, spätestens bis zum dritten Werktag eines jeden Monats zu entrichten ist unwirksam, wenn der Vertrag zugleich die folgende Klausel enthält: Der Mieter kann gegen eine Mietzinsforderung mit einer Forderung wegen Schadensersatzes aufgrund eines Mangels der Mietsache (§ 538 BGB) nur aufrechnen oder wegen einer solchen Forderung ein Zurückbehaltungsrecht ausüben, wenn er seine Absicht dem Wohnungsunternehmen mindestens einen Monat vor der Fälligkeit des Mietzinses schriftlich angezeigt hat. Im Übrigen ist die Aufrechnung gegen Mietzinsforderungen ausgeschlossen, soweit der Mieter nicht unbestrittene oder rechtskräftig festgestellte Forderungen geltend macht." (BGH, WM 1995, S. 28)

Wegen der Kombination der beiden Klauseln könnte der Mieter zumindest für den ersten Monat, in dem der Mangel auftritt, nicht aufrechnen – darin sieht der Bundesgerichtshof zu Recht eine unzulässige Beschränkung des Mietminderungsrechts.

Schönheitsreparaturen

Was sind Schönheitsreparaturen?

Streichen und Tapezieren

Renovierungsarbeiten, mit denen Schäden beseitigt werden, die durch das **übliche Abwohnen** der Wohnung entstanden sind, nennt man Schönheitsreparaturen. Mit der Zeit blättert die Farbe von den Türen und Heizkörpern ab, die ehemals weiße Wand bekommt Flecken und eine dunkle Verfärbung – all das gehört unter anderem zum normalen Abwohnen. Im Rahmen von Schönheitsreparaturen sind aber nur Schäden zu reparieren, die mit Tapete, Farbe oder etwas Gips beseitigt werden können. Schönheitsreparaturen haben also eher einen dekorativen Charakter. Nicht dazu zählen: Schäden am Mauerwerk, bröckelnder Putz oder Schäden, die außerhalb der Wohnung auftreten, z. B. im Treppenhaus.

Wenn ein Schaden nicht durch das übliche Abwohnen entstanden ist, fallen die Reparaturen nicht unter den Begriff der Schönheitsreparaturen. Hat der Mieter also ein Fenster zerschlagen oder auf dem Teppichboden Brandflecken verursacht, muss er den entstandenen Schaden ersetzen, unabhängig davon, wer letztendlich laut Mietvertrag die Schönheitsreparaturen zu tragen hat.

Wer muss die Schönheitsreparaturen durchführen?

Der Vermieter hat dem Mieter die vermietete Wohnung in einem zu dem vertragsmäßigen Gebrauch geeigneten Zustand zu überlassen und sie während der Mietzeit in diesem Zustand zu erhalten (§ 536 BGB). Damit ist der Vermieter gesetzlich dazu verpflichtet alle Instandsetzungs- und Instandhaltungsmaßnahmen in und außerhalb der Wohnung durchzuführen. Muss die Wohnung renoviert werden, ist das eine Aufgabe des

Vermieters. In Mietverträgen wird allerdings die Pflicht zur Durchführung sogenannter Schönheits- und Bagatellreparaturen fast immer auf den Mieter abgewälzt. Das ist leider zulässig.

Was die Bagatellreparaturen betrifft, darf der Vermieter nur eine Kostentragungspflicht im begrenzten Rahmen auf den Mieter übertragen. Bei Schönheitsreparaturen kann hingegen die gesamte Aufgabe an sich auf den Mieter abgewälzt werden.

Damit keine Missverständnisse entstehen: Nur wenn das so im Mietvertrag wirksam geregelt ist, sind Sie zu Schönheitsreparaturen überhaupt verpflichtet. Ein Gewohnheitsrecht, wonach der Mieter stets diese Reparaturen durchführen müsste, gibt es nicht.

Die Pflicht zur Durchführung von Schönheitsreparaturen kann entweder ausdrücklich vereinbart oder durch eine Klausel im Formularmietvertrag auf den Mieter abgewälzt werden. Einer besonderen Form bedarf es hierzu nicht. Auch eine mündliche Vereinbarung ist wirksam. Allerdings muss der Vermieter im Falle eines Streits beweisen, dass eine solche Vereinbarung getroffen wurde.

Meistens regelt eine Klausel im Formularmietvertrag, wer die Schönheitsreparaturen durchzuführen hat. Da die Formularmietverträge in der Regel von Vermietern stammen, beinhalten sie fast immer eine Klausel zuungunsten der Mieter. Zum Glück sind viele der verwendeten Klauseln unwirksam. *Unwirksame Klauseln* Der Grund dafür liegt darin, dass Klauseln in einem Formularmietvertrag in der Regel nicht einzeln vereinbart, sondern letztendlich dem Mieter aufgedrängt werden. Der Vermieter legt Ihnen das Formular vor und Sie müssen wohl oder übel unterschreiben, falls Ihnen etwas an der Wohnung liegt. Solche Klauseln unterliegen dann aber der Kontrolle durch das Gesetz zur Regelung des Rechts der Allgemeinen Geschäftsbedingungen. Nach diesem Gesetz sind Bestimmungen unter anderem dann unwirksam, wenn sie den Mieter **entgegen den Geboten von Treu und Glauben** unangemessen benachteiligen (§ 9 I AGBG). Wann das der Fall ist, haben die Gerichte bereits vielfach entschieden.

Wie eine wirksame Klausel genau aussehen muss, sagen uns die Gerichte allerdings nicht. In der Regel stellen sie nur fest, ob eine Klausel (und davon gibt es eine Vielzahl) wirksam ist oder nicht.

Als Faustformel kann gesagt werden: Der Mieter muss nur die Renovierungen vornehmen, die aufgrund der üblichen Abnutzung nötig werden. Klauseln, die den Mieter unangemessen benachteiligen, sind unwirksam.

Beispiele aus der Rechtsprechung

Die Klausel „Schönheitsreparaturen werden vom Mieter getragen" genügt, um den Mieter zur Durchführung der Schönheitsreparaturen zu verpflichten (OLG Karlsruhe, WM 1992, S. 349).

Soll der Mieter laut Formularmietvertrag „in den üblichen Zeitabständen" die laufenden Schönheitsreparaturen durchführen, so ist diese Klausel wirksam (OLG Hamburg, WM 91, S. 523).

Eine Klausel, wonach der Mieter die Schönheitsreparaturen durchzuführen hat, sofern sie erforderlich werden, ist unwirksam (LG Berlin, WM 1993, S. 261).

Ebenfalls unwirksam ist eine Klausel, die den Mieter zur Durchführung von Anfangs-, End- und laufenden Schönheitsreparaturen verpflichtet (BGH, WM 1993, S. 175).

Näheres zu den Schönheitsreparaturen erfahren Sie in Kapitel 3 (während der Mietzeit) und in Kapitel 10 (bei Auszug).

Betretungsrecht

Wann darf der Vermieter in die Wohnung?

Nachdem die Wohnung an Sie vermietet wurde, hat der Vermieter, von einigen Ausnahmefällen abgesehen, darin nichts mehr zu suchen. In den meisten Formularmietverträgen wird aber dem Vermieter unter bestimmten Voraussetzungen ein Betretungsrecht eingeräumt. So kann eine solche Regelung z. B. besagen, dass der Vermieter oder die von ihm beauftragten Personen die Wohnung zum Ablesen von Messgeräten, zur Durchführung von Reparaturen oder zur Prüfung des

Wohnungszustandes nach vorhergehender Ankündigung betreten dürfen. Üblich ist auch die Klausel, dass der Vermieter nach erfolgter Kündigung mit potenziellen Mietern die Wohnung besichtigen darf. Das gilt auch beim geplanten Verkauf des Gebäudes oder der Wohnung für mögliche Käufer.

Kaution

Die Mietkaution dient dazu die künftigen Ansprüche des Vermieters aus dem Mietverhältnis zu sichern. Sollten Sie später die Miete oder die Nebenkosten nicht zahlen, die Wohnung beschädigen oder einfach keine Lust auf Schönheitsreparaturen haben, kann der Vermieter auf die Kaution zurückgreifen. Diese Sicherheit bieten Sie ihm in der Regel durch eine Barzahlung. Sie müssen also dem Vermieter eine bestimmte Geldsumme übergeben oder überweisen. Die Barzahlung ist zwar die weitaus häufigste, nicht aber die einzige Sicherungsmöglichkeit. Denselben Zweck erfüllt z. B. die Bürgschaft einer Bank oder eines Dritten, sofern der Vermieter das akzeptiert.

Sicherheit für den Vermieter

Wann muss eine Kaution gezahlt werden?

Einen gesetzlichen Anspruch auf Zahlung einer Kaution hat der Vermieter nicht. Nur wenn im Mietvertrag oder in einem Nachtrag eine solche vereinbart wurde, sind Sie zur Leistung verpflichtet. Kommt der Vermieter erst nach Vertragsabschluss auf die Idee Sicherheiten zu verlangen, zeigen Sie ihm die kalte Schulter: Ohne Vereinbarung keine Kaution! Wurde hingegen eine Vereinbarung getroffen, müssen Sie auch leisten. Selbst wenn die Wohnung Mängel aufweist, haben Sie nicht das Recht die Kaution zurückzuhalten. Haben Sie es dennoch bis zur Beendigung des Mietverhältnisses geschafft nicht zu leisten, darf der Vermieter die Kaution verlangen, wenn er noch weitere offene Forderungen gegen Sie hat.

Haben Sie eine Bürgschaft als Sicherheitsleistung vereinbart, muss diese zu Beginn des Mietverhältnisses vorliegen. Leisten Sie einen Geldbetrag als Sicherheit, sieht die Sache etwas anders aus: In diesem Fall brauchen Sie nicht den gesamten Betrag auf einen Schlag zu erbringen. Das Gesetz räumt Mietern von Wohnraum das Recht ein Teilleistungen zu erbringen (§ 550 b BGB). Diese, höchstens drei an der Zahl, müssen gleich hoch sein. Die erste Teilleistung ist zum Beginn des Mietverhältnisses fällig, also bei der Schlüsselübergabe oder mit Zahlung der ersten Miete. Einen Monat danach ist dann die nächste und wieder einen Monat später die letzte Teilleistung fällig.

Beispiel:
Im Mietvertrag wurde die Zahlung einer Kaution in Höhe von 3 000 DM vereinbart. Das Mietverhältnis beginnt am 3. September 1997. Die erste Teilleistung ist damit am 3. September, die zweite am 3. Oktober und die dritte am 3. November 1997 fällig.

Ansonsten gilt: Wurde ein späterer Zeitpunkt für die Leistung vereinbart, also eine Vereinbarung zu Ihren Gunsten getroffen, können Sie auch später zahlen.

Wie hoch darf die Kaution sein?

Diese Frage beantwortet uns das Gesetz: Die Sicherheitsleistung, also unter anderem Barkaution oder Bürgschaft, darf bei einem Mietverhältnis über Wohnraum das Dreifache des auf einen Monat entfallenden Mietzinses nicht übersteigen (§ 550 b BGB). Dabei bleiben Nebenkosten, über die gesondert abzurechnen ist, unberücksichtigt.

Dreifacher Mietzins

Beispiel:
Christina und Christian Klug mieten eine Wohnung. Die Miete beträgt monatlich 1 200 DM. Nebenkosten werden gesondert abgerechnet. Der Vermieter darf die dreifache Monatsmiete als Kaution verlangen, also höchstens 3 600 DM.

Nur wenn die Nebenkosten wie bei der Inklusivmiete pauschal, also ohne spätere Abrechnung erhoben werden, erhöhen sie entsprechend den Betrag der zulässigen Kaution.

Auch eine Mischung aus Barkaution und Bürgschaft ist möglich. Aber auch hier gilt: Beide zusammen dürfen nicht höher als drei Monatsmieten sein. Haben Sie eine höhere Kaution gezahlt, so können Sie das Überzahlte zurückfordern. Am besten schriftlich (zur Sicherheit: Einschreiben mit Rückschein) und gemäßigt, falls Sie Wert auf ein entspanntes Mietverhältnis legen. (Ein Rückforderungsmuster finden Sie am Ende dieses Kapitels.)

Erhöht sich nachträglich die Miete, hat das keinen Einfluss auf die Kaution. Der Vermieter darf also aus diesem Grund die Kaution nicht nachträglich erhöhen.

Keine nachträgliche Erhöhung!

Was passiert mit der Kaution?

Wer aber schützt Ihr gutes Geld vor dem Vermieter? Es ist immer noch Ihr Geld, Sie können zur Zeit nur nicht darüber verfügen.

Wer Geld hat, bekommt in der Regel auch Zinsen. Das Gesetz sieht das Problem und versucht Kaution und Zinsen für Sie zu sichern (§ 550 b BGB). Es verpflichtet den Vermieter die Kaution von seinem übrigen Vermögen zu trennen und auf ein Kautionskonto einzuzahlen. Gläubiger des Vermieters haben darauf keinen Zugriff. Bei Konkurs des Vermieters fällt die Kaution dann nicht in die Konkursmasse, Sie erhalten sie vollständig zurück. Auch für die Zinsen ist gesorgt. Das Geld muss bei einer Sparkasse oder Bank zu dem üblichen Zinssatz für Spareinlagen mit dreimonatiger Kündigungsfrist angelegt werden. Diese Zinsen bekommen Sie aber vorerst nicht ausgezahlt, denn sie erhöhen die Sicherheit des Vermieters. Erst am Ende des Mietverhältnisses erhalten Sie die Kaution mit Zinsen zurück, wenn der Vermieter keine Ansprüche mehr gegen Sie hat. Immer wieder für Streit sorgt die Frage, ob der Vermieter auch höhere Zinsen vollständig herausgeben muss, die er durch eine besonders günstige Anlageform mit Ihrem Geld erwirtschaftet hat. Unverständlicherweise gehen einige Gerichte davon aus, dass diese sozusagen überobligatorischen Zinsgewinne dem Vermieter gehören sollen. Verlangen Sie aber stets die gesamten Zinsen. In der Regel werden Sie damit Erfolg haben.

Zinsen

Die Pflichten des Vermieters sind also klar geregelt; ob er sie auch einhält, müssen Sie aber selbst kontrollieren. Auf Verlangen muss Ihnen der Vermieter nachweisen, dass er die Kaution getrennt von seinem Vermögen angelegt hat. Wird der Nachweis nicht erbracht, setzen Sie ihm eine Frist mit der Ankündigung, dass Sie ansonsten die Miete zurückbehalten werden. Beeindruckt ihn das nicht, können Sie nach Ablauf der Frist die Miete bis zur Höhe der gezahlten Kaution zurückbehalten. Aber Vorsicht! Führt er später doch noch den Nachweis, dann müssen Sie die zurückbehaltene Miete nachzahlen.

Die Verzinsung ist aber nicht bei allen Mietverhältnissen erforderlich. Wurde Ihr Mietverhältnis vor dem 1. Januar 1983 geschlossen und wurde im Mietverhältnis eine Verzinsungspflicht ausdrücklich ausgeschlossen, dann haben Sie leider keine Zinsen. Unter den Gerichten ist es umstritten, ob ein formularmäßiger Ausschluss dabei genügt oder nicht. Liegt ein Ausschluss nicht vor, haben Sie laut Rechtsprechung des Bundesgerichtshofs Anspruch auf Zinsen.

Wie erfahren Sie aber, was der Vermieter mit Ihrem Geld macht? Nun, Sie haben ihm gegenüber einen Anspruch auf Auskunft. Stellen Sie fest, dass er nicht wie vorgeschrieben mit der Kaution umgeht, dann bleibt Ihnen als letztes Mittel eine Leistungsklage vor Gericht. Damit können Sie ihn dazu zwingen seinen Anlage- und Verzinsungspflichten nachzugehen.

Gehen wir also nun davon aus, dass der Vermieter das Geld getrennt angelegt und verzinst hat. Zahlen Sie pünktlich Ihre Miete und erledigen Sie die Ihnen nach dem Mietvertrag obliegenden Pflichten, darf der Vermieter Ihr Geld nicht antasten. Erst wenn Sie Ihre Pflichten aus dem Mietvertrag verletzen sollten, darf er auf die Kaution zurückgreifen – z. B. wenn Sie den Mietzins oder die Nebenkosten nicht zahlen oder die vertraglich vereinbarte Renovierung nicht durchführen. Er kann, muss aber nicht. Will er sich die Sicherheit weiterhin erhalten, kann er Sie auch auf Zahlung seiner Forderungen verklagen. Hat er sich der Kaution bedient, so hat er gegen Sie einen Anspruch darauf, dass Sie die Kaution wieder auffüllen.

Wechselt der Vermieter, z. B. wenn die Wohnung verkauft wird, dann sollten Sie vom alten Vermieter verlangen, dass er die Kaution auf den neuen überträgt. Lassen Sie sich das am besten schriftlich bestätigen.

Wann darf der Vermieter an die Kaution?

Wird das Mietverhältnis beendet und die Wohnung zurückgegeben, haben Sie einen Anspruch auf Rückzahlung der Kaution. Hat der Vermieter keine Ansprüche mehr aus dem Mietverhältnis, so muss er die Kaution zurückzahlen. Einen bestimmten Teil darf er allerdings dann behalten, wenn die
Nebenkosten noch nicht abgerechnet wurden. In der Regel
bekommen Sie Ihre Kaution nicht sofort zurück. Dem Vermieter wird nämlich eine gewisse Zeit zugestanden, um mögliche
Ansprüche zu prüfen. Dabei sind sich die Gerichte nicht einig
darüber, wie lange eine solche Prüfung dauern darf. Die verschiedenen Ansichten reichen von zwei bis zu sechs Monaten.
In besonders komplizierten Fällen soll es sogar möglich sein
die Kaution länger als sechs Monate zu behalten.

*Rückzahlung der
Kaution*

Sofern der Vermieter gegen Sie noch offene Forderungen
hat, darf er sich an die Kaution halten.

Hausordnung

Legt Ihnen der Vermieter einen Mietvertrag vor, dann ist in
den meisten Fällen auch eine Hausordnung dabei. Sie enthält
Verhaltensregelungen für die Mieter für ein reibungsloses
Zusammenleben der Mietparteien.

Die Hausordnung regelt unter anderem die Benutzung der
Gemeinschaftsräume und die Pflichten der Mieter. So kann
festgelegt werden, wer wann die gemeinsamen Wasch- und
Trockenräume benutzen darf, zu welcher Tageszeit Lärm ver-
ursachende Arbeiten zulässig sind und welche Ruhezeiten eingehalten werden müssen.

Natürlich darf Ihnen die Hausordnung nicht alles vorschrei-
ben. Beschränkungen, die zu weit in Ihren privaten Bereich
eingreifen, sind unzulässig. Der Vermieter ist z. B. nicht dazu
berechtigt Ihnen vorzuschreiben, wer Sie besuchen darf und
wer nicht. Duschen und baden dürfen Sie zu jeder Tages- und
Nachtzeit, auch wenn die Hausordnung da etwas anderes vorsieht. Während der Nacht sollten Sie allerdings in der Badewanne aufs Singen verzichten – die Beschwerden der Nachbarn wären sonst berechtigt.

Ist die Hausordnung Bestandteil des Mietvertrages geworden, darf sie nachträglich nicht einseitig vom Vermieter geändert werden.

Der Vermieter kann aber auch nach Abschluss des Mietvertrages einseitig eine Hausordnung erlassen. Darin darf er Ihnen aber keine zusätzlichen Verpflichtungen wie z. B. die Treppenreinigung aufbürden oder Sie in der Benutzung Ihrer Wohnung einschränken. Zulässig sind jedoch z. B. Regelungen für die Benutzung von Gemeinschaftsräumen.

Zusätzliche Pflichten?

An die Hausordnung sollten Sie sich halten. Bei Verstößen kann der Vermieter Sie abmahnen. Hat die Abmahnung nicht zu einer Änderung des Verhaltens geführt, darf der Vermieter auf Unterlassung klagen. In besonders schweren Fällen, insbesondere wenn das Verhalten eines Mieters dem Vermieter und den anderen Mietern nicht mehr zuzumuten ist, kommt sogar eine Kündigung in Betracht.

Kündigung

Wann gekündigt werden darf, regelt weitgehend das Gesetz. Allerdings dürfen im Mietvertrag längere Kündigungsfristen für den Vermieter vereinbart werden.

Rückgabe der Wohnung

Oft wird in Mietverträgen geregelt, wie die Wohnung am Ende des Mietverhältnisses an den Vermieter zurückgegeben werden muss. So können Schönheitsreparaturen, die Beseitigung baulicher Änderungen, ein Ablöserecht des Vermieters und die Schlüsselrückgabe vereinbart werden.

Übergabeprotokoll

Im Übergabeprotokoll wird die vermietete Wohnung genau beschrieben. Von den einzelnen Zimmern angefangen über

Küche und Bad bis zum Balkon und zum Kellerabteil sind die einzelnen Räume aufgezählt. Danach wird die Wohnungsausstattung akribisch aufgelistet. Alles, was in der Wohnung vorhanden ist, also Öfen, aber auch Toilettendeckel und Seifenschalen, kann man im Übergabeprotokoll finden. Das Ganze hat natürlich einen Sinn: Bei der Rückgabe möchte der Vermieter die Wohnung zumindest so zurückbekommen, wie er sie Ihnen überlassen hat. Und dann darf natürlich auch die Seifenschale nicht fehlen. Für Sie ist diese Liste ebenfalls von Vorteil. Bei der Besichtigung der Wohnung samt Ausstattung sollten Sie alle Mängel beanstanden und in das Übergabeprotokoll hineinschreiben. Das Protokoll wird dann vom Mieter und Vermieter gemeinsam unterschrieben. Beim Auszug wissen Sie dann genau, was Sie in welchem Zustand zurückgeben müssen. Waren von Anfang an Kratzer auf den Einbauschränken, dann bekommt der Vermieter zum Schluss seinen zerkratzten Schrank zurück – Sie kann er dafür nicht haftbar machen. (Ein Beispiel für eine genaue Wohnungsbeschreibung finden Sie am Ende dieses Kapitels.)

Formularmietverträge

Ein Vertrag kommt eigentlich so zustande: Die Parteien nennen ihre Interessen, verhandeln Punkt für Punkt und kommen dann zu einer Einigung. Bei Mietverträgen sieht die Realität meistens anders aus. Der Vermieter legt Ihnen einen Formularmietvertrag vor und Sie unterschreiben, falls Sie die Wohnung haben wollen. Natürlich ist dann der Mietvertrag auf die Bedürfnisse des Vermieters zugeschnitten. Viele dieser Klauseln sind aber zum Glück unwirksam. Formularmietverträge unterliegen nämlich der Kontrolle durch das Gesetz zur Regelung des Rechts der Allgemeinen Geschäftsbedingungen (AGBG). Danach sind Bestimmungen, die den Mieter entgegen Treu und Glauben unangemessen benachteiligen, unwirksam (§ 9 I AGBG). Außerdem dürfen natürlich auch zwingende Vorschriften des Mietrechts nicht abbedungen werden. Einige Vermieter versuchen der Kontrolle durch das

Unwirksame Klauseln

AGBG dadurch zu entgehen, dass sie einige Klauseln handschriftlich verfassen. In der Regel nützt das aber nichts. Auch diese handschriftlichen Ergänzungen unterliegen meistens der Kontrolle durch das AGBG.

Ein Mustervertrag – kurz erläutert

Formularmietverträge sind häufig so aufgebaut, dass sie an manchen Stellen mehrere Alternativen bieten. Die Teile, die nicht auf das angestrebte Mietverhältnis passen, müssen durchgestrichen werden. Freie Stellen sind entweder auszufüllen oder, falls der Punkt nicht zutrifft, durchzustreichen.

Am Anfang sind stets beide Mietparteien mit Namen und Anschrift einzutragen. Besteht eine Mietpartei aus mehreren Personen, müssen alle Mitmieter oder Mitvermieter aufgeführt werden. Wollen Sie z. B. mit Ihrem Lebensgefährten gemeinsam die Wohnung mieten, müssen Sie und Ihr Lebensgefährte aufgeführt sein. Vermieter und Mieter können sich beim Vertragsschluss vertreten lassen. Das muss aber entsprechend vermerkt werden.

Die wichtigsten Klauseln

Jetzt aber zu den wichtigsten Klauseln in dem ab Seite 58 ff. abgedruckten BRUNNEN-Mietvertrag. (Diesen und auch die übrigen abgedruckten Formularverträge erhalten Sie im Büro- und Schreibwarenfachhandel.)

Mietsache

Die Mietsache muss genau bezeichnet werden. Zuerst kommen die Anschrift des Hauses und die genaue Lage der Wohnung innerhalb des Hauses. Hier sollte man höchste Vorsicht walten lassen, sonst mietet man u. U. die falsche Wohnung.

Als nächstes kommt die genaue Aufzählung aller vermieteten Räume. Also z. B.: *3 Zimmer, Kammer, 1 Küche, 1 Bad, 1 Toilette, 1 Korridor, 1 Balkon und 1 Kellerraum Nr. 11.* Hier muss jeder Raum aufgelistet werden.

Wichtig ist auch, dass die richtige Quadratmeterzahl in den Vertrag Eingang findet. Sie spielt nicht nur für die Miethöhe eine wichtige Rolle, sondern auch bei der Berechnung der Betriebskosten. Diese werden nämlich zum Teil nach Wohnungsgröße umgelegt. (Näheres dazu unter „Nebenkosten".)

Wenn Sie eine öffentlich geförderte Wohnung (Sozialwohnung) mieten wollen, brauchen Sie einen Wohnberechtigungsschein. (Siehe dazu das Kapitel „Besondere Mietverhältnisse".) Oft wird hier nachgefragt.

Eine Wohnung ist manchmal mit Einrichtungsgegenständen des Vermieters ausgestattet. Außerdem gibt es in manchen Wohnanlagen bestimmte Gemeinschaftseinrichtungen. Was mit vermietet wurde, welche Gegenstände und welche Gemeinschaftseinrichtungen Sie benutzen dürfen und welche nicht, wird im Einzelnen aufgelistet. (Siehe dazu das Kapitel „Ihre Rechte – Ihre Pflichten".)

Gemeinschaftsräume

Wichtig ist auch die Schlüsselübergabe. Sie sollten darauf achten, dass alle im Mietvertrag aufgezählten Schlüssel Ihnen tatsächlich ausgehändigt werden. Ansonsten wird es unter Umständen beim Auszug teuer. (Siehe dazu das Kapitel „Nach Beendigung des Mietverhältnisses – was Sie beachten müssen".)

In den Mietverträgen wird bestimmt, wie die Mietsache zu nutzen ist. Wird sie ausschließlich zu Wohnzwecken vermietet, dürfen Sie in den Räumen kein Gewerbe betreiben. (Siehe dazu auch das Kapitel „Ihre Rechte – Ihre Pflichten".)

Mietzeit

Der genaue Beginn der Mietzeit ist wichtig für den Beginn der gegenseitigen Rechte und Pflichten der Mietparteien und auch für die Kündigungsfristen.

Regelmäßig werden Mietverhältnisse auf unbestimmte Zeit geschlossen. Es können aber auch befristete Mietverhältnisse geschlossen werden. Wissen Sie ganz genau, dass Sie diese Wohnung nach Ablauf der Frist nicht mehr benötigen, dürfte für Sie der befristete Mietvertrag günstiger sein. Der Vermieter kann Ihnen in diesem Fall nicht ordentlich kündigen, auch nicht z. B. bei Eigenbedarf. In allen anderen Fällen sollten Sie lieber den Mietvertrag auf unbestimmte Zeit abschließen. (Zur Mietzeit siehe oben in diesem Kapitel, aber auch im Kapitel „Die Beendigung des Mietverhältnisses".)

Auf unbestimmte Zeit

Vertrag-Nr. _____
Ausfertigung für Vermieter / Mieter

Wohnungs-Mietvertrag (nach dem Einheitsmietvertrag)

(● grüne Punkte am Rande weisen darauf hin, daß eine zusätzliche Eintragung oder eine Streichung vorzunehmen ist.)

Unter Mieter und Vermieter werden die Vertragsparteien auch dann verstanden, wenn sie aus mehreren Personen bestehen. Alle im Vertrag genannten Personen haben den Mietvertrag eigenhändig zu unterschreiben. Nichtzutreffende Teile des Mietvertrages sind durchzustreichen, freie Stellen sind auszufüllen oder durchzustreichen.

● Zwischen _____ als Vermieter,

● in _____

● vertreten durch _____

● und _____

● sowie _____ , zur Zeit

● wohnhaft in _____ , als Mieter,

wird folgender Mietvertrag geschlossen:

§ 1 – Mieträume

1. Vermietet werden im Hause _____
(genaue Anschrift und genaue Lagebezeichnung nach Vorderhaus, Seitenflügel, Quergebäude, Stockwerk, rechts, links, Mitte)

● folgende Räume: ____ Zimmer, ____ Kammer, ____ Küche, ____ Diele, ____ Korridor, ____ Toilette, ____ Toilette mit

● Bad / Dusche, ____ Kellerraum Nr. ____ , ____ Bodenraum Nr. ____ ,

● zur Benutzung als Wohnung _____ Wohnfläche: _____ m²

● Es dürfen mitbenutzt werden: (z. B. Waschanlage, Fahrzeugeinstellplatz usw.) _____

2. Der Vermieter verpflichtet sich, dem Mieter spätestens bei Einzug folgende Schlüssel auszuhändigen: ____ Haus-, ____ Korridor-,
____ Zimmer-, ____ Boden-, ____ Keller-, ____ Fahrstuhl-, ____ Garagen-, ____ Hausbriefkasten-, ____ Schlüssel.
Die Beschaffung weiterer Schlüssel durch den Mieter bedarf der Einwilligung des Vermieters.
Der Mieter hat bei Beendigung des Mietverhältnisses sämtliche Schlüssel, auch selbst angeschaffte, an den Vermieter herauszugeben; anderenfalls ist der Vermieter berechtigt, auf Kosten des Mieters Ersatzschlüssel zu beschaffen oder – soweit dies im Interesse des Nachmieters erforderlich ist – auch die Schlösser zu verändern und dazu Schlüssel zu beschaffen.

3. Die Mieträume dürfen vom Mieter nur zu Wohnzwecken genutzt werden. Die Gesamtzahl der Personen, die die Wohnung beziehen

● werden – bewohnen – beträgt _____ –. Der Mieter ist verpflichtet, seiner gesetzlichen Meldepflicht nachzukommen.
Zur Anbringung von Schildern, Reklamen, Automaten und dergleichen außerhalb der Mieträume bedarf es der vorherigen schriftlichen Genehmigung des Vermieters.

§ 2 – Mietzeit und ordentliche Kündigung

● 1. a) Das Mietverhältnis beginnt am _____ , es läuft auf unbestimmte Zeit. Kündigungsfristen siehe 2.

b) Das Mietverhältnis beginnt am _____ und endet am _____ . Es verlängert

c) Das Mietverhältnis ist auf bestimmte Zeit abgeschlossen.

Es beginnt am _____ 19 _____ und endet am _____ 19 _____, ohne daß es einer Kündigung bedarf.

d) Die Wohnung ist zu nur vorübergehendem Gebrauch durch den Mieter gemietet, nämlich wegen

sie kann daher jeweils bis zum 3. Werktag jeden Monats zum Schluß dieses Monats schriftlich gekündigt werden.

2. Kündigungsfristen (zu 1. a) und 1. b): Die Kündigungsfrist beträgt

   3 Monate, wenn seit der Überlassung des Wohnraums weniger als 5 Jahre vergangen sind,
   6 Monate, wenn seit der Überlassung des Wohnraums   5 Jahre vergangen sind,
   9 Monate, wenn seit der Überlassung des Wohnraums   8 Jahre vergangen sind,
  12 Monate, wenn seit der Überlassung des Wohnraums 10 Jahre vergangen sind.

Die Kündigung muß s c h r i f t l i c h bis zum dritten Werktag des ersten Monats der Kündigung erfolgen, durch den Vermieter unter Angabe sämtlicher Kündigungsgründe und unter Hinweis auf das Widerspruchsrecht. Für die Rechtzeitigkeit kommt es nicht auf die Absendung, sondern auf den Empfang der Kündigung an.

§ 3 – Miete und Nebenkosten

● 1. Die Miete beträgt monatlich

● Neben der Miete sind monatlich zu entrichten für

	DM
z. Z.	_____
z. Z.	_____
z. Z.	_____
z. Z.	_____
Insgesamt z. Z.	_____

● 2. Die Schönheitsreparaturen werden vom Vermieter – Mieter getragen.

● 3. Die Betriebskosten im Sinne des § 27 der Zweiten Berechnungsverordnung sind in der Miete enthalten – nicht enthalten.

  4. Der Vermieter ist berechtigt, nach Maßgabe der gesetzlichen Bestimmungen die Zustimmung zur Erhöhung des Mietzinses jeweils nach Ablauf eines Jahres zum Zweck der Anpassung an die geänderten wirtschaftlichen Verhältnisse zu verlangen.

  5. Soweit sich Betriebskosten erhöhen oder neu entstehen, darf der Vermieter die Erhöhung bzw. die neu entstandenen Betriebskosten nach den gesetzlichen Vorschriften anteilig umlegen.

Der Vermieter kann den monatlichen Vorschuß auf die Betriebskosten – einschließlich der Kosten für Sammelheizung und Warmwasserversorgung – entsprechend anpassen, insbesondere auch dann, wenn sich aus der letzten Abrechnungsperiode ein Vorauszahlungsfehlbetrag ergeben hat.

§ 4 – Zahlung der Miete und der Nebenkosten

● 1. Die Miete und Nebenkosten sind monatlich im voraus, spätestens am 3. Werktag des Monats, porto- und spesenfrei an den Vermieter oder an die von ihm zur Entgegennahme ermächtigte Person oder Stelle zu zahlen. – Die Miete und Nebenkosten sind auf das Konto

Nr. _____ bei _____

einzuzahlen. Für die Rechtzeitigkeit der Zahlung kommt es nicht auf die Absendung, sondern auf die Ankunft des Geldes an.

● Miete und Nebenkosten werden im Lastschrift-Einzugsverfahren von einem vom Mieter zu benennenden Konto abgebucht. Der Mieter verpflichtet sich, dem Vermieter eine Einzugsermächtigung zu erteilen.

BRUNNEN ⬛ Bestell-Nr. 25 223   5. 93   AGB   5

● 2. Die Nebenkosten für _____

werden in Form monatlicher Abschlagszahlungen erhoben und sind jährlich nach dem Stichtag vom _____ eines jeden Jahres mit dem Mieter abzurechnen.

● 3. Bei verspäteter Zahlung ist der Vermieter berechtigt, Mahnkosten in Höhe von _____ DM je Mahnung unbeschadet von Verzugszinsen zu erheben.

§ 5 – Sammelheizung und Warmwasserversorgung

1. Eine vorhandene Zentralheizungsanlage wird, soweit es die Außentemperatur erfordert, mindestens aber vom 1. 10. bis zum 30. 4. (Heizperiode) vom Vermieter in Betrieb gehalten. Eine Temperatur von mindestens 20 Grad Celsius in der Zeit von 7.00 bis 22.00 Uhr in den an die Sammelheizung angeschlossenen Wohnräumen gilt als vertragsgemäße Erfüllung. Für Räume, die auf Wunsch des Mieters oder durch diesen mittels Umbaus oder Ausbaus geändert sind, kann eine Erwärmung auf 20 Grad Celsius nicht verlangt werden. Außerhalb der Heizperiode wird die Sammelheizung in Betrieb genommen, soweit es die Außentemperaturen erfordern. Dabei ist zu berücksichtigen, daß während der Sommermonate in der Regel Instandhaltungs- und Wartungsarbeiten durchgeführt werden.

2. Ist eine zentrale Warmwasserversorgungsanlage vorhanden, so ist vom Vermieter eine Durchschnitts-Temperatur des Wassers einzuhalten, die an den Zapfstellen 40 Grad Celsius nicht unterschreitet.

3. Vom Vermieter nicht zu vertretende Betriebsunterbrechungen der Heizungs- und Warmwasserversorgung berechtigen den Mieter nicht zu Schadenersatzansprüchen.

4. Die Betriebskosten der Heizung und Warmwasserversorgung sind in dem vereinbarten Mietzins nicht enthalten, sie werden vom Vermieter angemessen auf die daran angeschlossenen Wohnungen umgelegt. Zu den umlegungsfähigen Betriebskosten gehören insbesondere die Brennstoffkosten einschließlich der Kosten für elektrischen Strom, die Anfuhrkosten für Brennstoffe, die Kosten der Wartung und Reinigung der Anlage einschließlich des Schornsteins und die technische Überwachung der Anlage. Ferner gehören dazu die Kosten der Bedienung der Anlage und die Kosten des Betriebs und der Verwendung von Wärmezählern, Heizkostenverteilern, Warmwasserzählern und/oder Warmwasserkostenverteilern. Wenn der Vermieter die Anlage selbst bedient, so kann er hierfür einen angemessenen Betrag mit umlegen. Ist die Wohnung an eine Fernheizung angeschlossen, so sind auch die an die Fernheizungsgesellschaft zu zahlenden Beträge umlegbar. Bei einer vorhandenen zentralen Warmwasserversorgungsanlage rechnen auch die Kosten des Wasserverbrauchs zu den umlegbaren Betriebskosten.

5. Die Betriebskosten werden vom Vermieter entsprechend den gesetzlichen Abrechnungsmaßstäben umgelegt, d. h. nach Wohn- oder Nutzfläche oder nach dem umbauten Raum und nach einem dem Wärmeverbrauch rechnungtragenden Maßstab. Werden Wärmezähler, Heizkostenverteiler, Warmwasserzähler und/oder Warmwasserkostenverteiler verwandt, so wird ein fester Anteil der Kosten nach dem Verbrauch aufgeteilt, nämlich _____ v. H.*)

● 6. Bei der Umlegung nach Wohn- oder Nutzfläche oder nach dem umbauten Raum sind die Räume des Eigentümers und des Hauswarts und nicht vermietete Wohnungen, nicht aber die gemeinschaftlich benutzten Räume, wie das Treppenhaus, zu berücksichtigen.

Die Wohnfläche, die Nutzfläche, der umbaute Raum der Mietsache beträgt _____ m²/m³.

● 7. Auf den Umlegungsbetrag für die Betriebskosten sind monatlich Vorauszahlungen zu leisten, deren Höhe der Vermieter jeweils angemessen festsetzt und über die nach Schluß der Heizperiode abzurechnen ist.

● 8. Ist ein Durchlauferhitzer oder Boiler zur Warmwasserbereitung oder/und eine separate Etagenheizung in der Wohnung vorhanden, so trägt der Mieter gemäß Anlage 3 zu § 27 Zweite Berechnungsverordnung sämtliche Betriebs-, Wartungs- und Reinigungskosten. Die Wartung und Reinigung erfolgen jährlich.

... ~~Der Mieter ist berechtigt, vorhandene Aufzugsanlagen mitzubenutzen. Der Mieter hat keinen Anspruch auf ununterbrochene Leistung,~~ falls Betriebsstörungen eintreten. Der Mieter verpflichtet sich, die Aufzugsbestimmungen in allen Punkten zu erfüllen. Betriebsstörungen sind dem Vermieter oder seinem Beauftragten sofort mitzuteilen.

2. Die Kosten der Treppenhausreinigung sind in den Betriebskosten ☐ enthalten ☐ nicht enthalten. Sofern die Kosten für die Treppenhausreinigung in den Betriebskosten nicht enthalten sind, ist der Mieter verpflichtet, die Treppe von seinem Podest abwärts bis zum nächsten Podest – im Erdgeschoß, den Hausflur – regelmäßig und ordnungsgemäß, insbesondere in ausreichenden Abständen kostenlos zu reinigen.

§ 7 – Zustand der Mieträume

1. Der Vermieter gewährt den Gebrauch der Mietsache in dem Zustand bei Übergabe.

2. Der Mieter verpflichtet sich – vor Übergabe – spätestens jedoch bis zum folgende Arbeiten in den Mieträumen vorzunehmen:

_____

_____

3. Die verschuldensunabhängige Haftung des Vermieters für anfängliche Sachmängel (§ 538 BGB) wird dem Vermieter vom Mieter erlassen.

§ 8 – Benutzung der Mieträume, Untervermietung, Tierhaltung

1. Der Mieter darf die Mieträume zu anderen als Wohnzwecken nur mit Zustimmung des Vermieters benutzen.

2. Untervermietung oder sonstige Gebrauchsüberlassung an Dritte darf nur mit Erlaubnis des Vermieters erfolgen. Bei unbefugter Untervermietung kann der Vermieter verlangen, daß der Mieter sobald wie möglich, spätestens jedoch binnen Monatsfrist das Untermietverhältnis kündigt. Geschieht dies nicht, so kann der Vermieter das Hauptmietverhältnis fristlos kündigen. Der Vermieter ist unter den Voraussetzungen des § 549, Abs. 2 BGB berechtigt, einen Untermietzuschlag zu erheben. Im Falle einer Untervermietung oder Gebrauchsüberlassung haftet der Mieter für alle Handlungen oder Unterlassungen des Untermieters oder desjenigen, dem er den Gebrauch der Mieträume überlassen hat.

3. Jeder Ein- oder Auszug von Personen, denen der Mieter die Mieträume untervermietet oder zum Gebrauch überlassen hat, ist dem Vermieter sofort unter Vorlage der Meldebescheinigung anzuzeigen.

4. Jede Tierhaltung, insbesondere von Hunden und Katzen, mit Ausnahme von Ziervögeln und Zierfischen, bedarf der Zustimmung des Vermieters. Dies gilt nicht für den vorübergehenden Aufenthalt von Tieren bis zu _____ Tagen.
Die Zustimmung kann widerrufen bzw. der vorübergehende Aufenthalt untersagt werden, wenn von dem Tier Störungen und / oder Belästigungen ausgehen.

§ 9 – Elektrizität, Gas, Wasser

1. Soweit Leitungsnetze für Elektrizität, Gas und Wasser vorhanden sind, dürfen diese vom Mieter nur in dem Umfange in Anspruch genommen werden, daß keine Überlastung eintritt. Wasser darf nur für den eigenen Bedarf aus den Wasserleitungen entnommen werden.

2. Bei Störungen oder Schäden an den Versorgungsleitungen hat der Mieter für sofortige Abschaltung zu sorgen und ist verpflichtet, den Vermieter oder seinen Beauftragten sofort zu benachrichtigen.

3. Der Vermieter ist berechtigt, bei starkem Frost nach Benachrichtigung des Mieters, das Wasser zumindest in der Zeit von 21.00 bis 7.00 Uhr abzustellen.

*) mindestens 50 v. H., höchstens 70 v. H. (Verordnung über Heizkostenabrechnung vom 23. 2. 1981, BGBl. I S. 261)

§ 10 – Bauliche Maßnahmen und Verbesserungen durch den Vermieter

1. Der Vermieter darf Ausbesserungen und bauliche Änderungen, die zur Erhaltung des Hauses oder der Mieträume oder zur Abwendung drohender Gefahren oder zur Beseitigung von Schäden notwendig werden, ohne Zustimmung des Mieters vornehmen.

2. Etwaige Maßnahmen zur Erhaltung oder Verbesserung oder zur Einsparung von Heizenergie werden nach Maßgabe der gesetzlichen Bestimmungen durchgeführt.

3. Der Mieter darf die Arbeiten nicht behindern.

§ 11 – Bauliche Änderungen durch den Mieter

1. Um- und Einbauten, insbesondere Änderungen der Installationen, Anbringung von Außenjalousien, Markisen und Blumenbrettern, sowie die Neuerrichtung und Veränderung von Feuerstätten nebst Ofenrohren dürfen nur vorgenommen werden, wenn der Vermieter zuvor zugestimmt hat und eine etwa erforderliche behördliche/bauaufsichtsamtliche Einwilligung erteilt worden ist, die der Mieter einzuholen hat.

2. Zur Aufstellung von Ölfeuerungsanlagen bedarf es der vorherigen Zustimmung des Vermieters. In jedem Fall müssen die Ölöfen den technischen Richtlinien des Fachverbandes der Heiz- und Kochgeräteindustrie entsprechen und die Hinweise tragen: „Nach HKI-Richtlinien geprüft, nur für Heizöl EL." Die Aufstellung muß durch eine Fachkraft erfolgen. Heizöl darf nur unter Beachtung der gesetzlichen und behördlichen Vorschriften gelagert werden.

3. Die Übernahme der entstehenden Kosten ist – auf den einzelnen Fall abgestellt – gesondert zu regeln.

4. Soweit der Vermieter für Schäden, die sich aus der Aufstellung und dem Betrieb von Anlagen gemäß Abs. 1 und 2 ergeben, einzustehen hat, kann der Vermieter vom Mieter Ersatz verlangen.

5. Der Mieter haftet für die Kosten der Entfernung von auf seine Veranlassung angelegten oder von ihm benutzten Fernsprechleitungen und für dadurch entstehende Gebäudeschäden.

§ 12 – Außenantennen – Kabelanschluß

1. Soweit für Fernsehen und Rundfunk keine Gemeinschaftsantenne oder kein Kabelanschluß vorhanden ist, darf der Mieter auf eigene Kosten eine Einzel-Außenantenne anbringen, wobei Art und Weise und Folgen in einem Antennenvertrag zu regeln sind.

2. Der Mieter erklärt sich schon jetzt bezüglich des Mietobjektes mit der Installation eines Kabelanschlusses bzw. einer Gemeinschaftsantenne einverstanden.

§ 13 – Instandhaltung der Mieträume

1. Zeigt sich im Laufe der Mietzeit ein Mangel der Mietsache oder wird eine Vorkehrung zum Schutze der Mietsache gegen eine nicht vorhergesehene Gefahr erforderlich, so hat der Mieter dem Vermieter dies zur Vermeidung seiner Schadenersatzpflicht unverzüglich anzuzeigen.

2. Der Mieter hat alle Teile der Mietsache, die beim Gebrauch seinem unmittelbaren Zugriff unterliegen (Leitungen und Anlagen für Elektrizität und Gas, die sanitären Einrichtungen, Schlösser, Rolläden, Öfen, Herde und ähnliche Einrichtungen), so pfleglich zu behandeln, daß sie nicht beschädigt und nicht mehr als vertragsgemäß abgenutzt werden.

3. Ungezieferbefall seiner Wohnung hat der Mieter unverzüglich dem Vermieter anzuzeigen. Er hat auftretendes Ungeziefer auf seine Kosten zu beseitigen, soweit er den Ungezieferbefall zu vertreten hat.

4. Der Mieter haftet dem Vermieter für Schäden, die durch Verletzung der ihm obliegenden Sorgfalts- und Anzeigepflicht verursacht werden, insbesondere auch, wenn Versorgungs- und Abflußleitungen, Toiletten-, Heizungsanlagen usw. unsachgemäß behandelt, die Räume unzureichend gelüftet, gereinigt, beheizt oder nicht ausreichend gegen Frost geschützt werden.

5. Der Mieter haftet in gleicher Weise für Schäden, die durch seine Angehörigen, Untermieter, Besucher, Lieferanten und Handwerker verursacht worden sind.

6. Der Mieter hat Schäden, für die er einstehen muß, sofort zu beseitigen.

7. Der Mieter hat zu beweisen, daß Schäden in seinem ausschließlichen Gefahrenbereich nicht auf seinem Verschulden oder auf dem

§ 14 – *Pfandrecht des Vermieters*

1. Der Mieter erklärt, daß die bei Einzug eingebrachten Sachen sein freies Eigentum, nicht gepfändet und nicht verpfändet sind, mit

● Ausnahme folgender Gegenstände: _____

2. Der Mieter ist verpflichtet, den Vermieter unverzüglich von einer etwaigen Pfändung eingebrachter Gegenstände unter Angabe des Gerichtsvollziehers und des pfändenden Gläubigers zu benachrichtigen.

§ 15 – *Betreten der Mieträume durch den Vermieter*

1. Der Vermieter oder/und sein Beauftragter können die Mieträume nach rechtzeitiger Ankündigung besichtigen, sei es zur Prüfung des Zustandes oder aus anderen wichtigen Gründen.
Bei dringender Gefahr ist ihnen der Zutritt zu jeder Tages- und Nachtzeit gestattet.

2. Will der Vermieter oder sein Beauftragter das Grundstück verkaufen, oder ist das Mietverhältnis gekündigt, so darf der Vermieter oder sein Beauftragter zusammen mit dem Miet- bzw. Kauflustigen die Räume in angemessenem Maß betreten.

3. Der Mieter muß dafür sorgen, daß die Räume während seiner Abwesenheit betreten werden können. Bei längerer Abwesenheit hat er die Schlüssel an schnell erreichbarer Stelle unter Benachrichtigung des Vermieters zu hinterlassen.

§ 16 – *Vorzeitige Beendigung der Mietzeit*

Wird das Mietverhältnis durch den Vermieter aus wichtigem Grunde gekündigt, so haftet der Mieter für den Schaden, der dem Vermieter dadurch entsteht, daß die Räume nach der Rückgabe leer stehen oder billiger vermietet werden müssen, und zwar bis zum Ablauf der vereinbarten Mietzeit, jedoch höchstens für ein Jahr nach der Rückgabe.

§ 17 – *Rückgabe bei Beendigung der Mietzeit*

Bei Beendigung der Mietzeit sind die Mieträume vertragsgemäß im sauberen Zustand mit allen Schlüsseln dem Vermieter oder seinem Beauftragten zu übergeben. Anderenfalls ist der Vermieter nach Räumung berechtigt, die Mietsache nach Ankündigung auf Kosten des Mieters zu öffnen und zu reinigen und zurückgelassene einzelne Gegenstände zu verwahren und wertloses Gerümpel vernichten zu lassen.

§ 18 – *Mehrere Personen als Vermieter oder Mieter*

Vermieter und/oder Mieter haften als Gesamtschuldner, sofern es sich um mehrere Personen handelt. Für die Wirksamkeit einer Erklärung des Vermieters genügt es, wenn sie gegenüber einem der Mieter abgegeben wird.

§ 19 – *Hausordnung*

Anerkennung der Hausordnung

Der Mieter erkennt die Hausordnung als für ihn verbindlich an. Ein Verstoß gegen die Hausordnung ist ein vertragswidriger Gebrauch des Mietgegenstandes. Bei schwerwiegenden Fällen kann der Vermieter nach erfolgloser Abmahnung das Vertragsverhältnis ohne Einhaltung einer Kündigungsfrist kündigen. Für alle Schäden, die dem Vermieter durch Verletzung oder Nichtbeachtung der Hausordnung und durch Nichterfüllung der Meldepflichten entstehen, ist der Mieter ersatzpflichtig. Änderungen und Ergänzungen der Hausordnung darf der Vermieter nur vornehmen, wenn dadurch Rechte und Pflichten des Mieters nicht verändert werden.

Allgemeine Ordnungsbestimmungen

– Der Mieter hat von den Mieträumen nur vertragsgemäß Gebrauch zu machen und sie regelmäßig zu reinigen.

– Jede Ruhestörung ist zu vermeiden, besonders durch lautes Musizieren (Rundfunk- und Fernsehempfang, Benutzung von Musikinstrumenten, Plattenspielern, Tonbandgeräten usw. nur in Zimmerlautstärke). Türen schlagen und Lärm im Treppenhaus. In der Mittagszeit und nach 22.00 Uhr ist jeder Lärm zu unterlassen.

– Teppiche dürfen nur während der zugelassenen Zeiten geklopft werden.

- Abfälle jeder Art dürfen nur in die aufgestellten Mülltonnen geschüttet werden. Daneben geschüttete Abfälle sind sofort zu beseitigen. Sperrige Gegenstände muß der Mieter auf eigene Kosten abholen lassen bzw. die Sperrmüllabfuhr benutzen.

Darüber hinaus ist der Mieter verpflichtet:
- Seine Kinder ausreichend zu beaufsichtigen.
- Aus Fenstern, von Balkonen, auf Treppenfluren nichts auszuschütteln oder auszugießen oder hinunterzuwerfen.
- Auf Höfen und in Durchfahrten nicht radzufahren.
- Vor und auf dem Grundstück keine Tauben zu füttern.
- Scharf- oder übelriechende, leicht entzündliche oder sonstige schädliche Sachen sachgemäß zu beseitigen.
- Brennstoffe nicht innerhalb der Wohnung, sondern nur an den vom Vermieter bezeichneten Stellen zu zerkleinern.
- Für Verkehr, Aufstellen und Lagern von Gegenständen auf den gemeinschaftlich genutzen Flächen und Räumen (auch von Fahrzeugen jeder Art) gegebenenfalls die Einwilligung des Vermieters, ggf. auch die betreffende behördliche Genehmigung einzuholen.
- Mopeds, Motorräder und Motorroller nicht in der Wohnung, in Nebenräumen, im Treppenhaus oder im Keller abzustellen.
- Das Haus von 20.00 bis 6.00 Uhr zum Schutz der Hausbewohner verschlossen zu halten.
- Das Auftreten von Ungeziefer dem Vermieter sofort mitzuteilen und erforderlichenfalls geeignete Maßnahmen zur unverzüglichen Beseitigung einzuleiten, um ein weiteres Ausbreiten des Ungeziefers zu verhindern.
- Die Schlüssel dem Vermieter oder dessen Beauftragten abzuliefern, falls der Mieter vor Ablauf des gekündigten Vertrages ganz oder teilweise auszieht; auch wenn er noch Gegenstände in den Räumen beläßt, jedoch aus Anzahl und Beschaffenheit der zurückgelassenen Gegenstände die Absicht der Aufgabe des Mietbesitzes zu erkennen ist.
- In diesem Fall ist der Vermieter berechtigt, die Mieträume schon vor der endgültigen Räumung in Besitz zu nehmen.

Sorgfaltspflichten des Mieters

Der Mieter ist unter anderem zu folgendem verpflichtet:
- Die Fußböden trocken zu halten und ordnungsgemäß zu behandeln, so daß keine Schäden entstehen. Das Entstehen von Druckstellen ist durch zweckentsprechende Untersätze zu vermeiden.
- Die Gas-, Be- und Entwässerungsanlagen, die elektrische Anlage und sonstige Hauseinrichtungen nicht zu beschädigen, insbesondere Verstopfungen der Abwasserrohre zu verhindern, sowie die Gasbrennstellen sauber zu halten und Störungen an diesen Einrichtungen dem Vermieter oder seinem Beauftragten sofort zu melden.
- Die Benutzung von Waschmaschinen und Wäschetrocknern zu unterlassen, wenn zu befürchten ist, daß die Bausubstanz angegriffen wird oder

- Die Vorschriften für die Bedienung von Aufzügen, Warmwasserbereitern, Feuerungsstellen usw. sind sorgfältig zu beachten.
- Alle Zubehörteile und Schlüssel sorgfältig zu behandeln und aufzubewahren.
- Die Mieträume ausreichend zu heizen, zu lüften und diese zugänglich zu halten.
- Die Zapfhähne zu schließen, besonders bei vorübergehender Wassersperre, auch während der Abwesenheit des Mieters.
- Alle wasserführenden Objekte stets frostfrei zu halten, bei starkem Frost die Wasserleitung, gegebenenfalls auch Toilettenbecken, Spülkästen und sonstige Einrichtungen zu entleeren. Während der Heizperiode Türen und Fenster auch von unbeheizten Räumen gut verschlossen zu halten. Notwendiges Lüften darf nicht zur Durchkühlung der Räume führen. Bei Frost dürfen die Ventile der Heizkörper nicht auf „kalt" stehen.
- Abwesenheit entbindet den Mieter nicht davon, ausreichende Frostschutzmaßnahmen zu treffen.

Brandschutzbestimmungen

Alle allgemeinen, technischen und behördlichen Vorschriften, besonders auch die bau- und feuerpolizeilichen Bestimmungen (u. a. über die Lagerung von feuergefährlichen bzw. brennbaren Stoffen) sind zu beachten und einzuhalten.
Nicht gestattet bzw. zu unterlassen ist:
- Offenes Licht und Rauchen auf dem Boden oder im Keller. Das Lagern und Aufbewahren feuergefährlicher und leicht entzündlicher Stoffe (Benzin, Spiritus, Öl, Packmaterial, Feuerwerkskörper, usw.) auf dem Boden und im Keller.
- Das Aufbewahren von Möbeln, Matratzen, Textilien und Futtervorräten u. ä. auf dem Boden.
- Größere Gegenstände, wenn nicht anderweitig unterzubringen, sind so aufzustellen, daß diese Räume in allen Teilen leicht zugänglich und übersichtlich bleiben.
- Kleinere Gegenstände sind nur in geschlossenen Behältnissen (Kästen, Truhen, Koffern) aufzubewahren.

Der Mieter ist verpflichtet:
- Die Feuerstätten in brandsicherem Zustand (auch frei von Asche und Ruß) zu halten.
- Dem Schornsteinfeger das Reinigen der in den Mieträumen endenden Schornsteinrohre zu gestatten.
- Veränderungen an Feuerstätten und Abzugsrohren nur mit Genehmigung des Vermieters, der zuständigen Behörden bzw. des zuständigen Schornsteinfegermeisters vorzunehmen. An und unter den Feuerstellen den Fußboden ausreichend zu schützen.
- Nur geeignete und zulässige Brennmaterialien zu verwenden und diese nicht in der Wohnung aufzubewahren, sondern sachgemäß im Keller zu lagern.
- Heiße Asche nicht in die Mülltonnen zu entleeren, sondern sie zuvor mit

gemäß geschlossen zu halten.
- Energie und Wasser nicht zu vergeuden.
- Balkone von Schnee zu räumen und sonstige Belastungen (Brennstoffe usw.) zu unterlassen.
- Kellerschächte und -fenster zu reinigen, soweit diese innerhalb des Mieterkellers liegen. Kellerräume und Bodenräume im für den gesamten Hauskeller bzw. -boden erforderlichen Umfang zu lüften und die Fenster bei Nacht, Nässe oder Kälte zu schließen.
- In den Miet-, Boden- und Kellerräumen nicht mit feuergefährlichen Mitteln zu hantieren. Bei Ausbruch eines Brandes oder bei einer Explosion – gleich welcher Art – die angemessenen Gegenmaßnahmen einzuleiten und sofort den Vermieter oder seinen Beauftragten zu verständigen.
- Alle Gasleitungen und -installationen ständig auf Dichtigkeit zu überwachen, bei verdächtigem Geruch sofort Hauptabsperrhähne zu schließen und Installateur oder Gaswerke sowie den Vermieter oder seinen Beauftragten zu benachrichtigen. Bei längerer Abwesenheit ist der Absperrhahn am Gaszähler zu schließen.

§ 20 – Weitere Vereinbarungen

1. Sollte eine der Bestimmungen dieses Vertrages ganz oder teilweise rechtsunwirksam sein oder werden, so wird die Gültigkeit der übrigen Bestimmungen dadurch nicht berührt. In einem solchen Fall ist der Vertrag vielmehr seinem Sinne gemäß zur Durchführung zu bringen. Beruht die Ungültigkeit auf einer Leistungs- oder Zeitbestimmung, so tritt an ihre Stelle das gesetzlich zulässige Maß.

- 2. Weitere Vereinbarungen, z. B. Erlaubnis zur Untervermietung, Tierhaltung, usw.:
(ggf. besonderes Blatt zusätzlich unterschreiben und in den Falz einkleben.)

Ort, Datum   Ort, Datum

Vermieter   Mieter

BRUNNEN   Bestell-Nr. 25 223

Miete und Nebenkosten

Wichtiges zum Mietzins finden Sie oben in diesem Kapitel. Sie können zwar wie im vorliegenden Mietvertrag einen Vorschuss für Betriebs- und Heizkosten vereinbaren. Es gibt aber auch andere Möglichkeiten, z. B. eine pauschale Berechnung. (Siehe dazu das Kapitel „Nebenkosten".) Betriebskosten müssen Sie nur zahlen, wenn das im Mietvertrag vorgesehen ist und diese wie im vorliegenden Vertrag aufgelistet sind. Sie müssen natürlich nicht alle aufgezählten Betriebskosten übernehmen, sondern nur die, die tatsächlich anfallen.

Schönheitsreparaturen

Darunter fällt z. B. das Tapezieren und Streichen von Wänden. Sie müssen sie aber nur dann ausführen, wenn das im Mietvertrag vereinbart wurde. Ansonsten ist der Vermieter dafür zuständig. Da Schönheitsreparaturen mit viel Arbeit und Kosten verbunden sind, sollten Sie versuchen eine vertragliche Übernahme dieser Pflichten zu vermeiden. Das wird in der Regel nicht leicht sein. Auch wenn der vorliegende Mietvertrag beide Varianten offen lässt, sorgen die Vermieter meistens dafür, dass es ohne Übernahme dieser Pflichten keine Wohnung gibt.

Fristen Die Fristen für die Durchführung der Schönheitsreparaturen müssen angemessen sein. Wann diese Fristen als angemessen gelten, können Sie im Kapitel „Ihre Rechte – Ihre Pflichten" nachlesen. (Mehr zu Schönheitsreparaturen finden Sie in den Kapiteln „Augen auf beim Mietvertrag", „Rechte und Pflichten des Vermieters" und „Nach Beendigung des Mietverhältnisses – was Sie beachten müssen".)

Mieterhöhung

(Siehe dazu das Kapitel „Mieterhöhung".)

Zahlung von Miete und Nebenkosten

Der Beispielvertrag geht von einer Vorauszahlung der Miete und der Nebenkosten aus. Das ist allerdings nicht zwingend; Sie können auch andere Zahlungsmodalitäten mit dem Vermieter vereinbaren. (Siehe dazu oben in diesem Kapitel.)

Zustand der Mieträume

Wenn Sie möchten, dass der Vermieter die Wohnung noch instand setzt, sollten Sie im Mietvertrag genau festhalten, zu welchen Leistungen und bis zu welchem Termin sich der Vermieter verpflichtet hat. Sonst haben Sie später unter Umständen keinen Beweis für die Beteuerungen des Vermieters.

Rückgabe der Wohnung bei Beendigung der Mietzeit

An dieser Stelle erfahren Sie, wie Sie mit der Wohnung und den Schlüsseln nach Beendigung des Mietverhältnisses verfahren müssen. Im Falle der Zuwiderhandlung werden Ihnen Sanktionen angedroht. (Näheres zu Ihren Pflichten beim Auszug finden Sie im Kapitel „Nach Beendigung des Mietverhältnisses – was Sie beachten müssen".)

Mögliche Sanktionen

Mehrere Personen als Mieter oder Vermieter

Gesamtschuldnerische Haftung bedeutet für Sie: Wenn auf der Vermieterseite mehrere Personen stehen, können Sie Ihre möglichen Ansprüche, z. B. auf Übergabe der Wohnung, gegenüber jeder dieser Personen geltend machen. Umgekehrt kann der Vermieter z. B. die gesamte Miete von jedem einzelnen Mitmieter verlangen.

Tod des Mieters (in diesem Vertrag nicht geregelt)

Hier bekommen Sie häufig einen Hinweis darauf, was Ehegatten und Familienangehörige beim Tod des Mieters beachten müssen. (Genaue Ausführungen dazu finden Sie oben in diesem Kapitel.)

Hausordnung

Die Hausordnung regelt, wie sich die Mieter zu verhalten haben. Sie sollten sie deshalb genau lesen. Nicht, dass Sie in Ihrer neuen Wohnung ein Mönchsdasein führen müssten! (Näheres dazu finden Sie oben in diesem Kapitel.)

Weitere Vereinbarungen

Oft werden Klauseln in Mietverträgen von Gerichten für unwirksam erklärt. Damit daran nicht der gesamte Vertrag scheitert, wird vereinbart, dass die Unwirksamkeit einiger Klauseln nicht zur Unwirksamkeit des gesamten Vertrages führt.

In den jetzt folgenden Zeilen können die Mietparteien individuelle Vereinbarungen treffen. Legen Sie also besonderen Wert auf einen bestimmten Punkt, der von den vorhergehenden Klauseln nicht erfasst ist, haben Sie jetzt die Möglichkeit diesen mit dem Vermieter – möglichst in Ihrem Sinne – zu vereinbaren.

Unterschriften

Unten müssen Sie und der Vermieter den Mietvertrag handschriftlich unterschreiben. Wenn mehrere Personen Mieter werden wollen, z. B. beide Ehegatten, dann müssen sie natürlich alle unterschreiben.

Es gibt eine Vielzahl von Formularmietverträgen, Sie werden also nicht zwingend den von uns hier vorgestellten BRUNNEN-Mietvertrag vorgelegt bekommen. In der Regel enthalten aber alle diese Verträge genau diese oder zumindest *Ähnliche Klauseln* ähnliche Klauseln. Häufig ist nur die Reihenfolge der einzelnen Klauseln anders. Insofern können Sie das, was wir hier erläutert haben, auch bei anderen Formularmietverträgen berücksichtigen.

Unzulässige Klauseln im Mietvertrag

Unwirksam sind Klauseln:

- die den Mieter verpflichten Schönheitsreparaturen beim Einzug, während der Mietzeit und zusätzlich beim Auszug durchzuführen.
- die das Recht des Mieters auf Mietminderung generell ausschließen.
- die eine Untervermietung generell verbieten.
- die das Halten von Haustieren aller Art von der schriftlichen Zustimmung des Vermieters abhängig machen.
- die den Mieter verpflichten alle Reparaturen bis zu einer Höhe von beispielsweise 50 DM je Einzelfall zu tragen, wenn keine Höchstbegrenzung für die Kleinreparaturen vorgesehen ist.

- die zu einer Umkehr der Beweislast führen würden (Einbe-ziehungsklauseln), wie z. B. die Klausel, dass die beigefügte Hausordnung anerkannt wird.
- die generell verbieten Teppichböden fest zu verkleben.
- die den Mieter verpflichten eine Privathaftpflicht- und eine Hausratversicherung abzuschließen. *Versicherungen*
- die die Abtretung aller Ansprüche aus einem Versiche-rungsvertrag an den Vermieter beinhalten.
- die den Mieter verpflichten für die Instandhaltung und Reparatur elektrischer Anlagen aufzukommen.
- die neben der Kaution zusätzlich ein Schlüsselpfand vom Mieter vorsehen.

Christina und Christian Klug   1997-09-10
Falkenstr. 16
70193 Stuttgart

Herrn
Rainer Raffke
Falkenstr. 13

70193 Stuttgart

Musterbrief:
Rückforderung von
zu viel gezahlter
Kaution

Rückerstattung zu viel gezahlter Kaution

Sehr geehrter Herr Raffke,

am 1. Mai 1997 haben wir mit Ihnen einen Mietvertrag über
Ihre Wohnung in der Falkenstraße 16 geschlossen. Dabei ver-
langten Sie eine Mietkaution in Höhe von 4 500 DM. Aufgrund
dessen haben wir Ihnen am 3. Mai, am 3. Juni und am 3. Juli
1997 jeweils 1 500 DM, also insgesamt 4 500 DM überwiesen.

Wie wir nun in Erfahrung bringen konnten, darf die Kaution
das Dreifache der zu zahlenden Miete nicht übersteigen
(§ 550 b BGB). Da unsere Miete 1 200 DM beträgt, durften Sie
höchstens 3 600 DM von uns verlangen. Deshalb fordern wir
Sie auf, den von uns zu viel gezahlten Betrag in Höhe von
900 DM auf unser gemeinsames Konto, Nr. ... bei der ..., BLZ ...
bis spätestens zum ... zu überweisen.

Mit freundlichen Grüßen

Christina Klug   Christian Klug

Hilde und Hans Klug   1997-09-17
Schloßstr. 27
60185 Frankfurt

Herrn
Wilhelm Hausmann
Goethestr. 180

63002 Frankfurt/Main

Musterbrief:
Fortsetzungsverlan-
gen bei befristeten
Mietverhältnissen mit
Kündigungsschutz
(Einschreiben mit
Rückschein)

Sehr geehrter Herr Hausmann,

das zwischen uns mit Vertrag vom 1995-03-01 geschlossene
Mietverhältnis endet laut Mietvertrag am 1997-01-31.
Wir möchten aber weiterhin in Ihrer Wohnung bleiben.
Wir teilen Ihnen deshalb mit, dass wir das Mietverhältnis über
den 1997-01-31 hinaus fortsetzen wollen.

Mit freundlichen Grüßen

Hilde Klug   Hans Klug

Wohnungsbeschreibung und Übergabeverhandlung

Die im § 1 des Mietvertrages bezeichnete

☐ abgeschlossene Wohnung   ☐ nicht abgeschlossene Wohnung

besteht aus:

☐ Zimmer(n)   ☐ Diele

☐ Küche   ☐ Garderobe

☐ Kochnische   ☐ Balkon(e)

☐ Bad mit WC   ☐ Loggia(en)

☐ Bad o. WC   ☐ Terrasse(n)

☐ WC in der Wohnung   ☐ Speisekammer

☐ WC im Haus   ☐ Abstellraum

☐ WC außerhalb des Hauses   ☐ Kellerraum

☐ Dusche   ☐ Dachbodenanteil

☐   ☐

Der Mieter ist berechtigt, folgende gemeinschaftliche Einrichtungen und Anlagen nach Maßgabe der Hausordnung mit zu benutzen:

☐ Waschküche   ☐ Garten

☐ Trockenboden   ☐ Abstellraum für Fahrräder,

☐ Trockenplatz   Mopeds, Mofas, Kinderwagen

Zur Wohnung gehört ferner ein Hausgarten mit etwa _____ qm.

Die Wohnung ist ausgestattet mit

☐ Zentraler Warmwasserversorgung   ☐ Ölöfen

☐ Nachtspeicheröfen   ☐ Etagenheizung

☐ Gasöfen   ☐ Kachelofenmehrraumheizung

Gemeinschaftsantenne für   ☐ Fernsehen

☐ Rundfunk   ☐ (1. Programm)

☐ Telefonleerrohr   ☐ (2. Programm)

    ☐ (Kabelanschluss)

☐ Kohlebadeofen mit Zubehör   ☐ Elektrodurchlauferhitzer b)

☐ Gasdurchlauferhitzer a)   ☐ Elektrospeicher c)

Fabrikat und Literleistung zu a) bis c) _____

_____

☐ Heizstrahler ☐ Toilettenbecken mit Sitz und Deckel
☐ Badewanne freistehend ☐ Spiegel
☐ Badewanne eingebaut ☐ Konsolen
☐ mit Batterie ☐ Seifenschalen
☐ mit Handbrause ☐ Handtuchhalter
☐ Handwaschbecken mit Standbatterie ☐ Papierrollenhalter
☐ Handwaschbecken mit Zapfhahn ☐ _____

☐ Kohleherd ☐ Ölherd
☐ Gasherd ☐ Kombiherd
☐ Elektroherd

Fabrikat und Fabr.-Nr. _____

_____

Anzahl der
☐ Brenner ☐ Abdeckplatten
☐ Platten ☐ Abstellplatten
☐ Roste ☐ Geschirrwagen
☐ Backbleche ☐ Grillroste
☐ Feuerungsringe ☐ Grillmotor
☐ Schürhaken ☐ Ausgussbecken

☐ Einbauspülbecken einfach ☐ sonstige Spülbecken doppelt
☐ Einbauspülbecken doppelt ☐ Kühlschrank
☐ sonstige Spülbecken einfach Fabrikat und Nr. _____

☐ Speiseschränke ☐ Besenschränke
☐ Anzahl der Einlegeböden ☐ Hängeschränke
☐ Arbeitsplatten zum Speiseschrank ☐ dazugehörige Kunststoffschütten
☐ Schubkästen zum Speiseschrank ☐ dazugehörige Glasschütten
☐ Tischschränke ☐ Arbeitsplatten
☐ Wandschränke ☐ dazugehörige Schubkästen

Zur Wohnung gehören weiterhin Schlüssel für:

☐ Haustür   ☐ Keller

☐ Wohnungstür   ☐ Briefkasten

☐ Zimmertüren   ☐ Garage

☐ Boden

☐ Antennenanschlusskabel

Sonstiges: _____

_____

_____

_____

Die Mieter erklären, dass sich die Mietsache – wie bei der gemeinsamen Besichtigung festgestellt wurde – bis auf die nachstehend näher bezeichneten Beanstandungen in ordnungsmäßigem Zustand befindet. Der Vermieter haftet nur für Mängel, die bei der Übergabe der Mietsache in dieser Verhandlung ausdrücklich vermerkt worden sind, außer dass es sich um Mängel handelt, die auch bei Anwendung der erforderlichen Sorgfalt nicht erkennbar waren.

_____

_____

_____

Der Vermieter verpflichtet sich, die folgenden Arbeiten bis zum
Tag _____ Monat _____ Jahr _____ auszuführen

_____

_____

_____

Die Richtigkeit der vorstehenden Wohnungsbeschreibung und Übergabeverhandlung erkennen wir an. Sie ergänzt den Mietvertrag.

Ort, Datum _____

_____   _____

(Vermieter)   (Mieter)

Ihre Rechte –
Ihre Pflichten

Ist der Mietvertrag endlich unter Dach und Fach, dann herzlichen Glückwunsch! Sie sind jetzt Mieter. Damit haben Sie Rechte erworben, aber auch Pflichten kommen auf Sie zu. Wer seine Rechte kennt, kann sie auch optimal nutzen. Wer die Pflichten kennt, wird keine Fehler begehen. In diesem Kapitel werden wir Ihnen wesentliche Rechte und Pflichten näher vorstellen.

Bezug der Wohnung

Zum vereinbarten Zeitpunkt können Sie in Ihre Mietwohnung einziehen. Der Vermieter muss Ihnen mindestens zwei Schlüssel für die Wohnungstür aushändigen und natürlich auch die Schlüssel für die vermieteten Nebenräume wie Keller oder Garage. Die mit der Wohnung vermieteten Geräte wie Boiler oder Öfen müssen funktionieren. Jetzt können Sie Ihre Möbel hereinbringen und eine friedliche Zeit im neuen, gemütlichen Heim verbringen.

Die Schlüssel

   Das ist der Idealfall. Mit etwas Pech kann es Ihnen aber auch ganz anders ergehen. Der Vermieter übergibt Ihnen, wenn überhaupt, nur einen einzigen Schlüssel zur Wohnungstür. Damit verletzt er Ihre Rechte – Sie haben zum vereinbarten Einzugstermin einen Anspruch auf mindestens zwei Wohnungstürschlüssel. Unter Umständen nützen Ihnen die Schlüssel auch nichts, da die Wohnungstür wegen Bauarbeiten im Hof oder im Treppenhaus nur für Mieter mit einer Akrobatenausbildung zu erreichen ist. Auch damit verletzt der Vermieter Ihre Rechte. Zum vereinbarten Zeitpunkt haben Sie einen Anspruch darauf die gemieteten Räume ungehindert beziehen zu können. Ferner müssen die mit vermieteten Geräte zu Ihrer Verfügung stehen. „Durch den Mietvertrag wird der Vermieter verpflichtet, dem Mieter den Gebrauch der vermieteten Sache während der Mietzeit zu gewähren", so sagt es das Gesetz (§ 535 BGB). Dabei hat der Vermieter die Sache in

Vertragsgemäßer Gebrauch einem für den vertragsmäßigen Gebrauch geeigneten Zustand zu überlassen. Das heißt: Zum vereinbarten Zeitpunkt muss die Wohnung bezugsfertig sein, der Vermieter muss sie dem Mieter überlassen. Auch andere vermietete Räume müssen zu diesem Zeitpunkt überlassen werden, und zwar in einem vertragsgemäßen Zustand. Die Wohnung muss also zu Wohnzwecken und die Garage zum Unterstellen eines Fahrzeugs geeignet sein. Dafür muss der Vermieter sorgen. Es genügt nicht, dass er Ihnen die Wohnungsschlüssel in die Hand drückt und Sie sich dann den Weg zur Wohnung freikämpfen müssen. Gibt es eine Störung durch Dritte, insbesondere durch andere Mieter, muss der Vermieter Sie in zumutbarem Umfang auch davor schützen.

Nutzung der Wohnung

Wie Sie die Wohnung nutzen dürfen, hängt entscheidend von den Vereinbarungen im Mietvertrag ab. Wurde teilweise gewerbliche Nutzung vereinbart, dann dürfen Sie ein entsprechendes Gewerbe in den Räumen ausüben. Der Umfang wird sich in der Regel aus dem Mietvertrag ergeben.

Wurde Ihnen die Wohnung zu reinen Wohnzwecken überlassen, dürfen Sie sie in der Regel auch nur als Wohnung nutzen. Geringfügige gewerbliche Tätigkeit ist aber auch in einer zu reinen Wohnzwecken überlassenen Wohnung zulässig. Der Schwerpunkt liegt aber auf „geringfügig".

Bauliche Änderungen

Manchmal möchten Mieter ihrem Heim eine ganz persönliche Note geben: neue Kacheln im Badezimmer, eine schicke Einbauküche, eine Trennwand, die den großen Raum in zwei Kinderzimmer verwandelt, oder für den Naturfreund eine Holzdecke im Wohnzimmer, damit es richtig gemütlich wird. Aber Vorsicht! Bauliche Veränderungen bedürfen in der Regel der Einwilligung des Vermieters. Eine bauliche Veränderung liegt vor, wenn der Mieter die Bausubstanz der Mietsache verändert, also z. B. eine Wand einreißt oder errichtet. Aber auch wesentlich geringere Eingriffe wie das Aufstellen einer transportablen Duschkabine im Badezimmer gelten als bauliche Veränderungen.

Haben Sie eine solche Veränderung ohne Einwilligung des Vermieters vorgenommen, so kann er verlangen, dass der ursprüngliche Zustand auf Ihre Kosten wiederhergestellt wird. Dabei bleibt es dem Vermieter weitgehend freigestellt, ob er die Einwilligung erteilt oder nicht. Allerdings: Keine Regel ohne Ausnahmen. Bohren und Dübeln in angemessenem Umfang dürfen Sie auch ohne Zustimmung des Vermieters. Dabei können Sie auch ein paar Kacheln durchbohren, sofern das zum vertragsgemäßen Gebrauch unerlässlich ist. Auch für sonstige geringfügige Eingriffe wie das Anbringen von Steckdosen ist eine Zustimmung nicht erforderlich. In einigen Fällen ist der Vermieter sogar dazu verpflichtet Ihnen die Einwilligung zu erteilen oder zumindest die baulichen Veränderungen zu dulden.

Kacheln und Steckdosen

Nutzung der Gemeinschaftseinrichtungen

Zu den Gemeinschaftseinrichtungen zählen z. B. die gemeinsame Waschküche und Trockenräume.

Wann und wie Sie die Gemeinschaftseinrichtungen nutzen dürfen, ist meistens in der Hausordnung geregelt. (Näheres zur Hausordnung finden Sie im Kapitel „Augen auf beim Mietvertrag".)

Besucher

Besucher dürfen Sie jederzeit in beliebiger Personenzahl, unabhängig vom Geschlecht und sooft sie wollen empfangen. Der Vermieter darf Ihnen dabei keine Beschränkungen auferlegen. Als Mieter einer Wohnung haben Sie ein **Hausrecht** über die Mietsache, es ist also Ihre Sache zu bestimmen, wer Sie besuchen darf und wer nicht. Erteilt der Vermieter einigen Besuchern ein Hausverbot, braucht Sie das in der Regel nicht zu kümmern. Ihr Hausrecht erstreckt sich nämlich auch auf den Zugang zur Wohnung, der Besuch darf also kommen. Nur in besonders krassen Fällen, z. B. bei schwerwiegenden Gründen des Vermieters oder anderer Mieter, ist ein solches Verbot wirksam.

Übernachtung erlaubt   Selbstverständlich dürfen Besucher, unabhängig vom Geschlecht, auch bei Ihnen übernachten.

Der Besuch darf sich dabei bei Ihnen durchaus längere Zeit aufhalten, ohne dass eine Zustimmung des Vermieters erforderlich wäre. Die Höchstgrenze liegt etwa bei sechs bis acht Wochen. Eine Ausnahme für längeren Besuch gilt allerdings dann, wenn er zu einer Überbelegung der Wohnung führen würde.

Jemanden auf Dauer aufnehmen oder untervermieten dürfen Sie allerdings in der Regel nur mit der Zustimmung des Vermieters. (Näheres zur Untermiete finden Sie weiter unten in diesem Kapitel.)

Dennoch sollten Sie bei der Auswahl Ihrer Besucher nicht ganz unkritisch sein. Handelt Ihr Besuch nämlich vertragswidrig, indem er z. B. randaliert oder in der Nacht laute Musik spielt, so wird dieses Verhalten Ihnen zugerechnet.

Aufnahme anderer Personen

Unter bestimmten Voraussetzungen können Sie einen Familienangehörigen oder einen Dritten in die Mietwohnung aufnehmen. Meistens brauchen Sie dazu die Erlaubnis des Vermieters; in einigen Fällen genügt eine entsprechende Mitteilung. Dabei kommt es vor allem darauf an, in welcher Beziehung Sie zu der betreffenden Person stehen. Bei den nächsten Familienangehörigen ist es einfacher, bei anderen Personen etwas schwieriger. Generell kann gesagt werden, dass der Vermieter die Erlaubnis verweigern darf, wenn:

■ die Wohnung durch den Einzug des anderen überbelegt wäre,

■ gewichtige Gründe in der Person des Dritten vorliegen,

■ dem Vermieter die Aufnahme nicht zuzumuten ist.

Wann darf die Erlaubnis verweigert werden?

Eines sollten Sie auf jeden Fall beachten: Zieht ein Dritter (kein nächster Angehöriger) heimlich bei Ihnen ein, dann liegt ein vertragswidriger Gebrauch der Mietsache vor (§ 553 BGB). Erfährt der Vermieter davon, kann er Sie zuerst abmahnen. Zieht danach der Dritte nicht aus, dann ist eine Kündigung möglich. Nur wenn der Vermieter sowieso dazu verpflichtet gewesen wäre, die Erlaubnis zur Aufnahme des Dritten zu erteilen, können Sie gegen den Anspruch auf Räumung den Einwand der unzulässigen Rechtsausübung erheben.

Ehegatten

Zuerst eine gemütliche Wohnung gefunden und dann noch frisch verheiratet: Soviel Glück kann auch der Vermieter nicht trüben – Sie haben nämlich das Recht den Ehepartner und auch seine Kinder in die Mietwohnung aufzunehmen. Sofern im Mietvertrag eine Klausel dieses Recht negiert, ist sie nichtig, da die Familie unter dem besonderen Schutz des Grundgesetzes steht (Art. 6 Abs. 1 GG). Eine Erlaubnis des Vermieters brauchen Sie dazu nicht. Lediglich eine kurze Mitteilung wäre angebracht, um möglichen Missverständnissen vorzubeugen. Allerdings darf der Einzug des Ehegatten nicht zu einer Überbelegung der Wohnung führen.

Die Familie ist geschützt

Der Ehegatte tritt dabei nicht automatisch in den Mietvertrag ein. Er hat aber ein – wenn auch abgeleitetes – Recht zum Besitz an der Mietwohnung und fällt in den Schutzbereich des Mietverhältnisses. Direkte Pflichten oder Rechte aus dem Mietverhältnis hat er aber nicht. Der Nachteil liegt z. B. darin, dass ein Mieterhöhungsverlangen oder eine Kündigung des

Vermieters nur dem Mieter zugestellt werden muss. Es gibt aber auch Vorteile: Der Ehegatte haftet nicht für die Mietzahlung und das Vermieterpfandrecht erstreckt sich nicht auf seine in die Wohnung eingebrachten Sachen.

Möchte der Ehegatte Mieter werden, dann kann er mit der Zustimmung des Vermieters und des Mieters in das Mietverhältnis eintreten.

Wenn der Mieter stirbt ... Stirbt der Mieter, tritt der Ehegatte automatisch in das Mietverhältnis über die Wohnung ein, in der er mit dem Mieter einen gemeinsamen Hausstand geführt hat. Erklärt er allerdings innerhalb eines Monats ab Kenntnis vom Tode des Mieters gegenüber dem Vermieter, dass er das Mietverhältnis nicht fortsetzen will, so gilt sein Eintritt in das Mietverhältnis als nicht erfolgt (§ 569 a BGB).

Im Falle des Todes eines Ehegatten darf der andere, auch wenn er nicht Mieter geworden ist, die Fortsetzung des Mietverhältnisses verlangen.

Wer also seinen Ehepartner in die Mietwohnung aufnehmen will, braucht dazu nicht die Erlaubnis des Vermieters. Wird der Ehegatte auf Dauer aufgenommen, sollten Sie das dem Vermieter jedoch anzeigen.

Familienangehörige

Sie haben ebenso das Recht nächste Familienangehörige in die Wohnung aufzunehmen. Eine Erlaubnis des Vermieters brauchen Sie dazu nicht, eine kurze Mitteilung an ihn genügt.

Als nächste Familienangehörige gelten Kinder und Eltern des Mieters. Geschwister hingegen zählen kurioserweise nicht dazu.

Haushaltsgehilfen und Pflegepersonen

Wenn Sie Haushaltsgehilfen oder Pflegepersonen in Ihrer Wohnung aufnehmen – das Recht dazu haben Sie –, genügt eine kurze Mitteilung an den Vermieter.

Nicht eheliche Partner

Es ist noch gar nicht so lange her, da beschäftigten sich viele Gerichte mit der Frage, ob das Zusammenleben unverheirateter Personen in einer eheähnlichen Lebensgemeinschaft sittlich anstößig sei oder nicht. Inzwischen ist der Streit vom Tisch. Urteil: nicht unsittlich!

Wollen Sie den Lebenspartner in Ihre Wohnung aufnehmen, brauchen Sie dazu jedoch die Erlaubnis des Vermieters. Dieser darf allerdings nur in Ausnahmefällen die Erlaubnis verweigern. Ein solcher Ausnahmefall liegt z. B. vor, wenn die Wohnung dadurch überbelegt wird, wenn in der Person des Lebensgefährten ein wichtiger Grund vorliegt oder wenn die Aufnahme dem Vermieter nicht zugemutet werden kann. Ein wichtiger Grund liegt z. B. vor, wenn der Lebenspartner alkoholsüchtig ist und zu Gewalttätigkeiten neigt. Die Aufnahme des Lebensgefährten ist auch dann unzumutbar, wenn das Mietverhältnis ohnehin bald ausläuft.

Wenn Sie die Erlaubnis vom Vermieter verlangen, müssen Sie angeben, dass die Absicht zusammenzuziehen erst nach Vertragsschluss entstanden ist. Ferner müssen Sie Angaben zur Person des Lebensgefährten machen und den Grund für den Einzug nennen. (Ein Musterschreiben dazu finden Sie am Ende dieses Kapitels.)

Sie dürfen jedoch den Vermieter nicht hintergehen, indem Sie den Mietvertrag alleine abschließen, wenn Sie bereits wissen, dass Sie den Partner aufnehmen werden. Erhält der Vermieter später davon Kenntnis, kann er die Aufnahme weiterer Personen verbieten.

Zieht der Partner heimlich ein, dann kann Ihnen der Vermieter nach einer erfolglosen Abmahnung sogar kündigen. gemäß § 553 BGB stellt nämlich die Aufnahme weiterer Personen in die Wohnung einen vertragswidrigen Gebrauch der Mietwohnung dar. Wäre der Vermieter allerdings ohnehin zu einer Einwilligung verpflichtet, könnten Sie ihm im nachfolgenden Kündigungsschutzprozess **unzulässige Rechtsausübung** vorhalten.

Heimlicher Einzug kann zur Kündigung führen

Bedenken Sie auch, dass der Partner, der nur einzieht ohne dabei in den Mietvertrag aufgenommen zu werden, eine recht schwache Rechtsposition gegenüber dem Mieter hat. Bei Streit oder Trennung darf der Mieter ihn jederzeit aus der Wohnung weisen. Eine vertragliche Lösung ist hier durchaus zu empfehlen. Entweder tritt der Partner mit Zustimmung des Vermieters und des Lebensgefährten in den Mietvertrag ein oder Sie schließen zumindest mit Ihrem Lebensgefährten einen Untermietvertrag ab.

Haben die nicht ehelichen Partner gemeinsam einen Mietvertrag mit dem Vermieter abgeschlossen oder ist ein Partner später dem Mietvertrag beigetreten, so darf er auch beim Tod seines Partners als Mieter in der Wohnung weiterleben. Diese Möglichkeit besteht nach der neueren Rechtsprechung inzwischen häufig auch für den Partner ohne Mietvertrag. Der Bundesgerichtshof hat dafür folgende Kriterien aufgestellt: Es *Eheähnliche* muss sich um eine eheähnliche Lebensgemeinschaft zwischen *Gemeinschaften* Mann und Frau handeln, die auf Dauer angelegt ist. Die Beziehung muss innig sein, also über eine reine Haushalts- und Wirtschaftsgemeinschaft hinausgehen. Daneben dürfen keine ähnlichen Lebensgemeinschaften bestehen. Leben Sie also eine gewisse Dauer zusammen wie ein normales Ehepaar, dann haben Sie gute Chancen auch nach dem Tod des Partners in der Wohnung bleiben zu dürfen.

Dritte

Ist derjenige, der in die Wohnung aufgenommen werden soll, weder Ehegatte noch Lebenspartner oder nächster Verwandter, dann wird er als „Dritter" bezeichnet. Ein Dritter darf auf Dauer in die Wohnung nur mit der Einwilligung des Vermieters aufgenommen werden. Wenn Sie mit dem Dritten einen Mietvertrag über einen Teil der Wohnung schließen, so wird er zu Ihrem Untermieter.

Untervermietung

Entsteht für den Mieter von Wohnraum nach dem Abschluss des Mietvertrages ein berechtigtes Interesse, einen Teil des Wohnraums einem Dritten zum Gebrauch zu überlassen, kann er vom Vermieter die Erlaubnis hierzu verlangen (§ 549 BGB). Sie haben also unter bestimmten Voraussetzungen das Recht einen Teil der Wohnung unterzuvermieten. Als erstes müssen

Sie allerdings ein berechtigtes Interesse vorweisen können. Dieses darf aber erst nach dem Abschluss des Mietvertrages entstanden sein. Haben Sie also eine große und teure Wohnung gemietet mit dem Hintergedanken sie sobald wie möglich unterzuvermieten, kann Ihnen der Vermieter die Erlaubnis verweigern. Anders sieht die Sache aus, wenn ein Mieter mit seiner gesamten Familie eine solche Wohnung bezieht. Bleibt er dann nach einer Scheidung oder Todesfällen alleine auf der teuren Wohnung sitzen, dann hat er ein berechtigtes familiäres und finanzielles Interesse an einer Untervermietung. Wer nach dem Abschluss des Mietvertrages arbeitslos wird und die Wohnung nicht mehr finanzieren kann, hat ebenfalls ein nachträglich entstandenes berechtigtes Interesse die Wohnung unterzuvermieten.

In solchen Fällen können Sie die Erlaubnis hierzu vom Vermieter verlangen und der Vermieter darf sie nur in Ausnahmefällen verweigern. Ein solcher Ausnahmefall liegt dann vor, wenn die Überlassung dem Vermieter nicht zugemutet werden kann. Das ist z. B. dann der Fall, wenn die Wohnung dadurch überbelegt wäre oder wichtige Gründe in der Person des potentiellen Untermieters vorliegen. Bei einer Einzelperson in einer großen Wohnung kann natürlich von Überbelegung keine Rede sein. Ein wichtiger Grund in der Person des von Ihnen vorgeschlagenen Untermieters ist z. B. dann gegeben, wenn er den Vermieter misshandelt oder grob beleidigt hat. (Einen Untermietvertrag finden Sie am Ende dieses Kapitels.)

Verweigerung nur als Ausnahme

Fahrzeugabstellung

Ihren Pkw dürfen Sie weder im Hof noch in den Zufahrtswegen abstellen. Auch wenn Sie Ihr Fahrzeug lediglich reparieren oder waschen möchten, sind der Hof und die Zufahrtswege nicht die richtigen Orte dafür. Ausnahmen können allerdings für gehbehinderte Mieter gelten.

Fahrräder müssen Sie entweder im Keller oder in den dafür vorgesehenen Räumen abstellen. Das Treppenhaus ist auf jeden Fall nicht der geeignete Ort.

Im Medienzeitalter kommt natürlich dem Fernsehen und dem Rundfunk eine überragende Bedeutung zu. Der Mieter hat deshalb Anspruch auf ungestörten Rundfunk- und Fernsehempfang. Ist eine Gemeinschaftsantenne vorhanden, dann können Sie sich jederzeit daran anschließen. Es gibt aber auch heutzutage noch Mietshäuser, die weder eine Gemeinschaftsantenne noch Kabelanschluss haben. In einem solchen Fall haben Sie das Recht selbst eine Antenne anzubringen. Aber: Damit greifen Sie in das Eigentum des Vermieters ein. Deshalb müssen Sie vorher seine Erlaubnis einholen.

Was aber, wenn er nein sagt? Mit dieser Frage haben sich die Gerichte schon oft beschäftigt. Dabei wurde festgestellt, dass der Mieter gemäß Art. 5 Abs. 1 Grundgesetz grundsätzlich das Recht dazu hat sich aus allen allgemein zugänglichen Quellen zu informieren. Dazu gehören auch Fernseh- und Rundfunkprogramme. Deshalb muss der Vermieter der Anbringung einer Antenne zustimmen, wenn unter anderem folgende Voraussetzungen gegeben sind:

Wann muss der Vermieter zustimmen?

- Das Mietshaus verfügt weder über eine Gemeinschaftsantenne noch über einen Kabelanschluss.
- Der Mieter übernimmt alle mit der Installation verbundenen Kosten und stellt außerdem den Vermieter von allen mit der Antenne verbundenen späteren Kosten und Gebühren frei.
- Die Antenne wird von einem Fachmann angebracht und die bestehenden baurechtlichen Vorschriften werden dabei auch beachtet.

Außerdem hat der Vermieter das Recht zu bestimmen, an welchem Ort die Antenne angebracht werden soll. Werden bei der Installation Schäden verursacht, wird Sie der Vermieter zur Kasse bitten, und zwar zu Recht.

Sie müssen also unter Umständen tief in die Tasche greifen, bevor Sie Ihre Lieblingsprogramme ungestört genießen können. Dabei sollten Sie auch bedenken, dass der Vermieter beim Auszug darauf bestehen darf, dass Sie die Antenne wieder abbauen.

Satellitenschüsseln

Dieselben Grundsätze wie für die Antenne gelten auch weitgehend für Satellitenschüsseln. Hat das Haus bereits eine Gemeinschaftsantenne oder Kabelanschluss, dann haben Sie in der Regel keinen Anspruch darauf zusätzlich eine Satellitenschüssel zu installieren. Ausnahmen gelten allerdings für ausländische Mitbürger: Können mit der Gemeinschaftsantenne oder dem Kabelanschluss nicht genug Heimatprogramme empfangen werden, so besteht durchaus ein Anspruch des Mieters darauf eine Satellitenschüssel zusätzlich anzubringen. Der Vermieter darf dabei die ausländischen Mieter nicht auf fremdsprachige Zeitungen oder den einzigen Heimatsender, der ins Kabel eingespeist wird, verweisen.

Ausländische Mieter

Kinderspiel

Kinder werden vom Vermieter oft als unangenehm empfunden, weil sie mit Geräusch verbunden (frei nach Wilhelm Busch). Auch viele Mieter beschweren sich über Kinderlärm. Immer wieder landet dann der Streit vor Gericht. Quintessenz aller bisher getroffenen Gerichtsentscheidungen: Unvermeidbarer Lärm, Weinen oder Lachen von Kindern müssen hingenommen werden. Kinder dürfen in der Wohnung spielen, allerdings sollten Sie beachten, dass einige besonders lärmintensive Spiele wie z. B. das Stühlehüpfen den Nachbarn nicht zumutbar sind.

Übrigens: Ist im Hausflur genügend Platz vorhanden, können Sie den Kinderwagen auch dort abstellen. Allerdings dürfen andere Mieter dadurch nicht beeinträchtigt werden.

Kinderwagen im Flur

Tierhaltung

Viele Mieter in Deutschland teilen ihre Wohnung mit einem Tier. Dabei sind der Fantasie keine Grenzen gesetzt: Von weißen Mäusen über Katzen und Hunde bis hin zu Pythonschlangen – nahezu alles, was kreucht und fleucht, kann man in den Wohnungen antreffen. Diese Praxis findet leider wenig Gegenliebe bei den Vermietern. Viele Streitigkeiten sind damit vorprogrammiert. Ob Sie ein Tier in der Wohnung halten dürfen, richtet sich entweder nach dem Gesetz oder nach der Vereinbarung im Mietvertrag.

Wurde im Mietvertrag keine Regelung über Tiere getroffen, dann gehört die Haltung von üblichen Haustieren zum vertragsgemäßen Gebrauch der Mietsache. Die Betonung liegt dabei auf „übliche Haustiere". Dazu gehören unter anderem Hamster, Katzen und Hunde. Ein Tiger oder die Python fallen nun mal nicht darunter, da sie weder üblich noch Haustiere sind.

Gefährliche Tiere Werden durch das Haustier andere Mieter gefährdet oder belästigt, darf der Vermieter darauf bestehen, dass es entfernt wird. Wer also einen gefährlichen und lauten Kampfhund halten will, muss mit einem Hausverweis für sein Tier rechnen. In den meisten Verträgen findet sich allerdings eine Regelung zur Haustierhaltung. In der Regel wird die Haltung eines Haustiers von der Zustimmung des Vermieters abhängig gemacht. Findet sich in Ihrem Mietvertrag eine solche Klausel, müssen Sie sich auch daran halten.

Allerdings: Keine Regel ohne Ausnahme. Kleintiere können Sie jederzeit auch ohne Zustimmung des Vermieters halten. Als Kleintiere gelten Mäuse, Hamster und Fische. Wer sich also einen Goldfisch zulegt, braucht das dem Vermieter nicht mitzuteilen.

Bei Personen, die auf ein Haustier angewiesen sind – z. B. Sehbehinderte, die einen Blindenhund halten wollen –, darf der Vermieter die Zustimmung in der Regel nicht verweigern. Mit dem Argument, dass Sie ein Haustier aus sozialen oder psychologischen Gründen brauchen, werden Sie allerdings kaum Erfolg haben. Die Gerichte entscheiden in einem solchen Fall sehr restriktiv.

Halten Sie ein Haustier ohne die erforderliche Zustimmung des Vermieters, kann er auf Unterlassung klagen. Werden andere Mieter wiederholt nachhaltig durch Ihr Haustier belästigt, kommt sogar eine Kündigung in Betracht.

Pflanzen

Ein paar Blumen auf dem Balkon oder am Fensterbrett darf Ihnen der Vermieter in der Regel nicht verwehren. Allerdings müssen Sie dabei darauf achten, dass die Blumentöpfe oder Kästen gut befestigt werden. Die Sicherheit der Bewohner und Passanten geht vor Naturgenuss. Auch dürfen Ihre Anpflanzungen das Haus an sich nicht „verschandeln".

Sicherheit beachten!

Balkonbenutzung

Ihren Balkon können Sie vielseitig nutzen, allerdings dürfen Sie dabei natürlich nicht Ihre Nachbarn belästigen. Wäschetrocknen ist also grundsätzlich erlaubt. Beim Grillen wird es etwas schwieriger, da die Nachbarn durch die penetranten Gerüche belästigt werden könnten. Deshalb der Tipp: Wenn Sie grillen wollen, stimmen Sie sich vorher mit Ihren Nachbarn ab.

Bagatellreparaturen

Wenn keine andere Vereinbarung im Mietvertrag getroffen wurde, trägt alle anfallenden Reparaturen der Vermieter. Tropft der Wasserhahn, muss ihn der Vermieter reparieren. Wurden Bagatellreparaturen im Mietvertrag wirksam auf Sie abgewälzt, müssen Sie die Kosten dafür bis zu einem bestimmten Betrag selbst tragen.

Was steht im Vertrag?

Feiern

Besuch dürfen Sie jederzeit empfangen. Wollen Sie allerdings ein Fest feiern, empfiehlt es sich den Nachbarn im Vorfeld Bescheid zu geben. Feiern sind ja bekanntlich mit Geräusch verbunden und führen zu Belästigungen anderer Mieter. Gegen ein oder zwei Feste im Jahr können aber auch Nachbarn, wenn sie vorher benachrichtigt werden, nichts einzuwenden haben. Allerdings gilt es auch bei Feiern Augenmaß zu bewahren.

Übrigens: Für Schäden, die Ihre Gäste verursachen, können Sie zur Haftung herangezogen werden.

Störungen durch andere Mieter

Störungen durch andere Mieter brauchen Sie nicht hinzunehmen. Natürlich sollten Sie zuerst mit den betreffenden Nachbarn sprechen – vielleicht ist ihnen gar nicht bewusst, dass sie eine Störquelle sind. Führt das Gespräch nicht zu dem gewünschten Erfolg, sollten Sie vom Vermieter Abhilfe verlangen. Bei besonders intensiven Beeinträchtigungen können Sie dann sogar die Miete mindern.

Schönheitsreparaturen während der Mietzeit

Sind Sie durch den Mietvertrag wirksam zur Durchführung der Schönheitsreparaturen verpflichtet worden, dann müssen Sie diese auch regelmäßig durchführen.

Die Reparaturen dürfen nur dann formularmäßig auf den Mieter abgewälzt werden, wenn sie den Mieter nicht entgegen Treu und Glauben unangemessen benachteiligen. Als angemessen hat der Bundesgerichtshof folgende Renovierungsarbeiten angesehen:

Angemessene Arbeiten

- Anstreichen oder Kalken der Wände und Decken.
- Streichen der Fußböden (natürlich nur, wenn kein Parkett- oder Teppichboden vorhanden ist).
- Streichen der Heizkörper einschließlich der Heizrohre.
- Streichen der Innentüren sowie der Fenster und Außentüren von innen.

Dieselben Regelungen enthält auch der Mustermietvertrag, den das Bundesjustizministerium 1976 veröffentlicht hat. Er ist allerdings nicht verbindlich, sondern soll als Orientierungshilfe für die Mietparteien dienen. Ihre unterschiedlichen Interessen werden dort weitgehend berücksichtigt. (Inzwischen sind allerdings mehrere der Klauseln durch Gesetze und Rechtsprechung überholt worden.)

Keine Schönheitsreparaturen sind unter anderem Maurer- und Glasarbeiten. Bei einem Rohrbruch in der Wohnung muss der Vermieter nicht nur diesen beheben, sondern auch zusätzlich alle Schäden, die bei der Reparatur entstanden sind – also auch die klassischen Schönheitsreparaturen wie z. B. der Ersatz der beschädigten Tapete.

Wie oft Sie zu Tapete und Farbe greifen müssen, hängt davon ab, was im Mietvertrag steht. Fehlt eine Angabe, dann können Sie von folgenden vom Bundesgerichtshof als angemessen anerkannten Fristen ausgehen:

Wie oft muss gestrichen werden?

- Küche, Bad, Dusche → alle drei Jahre,
- Wohnräume, Schlafzimmer, Flur, Diele und Toilette → alle fünf Jahre,
- andere Nebenräume → alle sieben Jahre.

Gewisse angemessene Abweichungen sind dabei durchaus erlaubt. Vieles hängt vom Einzelfall ab. Allerdings sind Klauseln, die diese Fristen deutlich unterschreiten, unwirksam. Steht also z. B. im Formularmietvertrag, dass alle zwei Jahre die gesamte Wohnung renoviert werden muss, dann ist diese Klausel unwirksam.

Übrigens: Auch wenn im Mietvertrag steht, dass die Schönheitsreparaturen fachmännisch durchgeführt werden müssen, brauchen Sie noch lange nicht einen Handwerker damit zu beauftragen. Wenn Sie selbst eine Arbeit mittlerer Art und Güte zustande bringen können, dann dürfen Sie die Reparaturen auch selbst durchführen.

Kein Handwerker nötig

Beispiele aus der Rechtsprechung

Eine schwärzliche Verfärbung der Fugen im Badezimmer entspricht normaler Abnutzung, deshalb muss die Fugenmasse im Rahmen der dem Mieter obliegenden Schönheitsreparaturverpflichtung nicht vom Mieter erneuert werden (AG Köln, WM 1995, S. 312).

Das Abschleifen und Neuversiegeln von Parkettfußböden zählt nicht zu den Schönheitsreparaturen (LG Köln, WM 1994, S. 199; OLG Hamm, WM 1991, S. 248).

Der Anstrich des Treppenhauses fällt nicht unter Schönheitsreparaturen (LG München, WM 1993, S. 736).

Auch die Reinigung des vom Vermieter verlegten Teppichbodens zählt nicht zu Schönheitsreparaturen (AG Braunschweig, WM 1986, S. 310).

Reinigungs- und Räumungspflichten

Sache des Mieters?

Wenn im Mietvertrag keine anders lautende Regelung getroffen wurde, ist es Sache des Vermieters dafür zu sorgen, dass das Treppenhaus und die Gemeinschaftsräume regelmäßig gereinigt werden. Auch den Winterdienst, also Eis- und Schneeräumen, muss der Vermieter leisten. Häufig werden diese lästigen Aufgaben im Mietvertrag auf die Mieter abgewälzt. Das ist zulässig. Auch soll eine entsprechende Regelung in der Hausordnung dafür genügen.

Treppenreinigung

Ist die Vereinbarung wirksam, kann der Vermieter, diesmal zulässigerweise, in der Hausordnung den jeweiligen Putzturnus festlegen. In der Regel müssen Sie dann im Wechsel mit den Nachbarn alle paar Wochen antreten.

Verreisen Sie eine Zeit lang, sind Sie dazu verpflichtet einen Dritten mit der Reinigung zu beauftragen.

Winterdienst

Wurde Ihnen der Winterdienst wirksam übertragen, dann müssen Sie bei Schneefall oder Glätte in der Regel den Eingangsbereich, den Weg zu den Mülltonnen und den Bürgersteig räumen, sofern diese Aufgabe nicht durch die Gemeinde übernommen wird.

Sie sollten diese Aufgabe mit größter Sorgfalt erfüllen. Kommt es zu einem Unfall (z. B. wenn der Nachbar ausrutscht, weil Sie vergessen haben zu streuen), dann haften Sie für den dadurch entstandenen Schaden. Deshalb: Bei Schneefall und Glätte mindestens einmal morgens ab 7.00 Uhr und abends bis etwa 20.00 Uhr fegen und streuen. Sofern es nötig erscheint, müssen Sie auch öfter zu Schneeschaufel und Streugut greifen. Während der Nacht dürfen Sie allerdings unbekümmert schlafen – da besteht keine Pflicht zum Winterdienst.

Duldungspflichten

Der Mieter hat nicht nur Pflichten, bei denen er selbst handeln muss, sondern auch solche, die ihn zu einer Duldung von Vermietermaßnahmen zwingen. In der Regel beschränkt sich diese Duldungspflicht darauf dem Vermieter oder den von ihm beauftragten Handwerkern das Betreten der Mieträume zu gestatten. Unter Umständen müssen Sie auch einen Teil Ihrer Sachen beiseite räumen, um den Handwerkern die Arbeit an bestimmten Teilen der Wohnung zu ermöglichen. Zu den wichtigsten Duldungspflichten gehört dem Vermieter die Besichtigung der Mietsache zu ermöglichen und seine baulichen Maßnahmen hinzunehmen.

Besichtigung der Mietsache

Stellen Sie sich einmal folgende Situation vor: Sie genießen mit Ihrem Partner gerade ein romantisches Candlelight-Dinner. Da geht die Tür auf und der Vermieter steht plötzlich mitten in Ihrem Wohnzimmer. Er schaut in jeden Winkel der Wohnung und verschwindet mit den Worten: „Ich wollte nur mal wieder nach dem Rechten sehen, übrigens wünsche ich noch einen guten Appetit!"

Wenn der Vermieter kommt …

So darf der Vermieter natürlich nicht vorgehen. Solange Sie Mieter der Wohnung sind, hat der Vermieter in Ihrer Wohnung nichts zu suchen. Sie sind Besitzer der Wohnung und haben einen Anspruch auf ungestörten Besitz und ein „vermieterfreies Privatleben". Nur in Ausnahmefällen darf der Vermieter Ihre Mietwohnung betreten. So eine Ausnahme liegt dann vor, wenn Gefahr im Verzug ist und Maßnahmen zur Gefahrenabwehr erforderlich werden. Kommt es also z. B.

zu einem Wasserrohrbruch und ist die Decke Ihrer Wohnung vom Einsturz bedroht, dann darf der Vermieter oder ein von ihm beauftragter Dritter die Wohnung auch ohne vorherige Ankündigung betreten.

Aber auch, wenn keine Gefahr im Verzug ist, müssen Sie unter bestimmten Voraussetzungen eine Besichtigung der Wohnung durch den Vermieter dulden.

In der Regel wird bereits im Mietvertrag das Recht des Vermieters oder eines von diesem beauftragten Dritten, die Räume zu betreten, vereinbart. Für den Fall des Wohnungsverkaufs oder einer bereits ausgesprochenen Kündigung beinhalten viele Verträge das Recht des Vermieters Kauf- oder Mietinteressenten zu der Besichtigung mitzunehmen. Haben Sie eine solche Vereinbarung getroffen, dann sind Sie auch dazu verpflichtet dem Vermieter und dem oben genannten Personenkreis die Besichtigung zu ermöglichen. Allerdings muss der Vermieter vorher einen Termin mit Ihnen vereinbaren oder zumindest seinen Besuch rechtzeitig ankündigen. Außerdem darf er die Besichtigung nur zu einem zumutbaren Zeitpunkt verlangen. Sie sind also nicht dazu verpflichtet eine mitternächtliche Besichtigung zu dulden und auch Ihr Weihnachtsfest können Sie ohne lästigen Vermieterbesuch feiern.

Auch ohne eine dahingehende Vereinbarung im Mietvertrag müssen Sie eine Besichtigung der Mietsache unter bestimmten Umständen dulden. Und zwar:

Wann man Besichtigungen dulden muss

- alle ein bis zwei Jahre zur Feststellung der Zustände der Räume,
- sofern zu befürchten ist, dass Sie die Wohnung nicht vertragsgemäß nutzen,
- wenn die Wohnung verkauft wird oder bereits eine Kündigung vorliegt; in diesem Fall darf der Vermieter die Kauf- oder Mietinteressenten natürlich zu der Besichtigungstour mitbringen.

Bauliche Maßnahmen des Vermieters

Am Gebäude, aber auch an Ihrer Mietwohnung nagt der Zahn der Zeit. Einiges muss repariert oder erneuert werden. Der Vermieter hat dabei die Pflicht, aber auch das Recht Repara-

turen an Wohnung und Gebäude vorzunehmen. Das heißt
wiederum für Sie, dass Sie Maßnahmen wie Reparaturen oder
die Vorbereitungen dafür dulden müssen. Sie müssen also
dem Vermieter und seinen Handwerkern in der Regel den
Zugang zu der Wohnung im erforderlichen Umfang ermöglichen. Sollen Arbeiten innerhalb der Wohnung durchgeführt
werden, müssen Sie das nicht nur dulden, sondern unter
Umständen auch einzelne Sachen entfernen, um Platz für die
Arbeiten zu schaffen.

Das Gesetz verpflichtet den Mieter Maßnahmen zu dulden,
die zur Erhaltung der Mieträume oder des Gebäudes erforderlich sind (§ 541 a BGB).

Ferner muss der Mieter Maßnahmen dulden, die der Verbesserung der gemieteten Räume oder sonstiger Teile des
Gebäudes, der Einsparung von Heizenergie oder Wasser oder
der Schaffung neuen Wohnraums dienen (§ 541 b BGB). Allerdings sind diese Maßnahmen nur unter bestimmten Voraussetzungen möglich. Der Mieter muss sie dann nicht dulden,
wenn sie für ihn oder seine Familie eine Härte bedeuten würden, die auch unter Würdigung der berechtigten Interessen
des Vermieters und anderer Mieter in dem Gebäude nicht zu
rechtfertigen ist. Die Interessensabwägung muss also zugunsten des Mieters ausfallen.

Verbesserung der Räume

Karin Müller   München, den 20. Oktober 1996
Gänseblümchenstr. 8
81246 München

Musterbrief:
Aufnahme des nicht   Frau
ehelichen Partners   Gudrun Adler
                             Hagedornstr. 12

                             80993 München

Aufnahme eines Lebenspartners

Sehr geehrte Frau Adler,

seit dem 1. Januar 1995 wohne ich bereits in Ihrer Wohnung in
der Gänseblümchenstr. 8, 81246 München.

Vor einigen Wochen habe ich einen Partner gefunden, den
ich nun zum 1. Januar 1997 in die Wohnung aufnehmen
werde. Dabei handelt es sich um Herrn ...

Der befristete Mietvertrag meines Partners läuft zum oben
genannten Zeitpunkt ab. Deshalb haben wir beschlossen in
meiner Wohnung zusammenzuziehen. Bei der Größe der Wohnung bietet sich das regelrecht an; bei 75 qm ist eine Überbelegung durch zwei Personen nicht zu befürchten.

Ich bitte Sie deshalb mir die Erlaubnis zur Aufnahme meines
Lebensgefährten zu erteilen.

Mit freundlichen Grüßen

Karin Müller

Checkliste: Bauliche Änderungen

Welche baulichen Änderungen muss der Vermieter akzeptieren?	ja	nein
Aufstellen einer transportablen Duschkabine	x	
Anbohren von Fliesen im Bad im üblichen Ausmaß (Spiegel, Handtuchhalter etc.)	x	
Dübeln	x	
Einbau einer Etagenheizung		x
Einbau einer Zwischenwand		x
Einbau von Steckdosen	x	
Kürzen der Türblätter		x

Sehr geehrter Herr Wagner,

am 13. September 1996 haben wir einen Mietvertrag über Ihre Wohnung in München, in der Gustav-Freitag-Straße Nr. 13, zweiter Stock links abgeschlossen. Die Räume sollten mir am 30. Oktober 1996 übergeben werden. Zu diesem Zeitpunkt waren die Räume allerdings nicht betretbar. Überall lag noch Schutt und Bauwerkzeug. Ferner waren weder Fenster noch Türen eingebaut.
Ich fordere Sie deshalb auf mir die Räume bis spätestens zum ... im vereinbarten Zustand zu übergeben. Sollten Sie bis dahin meiner Forderung nicht nachkommen, werde ich das Mietverhältnis fristlos kündigen. Außerdem behalte ich mir die Geltendmachung weiterer Ansprüche vor.

Mit freundlichen Grüßen

Musterbrief:
Abmahnung durch
den Mieter

Ausfertigung für
Hauptmieter/Untermieter

Untermietvertrag

Lücken ausfüllen. Nichtzutreffendes durchstreichen, Zutreffendes ankreuzen.

§ 1 – Vertragschließende

Zwischen _____ als Vermieter – Hauptmieter

wohnhaft in _____

und _____ als Untermieter

wohnhaft in _____

sowie _____ als Untermieter

wohnhaft in _____

wird nachfolgender Untermietvertrag geschlossen.

Zum Hausstand des Untermieters gehören folgende Personen: _____

_____

§ 2 – Mietsache

Vermietet werden die nachfolgend aufgeführten Räume im Hause (Ort, Straße, Nummer, Stockwerk):

_____

_____

_____ als Unterwohnung.

Folgende Einrichtungen (z. B. Kfz.-Einstellplatz) können vom Untermieter mitbenutzt werden: _____

§ 3 – *Mietzins / Nebenkosten*

1. Die Monatsmiete beträgt DM _____
und ist zusammen mit den Nebenkosten gemäß Abs. 2 monatlich im voraus am ersten Tag jeden Monats zu zahlen:

☐ direkt an den Vermieter

☐ zu Gunsten des Kontos

bei _____ BLZ: _____

Bei Vertragsabschluß zahlt der Untermieter als Anzahlung DM _____.
Die in § 1 benannten Untermieter haften gesamtschuldnerisch. Bezüglich der Rechtzeitigkeit aller zu leistenden Zahlungen ist vereinbart, daß nicht das Absendedatum, sondern das Eingangsdatum maßgeblich ist.

2. Im Mietpreis enthalten sind folgende Nebenkosten: _____

_____

_____

Zusätzlich zur Miete trägt der Untermieter folgende Nebenkosten: _____

_____

_____

Die vorstehend genannten Nebenkosten werden ☐ pauschal ☐ lt. Verbrauchserfassungsgerät ☐ anteilig erhoben.

Soweit die vom Untermieter zu tragenden Nebenabgaben pauschal erhoben werden, kann sie der Vermieter nach billigem Ermessen auf die betroffenen Mieter umlegen. Bei Heiz- und Warmwasserkosten erfolgt die Umlage jedoch gemäß der Verordnung über die Heizkostenabrechnung.

BRUNNEN ▨ Bestell-Nr. **25 201** — Nachdruck, Nachahmung und Vervielfältigung nicht gestattet. — 4.96 17

§ 4 – Mietzeit und Kündigung

1. ☐ Das Mietverhältnis beginnt am _____ und endet am _____

2. ☐ Das Mietverhältnis beginnt am _____ und läuft auf unbestimmte Zeit.

Das Mietverhältnis verlängert sich jeweils um _____ Monate, wenn es nicht mit einer Frist von _____ Monat(en) zum Ende eines – Monats – Quartals gekündigt wird.

Die Kündigung muß schriftlich erfolgen und dem Vertragspartner spätestens am letzten Werktag vor Beginn der Kündigungsfrist zugegangen sein. Für die Rechtzeitigkeit der Kündigung kommt es nicht auf den Tag der Absendung, sondern auf den Tag des Zugangs an.

3. Ist der Vertrag gekündigt, so ist der Vermieter berechtigt, das Mietobjekt an Werktagen zwischen 10 und 18 Uhr mit Mietinteressenten zur Besichtigung zu betreten. Die Rückgabe der Mieträume beim Auszug hat ausschließlich werktags zwischen 10 und 18 Uhr zu erfolgen.

§ 5 – Ausstattung der Mieträume

Folgende Gegenstände sind in den untervermieteten Räumen vorhanden und mitvermietet:

1. Zimmer:

_____ Bett, _____ Schrank, _____ Stühle, _____ Tisch, _____ Sofa, _____ Couch, _____ Sessel, _____ Spiegel, _____ Waschbecken, _____ Teppiche, _____ Brücken, _____ Vorleger, _____ Lampen, _____ Bilder.

_____

_____

_____

2. Zimmer:

_____ Bett, _____ Schrank, _____ Stühle, _____ Tisch, _____ Sofa, _____ Couch, _____ Sessel, _____ Spiegel, _____ Waschbecken, _____ Teppiche, _____ Brücken, _____ Vorleger, _____ Lampen, _____ Bilder.

3. Küche:

_____ Gas-/Elektroherd, _____ Kühlschrank, _____ Geschirrspüler, _____ Spülbecken, _____ Schränke,

_____ Stühle, _____ Tische.

4. In der Küche/im Badezimmer darf ☐ nicht gewaschen werden – ☐ nur Kleinwäsche gewaschen werden.

Bei Mitbenutzung der Küche wird vereinbart: Kochzeiten

Als mitvermietet gilt folgendes Geschirr: _____

§ 6 – Schlüssel

Dem Untermieter werden für die Dauer der Mietzeit folgende Schlüssel ausgehändigt: _____

Für jeden beim Auszug nicht zurückgegebenen Schlüssel ist Schadensersatz in Höhe von DM zu leisten. Unabhängig hiervon haftet der Untermieter für die Kosten von Schloßänderungen an Zimmer- oder Wohnungstüren, die der Vermieter im Interesse anderer Bewohner der selben Wohnung für notwendig erachtet, falls Zimmer- oder/und Wohnungsschlüssel beim Auszug nicht zurückgegeben werden.

§ 7 – Sicherheitsleistung (Kaution)

Der Untermieter leistet bei Beginn des Mietverhältnisses dem Vermieter für die Erfüllung seiner Verpflichtungen

eine Kaution in Höhe von einer Monatsmiete in Höhe von DM _____.

Der Vermieter hat diesen Betrag getrennt von seinem Vermögen bei einer öffentlichen Sparkasse oder Bank zu dem für Spareinlagen mit 3-monatiger Kündigungsfrist üblichen Zinssatz anzulegen (§ 550b, BGB). Die Zinsen verstärken die Sicherheit und stehen dem Untermieter zu. Dieser Betrag wird bei Auszug und nach vollständiger Vertragserfüllung in gleicher Höhe zuzüglich Zinsen zurückgezahlt.

§ 8 – Heizung, Warmwasser, Aufzug

Die Befeuerung der vorhandenen Öfen steht dem Untermieter auf eigene Kosten jederzeit frei. – Die Zentralheizungsanlage wird in der Zeit vom 1. Mai bis 30. September vom Eigentümer oder Vermieter nicht betrieben. Der Untermieter unterwirft sich den jeweiligen gesetzlichen bzw. behördlichen Bestimmungen sowie der Hausordnung bezüglich der Benutzung der Zentralheizung, der Warmwasseranlage sowie der Aufzugbenutzung.

§ 9 – Allgemeines

Für Beschädigung und Bruch an den vermieteten Sachen kommt der Untermieter auf. Glühlampen, Leuchtröhren und andere Beleuchtungskörper hat der Untermieter in den von ihm gemieteten Räumen auf seine Kosten zu ersetzen. Die in den Mieträumen vorhandenen Einrichtungsgegenstände dürfen nicht verändert werden. Beim Auszug müssen sich alle Einrichtungsgegenstände in der gleichen Position wie beim Einzug befinden. Während der Dauer des Untermietverhältnisses dürfen Einrichtungsgegenstände nur mit Genehmigung des Hauptmieters anderweitig aufgestellt oder ausgetauscht werden. Bei Rücktritt des Untermieters vom Vertrag oder nicht rechtzeitigem Einzug ist der Vermieter berechtigt, die Bezahlung der vollen Mietzeit vom Untermieter zu verlangen, wenn nicht ein neuer, mit Gegenforderungen aufrechnen oder ein Zurückbehaltungsrecht ausüben, wenn er seine Absicht dem Vermieter mindestens einen Monat vor der Fälligkeit der Miete schriftlich angezeigt hat. Der Vermieter ist berechtigt, sich in angemessenen Zeitabständen von der ordnungsmäßigen Benutzung der vermieteten Räume zu überzeugen. Zu anderen als Wohnzwecken, dürfen die Mieträume nicht benutzt werden. Der Untermieter ist ohne schriftliche Erlaubnis des Vermieters nicht berechtigt, die Mieträume ganz oder teilweise, entgeltlich oder unentgeltlich an Dritte zu überlassen, oder andere Personen als die beim Vertragsabschluß angegebenen zusätzlich oder ersatzweise aufzunehmen. Die Versagung einer solchen Erlaubnis gibt dem Untermieter kein außerordentliches Kündigungsrecht. Die Räume müssen in ordnungsmäßigem und sauberen Zustand sowie frei von Ungeziefer erhalten und zurückgegeben werden. Der Untermieter trägt die Schönheitsreparaturen. – Reinigt der Mieter nicht, ist Ungeziefer vorhanden, sind die Schönheitsreparaturen nicht ausgeführt, so ist – dem Gesetz entsprechend – § 326 BGB anzuwenden.

Das Halten von Tieren ist nur gestattet, wenn der Vermieter dies schriftlich genehmigt.

In der Zeit zwischen 13 und 15 Uhr und nach 22 Uhr muß unbedingt Ruhe herrschen.

Für die Anbringung von Außenantennen oder die Einrichtung eines Kabelanschlusses ist die Genehmigung des Hauseigentümers einzuholen. Sämtliche diesbezügliche Kosten trägt der Untermieter.

_____

_____

_____

_____

_____

_____

_____

_____

_____

§ 10 – Weitere Vereinbarungen:

1. Der Untermieter ist verpflichtet, sich an der regelmäßigen Reinigung der gemeinschaftlich benutzten Räume und Einrichtungen (z.B. Toilette, Bad, Küche, Kühlschrank, usw.) zu beteiligen.

2. Die Benutzung der Badeeinrichtung ist im Mietpreis enthalten. Die Reinigung der Wanne / der Dusche nach genommenem Bad hat der Untermieter vorzunehmen. Zusätze für medizinische Bäder dürfen nur mit besonderer Genehmigung des Vermieters erfolgen.

3. Für das Mietverhältnis gelten nur die in diesem Vertrag schriftlich getroffenen Vereinbarungen. Nachträgliche Änderungen oder Ergänzungen dieses Vertrages sind ebenfalls schriftlich zu vereinbaren.

_____

_____

_____

_____

_____

_____

_____

_____

_____

_____

_____

_____

_____

Sollte eine der Bestimmungen dieses Vertrages ganz oder teilweise gegen zwingende gesetzliche Vorschriften verstoßen, so soll die entsprechende gesetzliche Regelung an deren Stelle treten.

Der Vermieter bzw. Hauptmieter und der Untermieter haben je ein von beiden Parteien unterschriebenes Exemplar dieses Vertrages empfangen.

_____ , den _____

_____   _____

als Hauptmieter — Vermieter   als Untermieter

Rechte und Pflichten des Vermieters

Die Rechte und Pflichten von Vermieter und Mieter stehen meistens in einem Gegenseitigkeitsverhältnis. Hat z. B. der Vermieter das Recht die Wohnung zu betreten, dann ist der Mieter dazu verpflichtet das zu dulden.

Hauptpflichten

Zu den Hauptpflichten des Vermieters gehört es dem Mieter den Gebrauch der vermieteten Sache während der Mietzeit zu gewähren. Dabei muss er dem Mieter die vermietete Sache in einem zu dem vertragsgemäßen Gebrauch geeigneten Zustand überlassen und sie während der Mietzeit in diesem Zustand erhalten (§§ 535, 536 BGB).Kurz und gut: Wurden Räume zum Wohnen vermietet, muss der Vermieter sie Ihnen zum vereinbarten Zeitpunkt überlassen, die Räume müssen *Wohnung ohne Mängel* vertragsgemäß zum Wohnen geeignet und dürfen nicht mit Mängeln behaftet sein. Will oder kann der Vermieter Ihnen die Wohnung nicht überlassen, weil sie bereits einem anderen überlassen wurde (Doppelvermietung), dann ist er schadensersatzpflichtig. Treten erst später Mängel auf oder werden sie erst später erkannt, ist der Vermieter dazu verpflichtet sie zu beseitigen. Bleibt er dennoch untätig, können Sie unter anderem die Miete mindern. (Näheres zur Mietminderung finden Sie im Kapitel „Wohnungsmängel – und wie Sie dagegen vorgehen können".)

Mietforderungen

Als Gegenleistung für die Überlassung der Wohnung hat der Vermieter einen Anspruch auf Zahlung der Miete. Zu den Hauptpflichten des Mieters gehört es also den Mietzins zu entrichten.

In der Regel besteht der Mietzins in einer Geldzahlung. Es können aber auch stattdessen Dienstleistungen vereinbart werden, z. B. Hausmeistertätigkeiten.

Geld oder andere Leistungen

Der Vermieter hat einen Anspruch darauf die Miete pünktlich und vollständig zu erhalten. Laut Gesetz müssten Sie die Miete erst am Ende der Mietzeit oder frühestens nach Ablauf eines bestimmten Zeitabschnitts (z. B. nach einem Monat) entrichten (§ 551 BGB). Fast alle Mietverträge sehen aber inzwischen eine Vorleistungspflicht des Mieters vor. In der Regel werden Sie dabei Formulierungen begegnen wie: „Die Miete ist monatlich im Voraus, spätestens am dritten Werktag des Monats an den Vermieter zu zahlen." Solche Regelungen sind wirksam, Sie sollten sich also daran halten.

Die Zahlungsmodalitäten hängen dabei von der individuellen Vereinbarung im Mietvertrag ab. In Betracht kommen Barzahlung, Überweisung oder die Erteilung einer Einzugsermächtigung an den Vermieter.

Haben Sie dem Vermieter eine Einzugsermächtigung erteilt und zieht er mehr Geld ein, als ihm eigentlich zusteht, dann können Sie die Buchung innerhalb von sechs Wochen rückgängig machen.

Die Miete müssen Sie auch dann zahlen, wenn Sie von der Wohnung keinen Gebrauch machen (§ 552 BGB). Sind Sie also beruflich mehrere Monate unterwegs, befreit Sie das nicht von der Zahlungspflicht.

Bei Zahlungsverzug kann der Vermieter Sie auf Zahlung verklagen.

Vorsicht! Zahlungsverzug kann auch zu einer fristlosen Kündigung führen. (Näheres dazu finden Sie im Kapitel „Kündigung – und wie Sie sich dagegen wehren können".)

Mieterhöhung

Wurde im Mietvertrag wirksam eine Staffel- oder Indexmiete vereinbart, so richtet sich die Mieterhöhung nach dieser Vereinbarung. Regelt der Mietvertrag die Mieterhöhung nicht, ist eine Mieterhöhung dann zulässig, wenn:
- die bestehende Miete die ortsübliche Vergleichsmiete deutlich unterschreitet,
- der Vermieter Modernisierungsmaßnahmen durchgeführt hat,
- die Betriebskosten gestiegen sind,
- die Kapitalkosten sich erhöht haben.

Bei Sozialwohnungen richtet sich die Erhöhung primär nach der Kostenmiete. (Mehr dazu finden Sie im Kapitel „Mieterhöhung".)

Nebenkosten

Die Abrechnung

Haben Sie eine Inklusivmiete vereinbart, dann brauchen Sie die Nebenkosten nicht zu kümmern. Meistens wird aber eine Nebenkostenvorauszahlung vereinbart. Diese Zahlung sollten Sie ebenso pünktlich wie den Mietzins entrichten. Am Ende eines Abrechnungszeitraums muss der Vermieter eine Nebenkostenabrechnung erstellen, aus der ersichtlich ist, welche Nebenkosten auf Ihre Wohnung entfallen. War Ihre Vorauszahlung zu hoch, dann ist der Vermieter dazu verpflichtet den zu viel entrichteten Betrag an Sie zurückzuzahlen. Ergibt die Abrechnung einen Fehlbetrag, hat der Vermieter einen Anspruch auf Nachzahlung.

Sofern eine Nebenkostenvorauszahlung vereinbart wurde ist der Vermieter verpflichtet jährlich abzurechnen. Die Abrechnung muss einen Abrechnungsschlüssel enthalten und eine genaue Aufzählung der entstandenen Betriebskosten. Der Anteil des Vermieters muss angegeben werden und rechnerisch nachvollziehbar sein.

Anteil des Vermieters

Vertragliche Zusatzleistungen

Haben Sie sich zusätzlich oder anstelle der Mietzahlung wirksam dazu verpflichtet bestimmte Dienstleistungen zu erbringen, dann hat der Vermieter auf diese Leistungen einen Anspruch. Sei es, dass Sie die Treppe putzen oder Hausmeistertätigkeiten ausführen müssen: Sie sollten diese Aufgaben vereinbarungsgemäß erfüllen, ansonsten kann Sie der Vermieter auf Leistung verklagen oder sogar das Mietverhältnis kündigen.

Instandhaltung und Instandsetzung der Wohnung

Der Vermieter hat während der Mietzeit die vermietete Sache in einem zum vertragsmäßigen Gebrauch geeigneten Zustand zu erhalten (§ 536 BGB). Die Instandhaltung der Wohnung gehört also zu den Pflichten des Vermieters. Tropft der Wasserhahn oder sind die Fenster undicht, muss der Vermieter für Abhilfe sorgen. Gleichzeitig sind Sie dazu verpflichtet die Einwirkungen des Vermieters auf die Mietsache zu dulden, sofern diese Maßnahmen zur Erhaltung der Mieträume oder des Gebäudes erforderlich sind (§ 541 a BGB).

Schönheitsreparaturen

Sofern diese Pflicht nicht wirksam im Mietvertrag auf den Mieter übertragen wurde, ist der Vermieter auch dazu verpflichtet die Schönheitsreparaturen durchzuführen. Zu Schönheitsreparaturen gehören: das Tapezieren, Anstreichen oder Kalken der Wände und Decken, das Streichen der Fußböden und der Heizungskörper einschließlich der Heizrohre, der Innentüren sowie der Fenster und Außentüren von innen.

Bagatellreparaturen

Auch Bagatellreparaturen (Kleinreparaturen) sind grundsätzlich Sache des Vermieters. Der Mieter kann im Mietvertrag lediglich dazu verpflichtet werden einen bestimmten Teil der Kosten zu tragen.

Mängelbeseitigung

Der Vermieter ist außerdem dazu verpflichtet nachträglich entstandene Mängel zu beseitigen. Aber auch Mängel, die bereits beim Abschluss des Mietvertrages vorlagen, aber vom Mieter nicht erkannt wurden, müssen von ihm behoben werden. Als Mängel zählen nicht nur Fehler der Wohnung, wie z.B. undichte Fenster, sondern auch Belästigungen des Mieters durch die Umgebung, insbesondere durch Nachbarn.

Belästigung durch Nachbarn

Solange die Mängel bestehen, dürfen Sie unter anderem die Miete mindern. (Näheres zu Mängeln und Mietminderung erfahren Sie im Kapitel „Wohnungsmängel – und wie Sie dagegen vorgehen können".)

Modernisierung

Bei Instandhaltungs- und Instandsetzungsmaßnahmen wird die Wohnung in einem bewohnbaren Zustand erhalten. Durch eine Modernisierung hingegen wird der Wohnwert der Räume erhöht. Die Maßnahmen können ganz geringfügig sein, wie z.B. die Verkabelung, aber auch sehr umfangreich, wie der Einbau von wärmedämmenden Fenstern oder auch eine neue Gestaltung der einzelnen Räume. Außerdem sind Modernisierungsmaßnahmen meistens mit einer Mieterhöhung verbunden, sodass sich die Freude der Mieter über diese Maßnahmen oft sehr in Grenzen hält. Das Gesetz lässt deshalb Modernisierungen durch den Vermieter nur in bestimmten Fällen zu. Reine Luxusmodernisierungen sollen dadurch vermieden werden.

Eine Modernisierung muss der Mieter dann dulden, wenn dadurch nur **der allgemein übliche Standard** herbeigeführt wird. (Als allgemein üblich gilt der Standard, den zwei Drittel der Wohnungen gleichen Baujahres haben.) Ferner dann, wenn die Maßnahme zur Einsparung von Heizenergie oder Wasser führen soll. Vor allem der Einbau wärmedämmender Fenster oder Platten, aber auch von Solaranlagen ist zulässig. Wird durch die Modernisierung neuer Wohnraum geschaffen, muss der Mieter die Maßnahmen in der Regel dulden.

Die Duldungspflicht des Mieters endet aber dort, wo die Maßnahmen für ihn oder seine Familie eine Härte bedeuten würden, die auch unter Würdigung der berechtigten Interessen des Vermieters und anderer Mieter im Gebäude nicht zu rechtfertigen ist (§ 541 b BGB). Es muss also eine Abwägung zwischen den berechtigten Interessen der Mietparteien geben. Eine nicht zu rechtfertigende Härte liegt z. B. dann vor, wenn der Mieter alt und krank ist und die Maßnahme sehr umfangreich ausfallen soll.

Hat der Mieter kurze Zeit vor den geplanten Modernisierungsmaßnahmen mit Genehmigung des Vermieters bereits selbst modernisiert, z. B. einen Nachtspeicherofen eingebaut, dann darf der Vermieter jetzt nicht eine Fernheizanlage mit Radiatoren installieren.

Der Vermieter ist dazu verpflichtet zwei Monate vor dem Beginn der Maßnahme dem Mieter deren Art, Umfang, Beginn und voraussichtliche Dauer mitzuteilen. Auch eine voraussichtliche Mieterhöhung muss mitgeteilt werden. Das gilt nur dann nicht, wenn die Maßnahme mit keiner erheblichen Wirkung auf die Mieträume verbunden ist und zu keiner erheblichen Mieterhöhung führen wird.

Mitteilung des Vermieters

Kann die Mietwohnung wegen der Maßnahmen nicht so wie bisher genutzt werden, können Sie die Miete mindern. Müssen Sie sogar zwischenzeitlich ausziehen, dann hat der Vermieter für die Auswärtsunterbringung aufzukommen.

Nach einer Modernisierung darf der Vermieter die Miete erhöhen, allerdings nur im Rahmen der dadurch entstandenen Kosten. (Näheres zur Mieterhöhung nach Modernisierungsmaßnahmen finden Sie im Kapitel „Mieterhöhung".)

Informationsrechte

Was Sie in Ihrer Mietwohnung unternehmen oder unterlassen, geht den Vermieter in der Regel gar nichts an. Von diesem Grundsatz gibt es allerdings einige Ausnahmen. Nehmen Sie einen Untermieter auf, müssen Sie das dem Vermieter vorher mitteilen und um Erlaubnis bitten. Bei der Aufnahme des Ehegatten, des Lebenspartners oder naher Familienangehöriger brauchen Sie zwar nicht die Erlaubnis des Vermieters, Sie sollten ihn aber dennoch informieren, um Missverständnisse zu vermeiden. (Näheres dazu finden Sie im Kapitel „Ihre Rechte – Ihre Pflichten".)

Treten in der Wohnung Mängel auf, sollten Sie das dem Vermieter unverzüglich mitteilen. Dazu sind Sie verpflichtet. Unterlassen Sie die Mitteilung, können Sie sich sogar schadensersatzpflichtig machen. Außerdem: Ohne Mängelanzeige keine Mietminderung.

Betretungsrecht

In Notfällen darf der Vermieter jederzeit die Mietwohnung betreten. Der Mieter muss das dulden. Kommt es also in der Wohnung zu einem Rohrbruch, haben der Vermieter und die von ihm beauftragten Handwerker freien Zutritt. Ansonsten darf der Vermieter nur in Ausnahmefällen Ihre Mietwohnung betreten. Haben Sie im Mietvertrag eine diesbezügliche Regelung getroffen, dann richtet sich dieses Recht nach dieser Vereinbarung. (Näheres dazu finden Sie im Kapitel „Ihre Rechte – Ihre Pflichten".)

Vertragliche Vereinbarung

Unterlassungsanspruch

Macht der Mieter von der gemieteten Sache einen vertragswidrigen Gebrauch und setzt er den Gebrauch ungeachtet einer Abmahnung des Vermieters fort, kann der Vermieter auf Unterlassung klagen (§ 550 BGB).

Ein vertragswidriger Gebrauch liegt z. B. dann vor, wenn Räume, die als Wohnung vermietet wurden, vom Mieter vorwiegend gewerblich genutzt werden oder wenn die Wohnung vollständig einer dritten Person zum Gebrauch überlassen wird. Wer hingegen nahe Familienangehörige oder den Lebenspartner auf Dauer aufnimmt, gebraucht die Wohnung vertragsgemäß, wenn dadurch keine Überbelegung entsteht.

Lärmbelästigungen oder die unerlaubte Haustierhaltung berechtigen den Vermieter nach einer erfolglosen Abmahnung zu einer Unterlassungsklage. Bei erheblichen Vertragsverletzungen darf der Vermieter sogar kündigen.

Abmahnung und Kündigung

Verkehrssicherungspflichten

Der Vermieter ist dazu verpflichtet den Zugang zur Wohnung frei von Gefahren für die Mieter und ihre Besucher zu halten. Das gilt natürlich auch für Gemeinschaftsräume. Verletzt er schuldhaft diese Verkehrssicherungspflicht, dann haftet er für den dadurch entstandenen Schaden.

Treppenhaus

Das Treppenhaus muss so gereinigt werden, dass keine Sturzgefahr besteht. Beim Treppenputzen dürfen die Stufen durch das Reinigungsmittel nicht zu glatt werden (Bohnerglätte). Haben vom Vermieter beauftragte Handwerker das Treppenhaus verunreinigt und besteht dadurch Sturzgefahr, muss der Vermieter rechtzeitig für Reinigung sorgen.

Beispiel:
Bei Renovierungsarbeiten haben die vom Vermieter beauftragten Handwerker eine ganze Menge Bauschutt im Treppenhaus liegen lassen. Der Vermieter, darüber bereits vor Tagen informiert, unternimmt nichts dagegen. Die siebenjährige Tochter eines Mieters rutscht auf dem Schutt aus und bricht sich dabei ein Bein. Hier ist der Vermieter verantwortlich: Er muss den entstandenen Schaden, z.B. die Arztkosten, ersetzen. Darüber hinaus ist auch ein Schmerzensgeld fällig.

Winterdienst

Bei Schneefall oder Glätte ist der Vermieter dazu verpflichtet den Eingangsbereich zum Haus, den Weg zu den Mülltonnen und den Bürgersteig zu räumen, sofern diese Aufgabe nicht von der Gemeinde übernommen wird. Diese Aufgabe kann im Mietvertrag auch auf den Mieter übertragen werden.

Spätestens um 7.00 Uhr morgens müssen diese Bereiche gefegt und gestreut werden. Bei starkem Schneefall und Glättebildung muss das Ganze mehrmals täglich wiederholt werden. Auch noch um 20.00 Uhr abends muss geräumt werden. Erfordert es das Sicherungsbedürfnis der Mieter, die morgens regelmäßig früher das Haus verlassen, muss auch außerhalb dieser Zeiten für freie Wege gesorgt werden.

Prüfungspflicht

Auch die elektrische Anlage des vermieteten Gebäudes muss vom Vermieter regelmäßig überprüft werden. Kommt der Vermieter dieser Pflicht nicht nach, dann haftet er für den dadurch entstandenen Schaden.

Übrigens: Der Vermieter darf keine chemischen Unkrautvernichtungsmittel auf den Rasen der Wohnanlage streuen, wenn dort Kinderspielgeräte aufgestellt sind.

Kaution

Die Kaution muss verzinst werden

Der Vermieter ist dazu verpflichtet die Kaution getrennt von seinem Vermögen auf einer Bank anzulegen. Das Geld muss verzinst werden. Solange Sie Ihre mietvertraglichen Pflichten erfüllen, darf der Vermieter auf dieses Geld nicht zurückgreifen. Sollten Sie allerdings Ihre Pflichten verletzen und z. B. die im Mietvertrag übernommenen Renovierungen nicht durchführen, kann sich der Vermieter an Ihre Kaution halten. Haben Sie die Wohnung am Ende des Mietverhältnisses zurückgegeben, muss der Vermieter die Kaution mit den angefallenen Zinsen an Sie zurückzahlen. Dabei müssen Sie ihm genug Zeit dazu lassen mögliche Ansprüche gegen Sie zu prüfen. Findet er welche, so darf er seine Forderungen mit der Kaution aufrechnen. Allerspätestens sechs Monate nach Beendigung des Mietverhältnisses muss die Kaution jedoch an Sie zurückgezahlt werden. Nur in ganz komplizierten Einzelfällen ist eine noch längere Frist angemessen. (Mehr Informationen zur Mietkaution finden Sie im Kapitel „Augen auf beim Mietvertrag".)

Vermieterpfandrecht

Der Vermieter hat für seine Forderungen aus dem Mietverhältnis ein gesetzliches Pfandrecht an den eingebrachten Sachen des Mieters (§ 559 BGB).

Diese gesetzliche Regelung dient dem Schutz des Vermieters. Wenn der Mieter die vereinbarte Miete oder die Nebenkosten nicht zahlt oder die Mietsache beschädigt, ohne für den Schaden aufzukommen, dann kann sich der Vermieter an den eingebrachten Sachen des Mieters schadlos halten. Das Vermieterpfandrecht bietet dem Vermieter also neben der Kaution eine zusätzliche Sicherheit.

Zum Schutz des Vermieters

Dieses Pfandrecht erstreckt sich aber nur auf Sachen, die im Eigentum oder zumindest Miteigentum des Mieters stehen. Das Eigentum anderer Personen fällt nicht darunter, wenn sie nicht selbst Mieter sind. Das Vermieterpfandrecht erstreckt sich also nicht auf das Eigentum Ihres Ehegatten (außer wenn bei einer ehelichen Gütergemeinschaft nur Miteigentum besteht), Ihres Lebenspartners oder Ihrer Kinder. Auch die Sachen Ihres Untermieters sind vor dem Vermieter sicher.

Natürlich darf der Vermieter nicht alles pfänden, was in Ihrem Eigentum steht. Das Vermieterpfandrecht besteht nur an Sachen, die Sie in die Mieträume eingebracht haben. **Einbringen** bedeutet, dass der Mieter vor Beendigung des Mietverhältnisses diese Sachen in die Mieträume für eine gewisse Zeit hineingeschafft hat. Nur vorübergehend eingestellte Sachen gelten nicht als eingebracht. Und das Auto vor der Haustür ist erst recht nicht betroffen.

Gepfändet werden dürfen Sachen, die einen gewissen Vermögenswert haben. Dazu zählen Briefe oder Familienfotos nicht, durchaus aber Möbel, Elektrogeräte, Geld oder Inhaberpapiere. Auch das Fahrzeug, sofern es in der vermieteten Garage steht (!), unterliegt dem Pfandrecht.

Zum Glück fallen aber nicht alle eingebrachten Sachen des Mieters unter das Vermieterpfandrecht. Welche davon unpfändbar sind, regelt das Gesetz (§ 811 ZPO). Danach sind unter anderem Sachen unpfändbar, die dem persönlichen Gebrauch oder dem Haushalt dienen, insbesondere Kleidungsstücke, Wäsche, Betten, Haus- und Küchengeräte, soweit der Mieter sie für eine seiner Berufstätigkeit und seiner Verschuldung angemessene bescheidene Lebens- und Haushaltsführung braucht. Der Vermieter darf Ihnen auch nicht Tisch, Stühle, Kühlschrank, Waschmaschine, Rundfunk- und Fernsehgerät pfänden.

Außerdem unterliegt ein bestimmter Vorrat an Nahrungs-, Feuerungs- und Beleuchtungsmitteln, der der Versorgung Ihrer Familie dient, nicht der Pfändung, und ebenso wenig die der Erwerbstätigkeit des Mieters dienenden Gegenstände und seine Dienstkleidung.

Persönliche Dinge sind sicher — Ganz persönliche Sachen wie z. B. Familienpapiere, Trauringe, Orden und Ehrenzeichen unterliegen nicht dem Vermieterpfandrecht. Auch Ihre Katze braucht den Vermieter nicht zu fürchten: Haustiere dürfen ebenfalls nicht gepfändet werden.

Was passiert bei einer Pfändung?

Der Vermieter pfändet die Sache, die dann öffentlich versteigert wird. Aus dem Erlös befriedigt der Vermieter seine Forderungen. Bleibt noch etwas übrig, dann wird es an Sie ausgezahlt.

Wie kann man eine Pfändung abwenden?

Droht eine Pfändung durch den Vermieter, dann können Sie die Geltendmachung des Pfandrechts durch **Sicherheitsleistung** abwenden. Dazu müssen Sie für jede Sache, die dem Pfandrecht unterliegt, eine Sicherheit in Höhe des Wertes dieser Sache beim zuständigen Amtsgericht hinterlegen. Die Sicherheitsleistung muss entweder in Geld oder anderen

Wertsachen erbracht werden. Damit hat der Vermieter seine Sicherheit und darf die Sachen nicht pfänden.

Kann man gepfändete Sachen entfernen?

Schnell den Perserteppich eingerollt und bei Freunden untergebracht, bevor der Vermieter zugreift? Damit könnten Sie Pech haben. Der Vermieter darf die Entfernung der seinem Pfandrecht unterliegenden Sachen sogar unter Einsatz von Gewalt verhindern. Beim Auszug des Mieters kann er sie auch selbst in Besitz nehmen. Hat der Vermieter Ihre Aktion nicht bemerkt, ist der Perser noch lange nicht in Sicherheit. Wenn nämlich die Sachen ohne Wissen oder unter Widerspruch des Vermieters entfernt wurden, kann er die Herausgabe verlangen. Dabei hat er eine Frist von einem Monat, gerechnet von dem Zeitpunkt, an dem er von der Entfernung erfährt. Macht der Vermieter seinen Anspruch vorher gerichtlich geltend, entfällt auch diese Monatsfrist. Außerdem können Sie sich durch die Entfernung der dem Pfandrecht unterliegenden Sache sogar strafbar machen („Pfandkehr", § 289 StGB).

Die Herausgabe verlangen

Beispiel:

Sven Seltenreich, Chemiestudent im ersten Semester, mietet eine Wohnung in Gelsenkirchen. Neben Bett, Rundfunk-, Fernseh- und Videogerät und einer Videokamera bringt er noch ein paar Kleidungsstücke und einen Kühlschrank in die Wohnung ein. Im Laufe der Zeit erbt er von seiner verstorbenen Großmutter eine wertvolle Vitrine und einen Perserteppich. Beides findet ebenfalls Platz in der Wohnung. Bei einem chemischen Experiment kommt es zu einer kleinen Explosion. Einige Fenster gehen zu Bruch und auch das Wohnhaus wird leicht beschädigt. Der Vermieter lässt den Schaden reparieren und verlangt nun Schadensersatz von Seltenreich. Dieser, bereits mit mehreren Mietzahlungen in Verzug, zahlt trotz mehrerer Mahnungen nicht. Der Vermieter hat deshalb das Recht, das Videogerät, die Videokamera, die Vitrine und den Perserteppich versteigern zu lassen und aus dem Erlös seine Ansprüche zu begleichen. Die anderen Sachen dürfen nicht gepfändet werden. Will Seltenreich eine Versteigerung verhindern, muss er beim Amtsgericht eine entsprechende Sicherheitsleistung hinterlegen.

Gewaltanwendung erlaubt!

Versucht Seltenreich die Sachen aus der Wohnung zu entfernen, steht dem Vermieter ein Selbsthilferecht zu. Er darf sogar Gewalt anwenden, um die Entfernung zu verhindern.

Hat es Seltenreich dennoch geschafft die Sachen zu entfernen, ohne Wissen des Vermieters oder unter dessen Widerspruch, dann ist er noch nicht aus dem Schneider. Der Vermieter hat das Recht, einen Monat lang ab Kenntnis der Entfernung zu verlangen, dass die Sachen wieder zurückgeschafft werden. Außerdem kann er Seltenreich innerhalb von drei Monaten anzeigen. Es kommt dann unter Umständen zu einer Verurteilung wegen **Pfandkehr** *(§ 289 StGB).*

Praxishilfen

Checkliste: Bagatellreparaturen

Welche Bagatellreparaturen kann der Vermieter im Mietvertrag unter Umständen auf Sie abwälzen?		
Reparaturen der	**ja**	**nein**
Installationsgegenstände für Elektrizität, Gas und Wasser	x	
Fensterverschlüsse	x	
Türverschlüsse	x	
Rolläden, Jalousien, Markisen	x	
Installationsgegenstände für Heizeinrichtungen	x	
Installationsgegenstände für Kocheinrichtungen	x	
Einrichtungsgegenstände des Vermieters, z. B. Fernseher oder Kühlschrank	x	
Leitungen für Gas, Wasser und Strom		x

Checkliste: Schönheitsreparaturen

Welche Schönheitsreparaturen müssen Sie durchführen (natürlich nur, wenn das vertraglich vereinbart wurde)?		
Reparaturen	**ja**	**nein**
Abschleifen und Versiegeln von Parkettfußböden		X
Anstreichen, Kalken und Tapezieren der Wände und Decken	X	
Anstreichen der Fenster und Türen von außen		X
Anstreichen des Treppenhauses		X
Auswechseln von Teppichböden, die der Vermieter verlegt hat		X
Erneuerung der Fugenmasse bei verfärbten Fugen zwischen den Fliesen im Bad		X
Ersatz der Fliesen im Bad bei nur wenigen Dübellöchern		X
Ersatz der Fliesen im Bad bei übermäßig vielen Dübellöchern	X	
Ersatz der durch Verschleiß stumpf gewordenen Badewanne		X
Glasarbeiten		X
Mauerwerkschäden (falls nicht verschuldet)		X
Putzschäden (falls nicht verschuldet)		X
Reparatur der Türschlösser, Heizkörper, Leitungen		X
Reparatur von Rohrbrüchen (und Folgeschäden)		X
Streichen der Fußböden	X	
Streichen der Heizkörper einschließlich der Heizungsrohre	X	
Streichen der Innentüren und Fenster und Außentüren von innen	X	
Streichen der Türen des Wandschranks	X	
Streichen der Balkongitter		X

Beispiele aus der Rechtsprechung

Ohne Schlüssel keine Miete

„Ohne Übergabe der Wohnungsschlüssel durch den Vermieter an den Mieter wird der Besitz an der Mietsache nicht eingeräumt. Die fehlende Überlassung der Wohnung schließt einen vertraglichen Herausgabeanspruch des Vermieters ebenso wie einen Mietzinsanspruch aus." (AG Potsdam, WM 1995, S. 34)

„Kündigt der Vermieter dem Mieter wegen Zahlungsverzuges gemäß § 554 BGB fristlos und zieht der Mieter aus, kann der Vermieter für die Zeit nach Auszug des Mieters den vertraglich vereinbarten Mietzins nicht als Schadensersatz verlangen." (LG Marburg, WM 1995, S. 536)

„Kann der Vermieter die Mietüberweisung trotz unvollständiger Ausfüllung des Überweisungsempfängers dem Mietverhältnis unschwer zuordnen, so hat der Mieter die Mietzinsschuld erfüllt." (LG Köln, WM 1995, S. 104)

„Mangels mietvertraglicher Regelung ist der Vermieter zum Winterdienst in den zeitlichen Begrenzungen der öffentlichen Wegereinigungspflichten verpflichtet." (LG Köln, WM 1995, S. 107)

Zahlungsverzug

„Die in einem Mietvertrag enthaltene (wirksame) Formularklausel, wonach der nach Monaten festgesetzte Mietzins spätestens am dritten Werktag jeden Monats im Voraus zu entrichten ist, besagt nicht, dass der Mietzins erst am dritten Werktag des Mietmonats fällig wird. Der Mietzins ist vielmehr nach dieser Regelung jedenfalls vom Beginn des ersten Werktages des Mietmonats an fällig. Mit dem Ablauf des dritten Werktags des Mietmonats gerät der Mieter bei Nichtzahlung des Mietzinses in Verzug." (LG München, WM 1995, S. 103)

Nebenkosten

Der Vermieter überlässt Ihnen ein Haus oder eine Wohnung zum vertragsgemäßen Gebrauch. Dafür zahlen Sie den eigentlichen Mietzins, der von den Juristen auch **Grundmiete** genannt wird.

Dem Vermieter, in der Regel Eigentümer des Grundstücks oder Gebäudes, entstehen dabei jedoch nicht unerhebliche Kosten. Er muss unter anderem neben den öffentlichen Lasten des Grundstücks die Kosten für Wasserversorgung, Abwasser, Müllabfuhr, Schornsteinreinigung, Hausmeister und die Betriebskosten für Heizungs- und Warmwasserversorgungsanlagen tragen. Diese Kosten nennt man Betriebskosten. Vor allem die enorm gestiegenen Kommunalabgaben für die Müllabfuhr und die Abwasserentsorgung führen dazu, dass die Betriebskosten sich langsam zu einer zweiten Miete entwickeln. In der Zukunft dürfte sich die Situation noch wesentlich verschärfen.

Die Betriebskosten steigen

Natürlich möchten die Vermieter auf diesen Kosten nicht sitzen bleiben, sondern sie an den Mieter weitergeben. Dafür stehen ihnen mehrere Möglichkeiten offen:

- Der Vermieter berechnet die Grundmiete entsprechend hoch, sodass auch die Betriebskosten dadurch abgedeckt werden. In einem solchen Fall spricht man von einer **Inklusivmiete.**
- Der Vermieter vereinbart mit dem Mieter eine Nebenkostenpauschale.

Die zur Zeit üblichste Form ist jedoch die Leistung einer Vorauszahlung auf die Betriebskosten.

Vertragliche Vereinbarung

Sie müssen nur dann die Betriebskosten tragen, wenn das im Mietvertrag so geregelt ist. Denn eigentlich sieht das Gesetz vor, dass der Vermieter die auf der vermieteten Sache ruhenden Lasten, also auch die Betriebskosten, zu tragen hat (§ 546 BGB). Diese Vorschrift ist allerdings abdingbar und davon machen inzwischen die meisten Vermieter Gebrauch. Allerdings: Nicht jede Formulierung findet Gnade vor den Augen der Richter. Z.B. die Formulierung: „Die angefallenen Betriebskosten trägt der Mieter" genügt nicht. Der Vermieter muss die Betriebskosten aufschlüsseln.

Genaue
Formulierung

Arten der Nebenkosten

Betriebskosten sind Kosten, die dem Eigentümer (oder dem Erbbauberechtigten) durch das Eigentum (oder Erbbaurecht) am Grundstück oder durch den bestimmungsmäßigen Gebrauch des Gebäudes oder der Wirtschaftseinheit, der Nebengebäude, Anlagen, Einrichtungen und des Grundstücks laufend entstehen, es sei denn, dass sie üblicherweise vom Mieter außerhalb der Miete unmittelbar getragen werden. Dazu gehören gemäß Anlage 3 zu § 27 der II Berechnungsverordnung:

- die laufenden öffentlichen Lasten des Grundstücks
- die Kosten der Wasserversorgung
- die Kosten der Entwässerung
- die Kosten
  a) des Betriebs der zentralen Heizungsanlage einschließlich der Abgasanlage oder
  b) des Betriebs der zentralen Brennstoffversorgungsanlage oder
  c) der eigenständig gewerblichen Lieferung von Wärme, auch aus Anlagen im Sinne des Buchstaben a) oder
  d) der Reinigung und Wartung von Etagenheizungen
- die Kosten
  a) des Betriebs der zentralen Warmwasserversorgungsanlage oder

   b) der eigenständig gewerblichen Lieferung von Warmwasser, auch aus Anlagen im Sinne des Buchstaben a), oder

   c) der Reinigung und Wartung von Warmwassergeräten

- die Kosten verbundener Heizungs- und Warmwasserversorgungsanlagen
- die Kosten des Betriebs des maschinellen Personen- oder Lastenaufzuges
- die Kosten der Straßenreinigung und der Müllabfuhr
- die Kosten der Hausreinigung und Ungezieferbekämpfung
- die Kosten der Gartenpflege
- die Kosten der Beleuchtung
- die Kosten der Schornsteinreinigung
- die Kosten der Sach- und Haftpflichtversicherung
- die Kosten für den Hauswart
- die Kosten
  - a) des Betriebs der Gemeinschafts-Antennenanlage oder
  - b) des Betriebs der mit einem Breitbandkabelnetz verbundenen privaten Verteilungsanlage
- die Kosten des Betriebs der maschinellen Wascheinrichtung
- sonstige Betriebskosten

Diese wenn auch beachtliche Aufzählung ist zum Glück vollständig. Andere als die oben genannten Posten darf der Vermieter nicht auf den Mieter umlegen. Dennoch versuchen einige Vermieter, in die Betriebskostenabrechnung einige nicht umlagefähige Posten einzuschmuggeln. Im folgenden Kapitel erfahren Sie deshalb, was unter den wichtigsten Kosten zu verstehen ist und was auf keinen Fall laut Rechtsprechung dazugehört.

Alle anderen Kosten trägt der Vermieter

Die wichtigsten Nebenkosten

Öffentliche Lasten des Grundstücks

Hierzu gehört vor allem die von der jeweiligen Kommune erhobene Grundsteuer, nicht jedoch die Hypothekengewinnabgabe. Für Grundstücke, die (wenn auch nur zum Teil) gewerblich genutzt werden, verlangt die Kommune eine höhere Grundsteuer. Berücksichtigt der Vermieter diese Tatsache bei der Betriebskostenabrechnung nicht, dann benachteiligt er damit den reinen Wohnraummieter. In einem solchen Fall sollten Sie auf eine gerechtere Verteilung der Kosten hinwirken. Die Rechtsprechung zu diesem Problem ist zwar nicht ganz einheitlich, Sie haben aber dennoch gute Erfolgsaussichten.

Gerechte Verteilung

Kosten der Wasserversorgung

Dazu zählen die Kosten des Wasserverbrauchs, die Grundgebühren, die Kosten der Anmietung oder anderer Arten der Gebrauchsüberlassung von Wasserzählern und die Kosten ihrer Verwendung einschließlich der Kosten der Berechnung und Aufteilung, die Kosten des Betriebs einer hauseigenen Wasserversorgungsanlage und einer Wasseraufbereitungsanlage einschließlich der Aufbereitungsstoffe. Zu den Kosten der Wasseraufbereitung zählen nicht die Kosten des Korrosionsschutzes der Wasserleitungen. Haben sich ohne nachvollziehbare Gründe (z. B. eine entsprechende Gebührenerhöhung) die Kosten für den Wasserverbrauch im Vergleich zu den Vorjahresabrechnungen verdoppelt, dann trägt der Vermieter die Beweislast für die Richtigkeit der Abrechnung. Sofern eine Wasseruhr vorhanden ist, muss der Vermieter den tatsächlichen Verbrauch abrechnen. Gibt es ein solches Gerät nicht, darf er nach einem anderen Verteilungsschlüssel abrechnen, z. B. nach der Quadratmeterzahl oder den in einer Wohnung lebenden Personen.

Kosten der Entwässerung

Hierzu gehören die Gebühren für die Haus- und Grundstücksentwässerung, die Kosten des Betriebs einer entsprechenden nicht öffentlichen Anlage und die Kosten des Betriebs einer Entwässerungspumpe; nicht aber die Kosten einer eventuellen Abflussverstopfung. Diese trägt der Verursacher – wenn er unbekannt ist, dann muss allerdings der Vermieter zahlen.

Bei verstopftem Abfluss zahlt der Verursacher

Kosten des Betriebs eines Fahrstuhls

Das sind die Kosten für Betriebsstrom, Beaufsichtigung, Bedienung, Überwachung und Pflege der Anlage, für die

regelmäßige Prüfung ihrer Betriebsbereitschaft und Betriebs-
sicherheit einschließlich der Einstellung durch einen Fachmann und die Kosten der Reinigung der Anlage. Nicht dazu
gehören die Kosten für eine Reparatur des Lifts – diese trägt
der Vermieter allein.

Besonders viele Entscheidungen gibt es zu der Frage, ob ein
Mieter im Parterre diese Kosten mit übernehmen muss. Eine
schlechte Nachricht für alle Erdgeschossbewohner: In der
Regel ist die Antwort ja, jedenfalls nach der Ansicht der meisten Gerichte. Vor allem dann, wenn eine Nutzung zumindest
in Betracht kommt, z. B. wenn der Aufzug zum Speicher oder
in den Keller führt.

Kosten der Straßenreinigung und Müllabfuhr

Hierzu gehören die Gebühren für die öffentliche oder private
Straßenreinigung und Müllabfuhr.

Kosten der Hausreinigung und Ungezieferbekämpfung

Dazu zählen: die Kosten für die Säuberung der von den Bewohnern gemeinsam benutzten Gebäudeteile wie Zugänge,
Flur, Treppe, Keller, Speicher, Waschküche und Fahrkorb des
Aufzuges. Bei der Ungezieferbekämpfung sind sich die
Gerichte nicht einig darüber, ob die Kosten nur dann umlagefähig sind, wenn sie laufend stattfinden, oder ob bereits eine
einzige solche Maßnahme genügt.

*Uneinheitliche
Rechtsprechung*

Kosten der Gartenpflege

Hierzu gehören die Kosten der gärtnerisch angelegten
Flächen (einschließlich der Erneuerung von Pflanzen und
Gehölzen), der Pflege von Spielplätzen (einschließlich der
Erneuerung von Sand) und der Pflege von Plätzen, Zugängen
und Zufahrten, die dem nicht öffentlichen Verkehr dienen.

Kosten der Beleuchtung

Dabei handelt es sich um die Kosten des Stromverbrauchs für
die Außenbeleuchtung und die Beleuchtung der von den
Bewohnern gemeinsam benutzten Gebäudeteile wie Zugänge,
Flur, Keller, Bodenräume, Waschküchen.

Kosten der Schornsteinreinigung

Dazu gehören die Kehrgebühren nach der entsprechenden Gebührenordnung. Hat der Vermieter jedoch diese Kosten bereits in den Posten „Betrieb einer zentralen Heizungsanlage" eingerechnet, dann darf er sie unter Schornsteinreinigung nicht noch einmal aufführen.

Kosten der Sach- und Haftpflichtversicherung

Was der Vermieter nicht umlegen darf

Das sind Kosten für die Gebäudeversicherung, also Feuer-, Sturm-, Wasserschäden- und Glasversicherung. Außerdem eine Haftpflichtversicherung für das Gebäude, den Öltank und den Fahrstuhl. Nicht umlagefähig sind Mietausfall-, Hausrats- und Rechtsschutzversicherungen des Vermieters.

Kosten für den Hauswart

Hierzu gehören die Kosten für den Hausmeister, falls er Wartung und Reinigungstätigkeiten durchführt. Gehört es zu den Aufgaben des Hausmeisters Reparaturen durchzuführen oder die Hausverwaltung zu übernehmen, dann sind die Kosten um den Betrag, der auf diese Tätigkeiten entfällt, zu kürzen. Wenn er dabei auch Aufgaben wie die Wartung des Fahrstuhls oder die Ungezieferbekämpfung übernimmt, dürfen diese Kosten aber nicht gesondert berechnet werden.

Kosten für Antennenanlagen und Kabelanschluss

Das sind die Kosten des Betriebsstroms und die Kosten der regelmäßigen Prüfung der Betriebsbereitschaft – einschließlich der Einstellung durch einen Fachmann oder das Nutzungsentgelt für eine nicht zur Wirtschaftseinheit gehörende Antennenanlage; außerdem die laufenden monatlichen Grundgebühren an die Post für den Kabelanschluss.

Kosten für Gemeinschaftswaschmaschinen

Befinden sich im Haus Gemeinschaftswaschmaschinen, dann kann der Vermieter die Kosten des Betriebsstroms und die Kosten der Überwachung, Pflege und Reinigung der Waschmaschine auf die Mieter abwälzen, ebenso die Kosten der Prüfung und die der Wasserversorgung. Handelt es sich jedoch um Münzwaschmaschinen, dann sind diese Kosten in der Regel bereits durch die Zahlung (Münzeinwurf) gedeckt.

Sonstige Betriebskosten

Dazu gehören die Betriebskosten von Nebengebäuden, Anlagen und Einrichtungen. Nach neuerer Rechtsprechung reicht die Klausel „sonstige Betriebskosten" nicht aus. Der Vermieter muss im Mietvertrag genau angeben, welche Kosten damit gemeint sind. Außerdem können darunter nicht alle anderen möglichen Nebenkosten fallen. Von Gerichten anerkannt wurden z. B. die Kosten für ein Schwimmbad, eine Sauna und die Wartung von Feuerlöschgeräten. Nicht dazu zählen z. B. die Kosten der Dachrinnenreinigung.

Pauschale

Haben Sie mit dem Vermieter eine Nebenkostenpauschale vereinbart, dann findet eine Abrechnung nicht statt. Dabei ist es unerheblich, ob die tatsächlich entstandenen Nebenkosten höher oder niedriger waren als die vereinbarte Pauschale. Damit haben Sie zwar keinen Anspruch auf Rückerstattung des zu viel bezahlten Betrags, aber der Vermieter darf auch keine Nachzahlung verlangen.

Vorauszahlungen

In der Regel wird im Mietvertrag eine Nebenkostenvorauszahlung vereinbart. Der Mieter muss dann monatlich zusammen mit der eigentlichen Miete den vereinbarten Betrag an den Vermieter zahlen. Am Ende einer Abrechnungsperiode erstellt der Vermieter eine Betriebskostenabrechnung und *Genaue Abrechnung* lässt sie dem Mieter zukommen. Deckt der von Ihnen vorausgezahlte Betrag die entstandenen umlagefähigen Betriebskosten nicht ab, müssen Sie die Differenz begleichen. Wenn Ihre Vorauszahlung aber höher gewesen ist als die angefallenen Betriebskosten, dann erhalten Sie die Differenz zurück.

(Der Rückzahlungsanspruch verjährt vier Jahre nach der Zustellung der Betriebskostenabrechnung.)

Vorteile der Vorauszahlung

Eine Vorauszahlung bietet den Parteien viele Vorteile: Der Vermieter muss die Betriebskosten nicht aus eigener Tasche vorfinanzieren und ist zugleich vor einer Zahlungsunfähigkeit des Mieters zum Teil geschützt. Aber auch der Mieter wird am Ende der Abrechnungsperiode nicht mit hohen Kosten konfrontiert, die seine finanziellen Möglichkeiten übersteigen.

Einige Vermieter setzen jedoch die Vorauszahlung entweder viel zu niedrig oder aber extrem hoch an. Mit einer niedrigen Vorauszahlung soll der Mieter zum Abschluss des Mietvertrages „verführt" werden. Das böse Erwachen kommt am Ende der Abrechnungsperiode in Form einer hohen Nachzahlung. Mit einer sehr hohen Vorauszahlung bekommt der Vermieter durch den überschüssigen Betrag hingegen einen günstigen Kredit. Einige Gerichte haben zum Glück diesem Missbrauch einen Riegel vorgeschoben. Danach darf der Mieter bei einer viel zu niedrig angesetzten Vorauszahlung die Nachzahlung verweigern oder sogar das Mietverhältnis kündigen. War die Vorauszahlung hingegen viel zu hoch angesetzt, so kann der Mieter vom Vermieter die Herabsetzung der Vorauszahlungen verlangen und zwar auch dann, wenn eine entsprechende Regelung im Mietvertrag fehlt.

Einseitige Kürzung ist unzulässig

Allerdings brauchen Sie hierzu die Zustimmung des Vermieters. Eine einseitige Kürzung ist nicht zulässig und darüber hinaus auch nicht ungefährlich. Die vereinbarten Nebenkosten gelten nämlich auch als Mietzins. Wer jedoch mit zwei Monatsmieten in Rückstand gerät, kann vom Vermieter gekündigt werden.

Was aber, wenn der Vermieter seine Zustimmung nicht erteilen will? Dann kann der Mieter entweder klagen oder den überhöhten Teil der Betriebskosten zurückbehalten.

Abrechnung

Die Abrechnung muss Ihnen in der Regel spätestens ein Jahr nach dem Abrechnungszeitraum vorgelegt werden. Sie muss für den „Normalmenschen" nachvollziehbar sein und den Verteilungsschlüssel angeben. Möchten Sie sich über die einzelnen Posten genauer informieren, so haben Sie einen Anspruch darauf, die Unterlagen des Vermieters einzusehen. Allerdings müssen Sie sich dann selbst zum Vermieter bemühen. Sollte er weiter entfernt wohnen, dann können Sie sich Kopien zuschicken lassen (allerdings müssen Sie dann die Kosten von etwa 1 DM pro Kopie übernehmen).

Verteilungsschlüssel

Wohnen in einem Mietshaus mehrere Parteien, ist die Aufteilung der Nebenkosten oft ziemlich schwierig. Am besten wäre es, die Aufteilung nach dem tatsächlichen Verbrauch vorzunehmen. Soweit es die Heizkosten betrifft, ist eine solche Verteilung mit einigen Ausnahmen bereits vorgeschrieben. Aber auch da muss lediglich ein bestimmter Prozentsatz dem tatsächlichen Verbrauch entsprechen. Sofern Wasseruhren vorhanden sind, zahlt jeder das, was er tatsächlich an Wasser verbraucht. Für die anderen Nebenkosten jedoch ist eine verbrauchsabhängige Aufteilung kaum möglich.

Aufteilung nach Gebrauch

Auch wenn Sie und Ihre Besucher vom Fahrstuhl keinen Gebrauch machen und lieber in den vierten Stock joggen, kann das kaum ein Grund dafür sein, Sie von den Kosten des Betriebs eines Aufzugs zu befreien. Ob Sie von der Tätigkeit des Hausmeisters besonders profitieren, ist ebenfalls nicht zu ermitteln.

Deshalb sind mehrere Methoden zur Umlegung der Nebenkosten entwickelt worden. Der Vermieter kann die Nebenkosten z. B. nach der Quadratmeterzahl der einzelnen Wohnungen berechnen. Die angefallenen Gesamtkosten, z. B. für die Gartenpflege, werden durch die Summe der Gesamtquadratmeterzahl aller vorhandenen Wohnungen geteilt. Das

Aufteilung nach Wohnungsgröße

Ergebnis wird dann mit der Quadratmeterzahl Ihrer Wohnung multipliziert.

Beispiel:
Ein Wohnhaus mit vier Mietparteien und einem Garten. Zwei Wohnungen haben je 50 qm Wohnfläche, die beiden anderen je 100 qm. Die Kosten der Gartenpflege für das Jahr 1996 belaufen sich auf 900 DM. 900 DM geteilt durch die Gesamtfläche von 300 (2 x 50 + 2 x 100) ergibt 3 DM pro Quadratmeter. Ein Mieter der 50-qm-Wohnung muss 50 x 3 DM, also 150 DM zahlen, ein Mieter der 100-qm-Wohnung hingegen 300 DM (100 x 3 DM).

Diese Methode benachteiligt besonders Singles, die eine große Wohnung gemietet haben.

Aufteilung nach Personen

Die Aufteilung kann auch nach Personen erfolgen. Dabei werden die Nebenkosten auf die Anzahl der Köpfe verteilt. Dies benachteiligt vor allem Großfamilien.

Eine Mischung aus beiden Methoden dürfte die gerechteste Lösung sein. Etwas Ungerechtigkeit müssen Sie aber bei jeder Methode in Kauf nehmen.

Nachzahlung

Sind die Nebenkosten höher als die bereits geleistete Vorauszahlung, wird Sie der Vermieter zur Kasse bitten. Dann müssen Sie den Differenzbetrag nachzahlen.

Allerdings sollten Sie darauf achten, dass Ihre Vorauszahlung entsprechend gewürdigt wird. Einige Vermieter differenzieren bei der Abrechnung nicht danach, wie viel an Vorauszahlungen die einzelnen Mieter geleistet haben. Sie ziehen einfach von den gesamten Betriebskosten die Summe aller Vorauszahlungen der einzelnen Mieter ab und teilen dann die Differenz gleichmäßig auf alle Mieter auf. Haben Sie aber mehr vorausbezahlt als Ihr Nachbar, so würden Sie mit einer solchen Abrechnung „über den Tisch gezogen". Sehen Sie sich die Abrechnung also genau an!

Beispiel:

Otto Krefeld leistete für das Jahr 1995 eine Nebenkostenvorauszahlung von insgesamt 2 000 DM, seine Nachbarin Isolde Fesch zahlte für den gleichen Zeitraum nur 1 500 DM. Der Vermieter erstellt daraufhin 1996 folgende gemeinsame Abrechnung:

Betriebskostenabrechnung für das Jahr 1995	
...	
...	
...	
Insgesamt:	4 000 DM
Vorauszahlungen insgesamt:	3 500 DM
Differenz:	– 500 DM
Nachzuzahlender Betrag:	250 DM

Hier wurde Krefeld benachteiligt, weil er án den Vermieter eigentlich keine Nachzahlung leisten müsste. Die korrekte Abrechnung würde wie folgt aussehen:

Betriebskostenabrechnung für das Jahr 1995	
...	
...	
...	
Insgesamt	auf Sie entfallen
4 000 DM	2 000 DM
Geleistete Vorauszahlung:	2 000 DM
Differenz:	0 DM
Nachzuzahlender Betrag:	0 DM

Nicht abwälzbare Nebenkosten

Wie bereits oben gezeigt sind die Nebenkostenposten, die Sie als Mieter zu übernehmen haben bzw. die der Vermieter auf Sie abwälzen darf, nicht eben wenige. Bleibt da überhaupt noch etwas übrig, was der Vermieter selbst tragen muss? Durchaus! Die im Folgenden aufgeführten Nebenkosten müssen Sie nicht zahlen:

Was der Vermieter selbst zahlen muss

- Hausverwaltungskosten
- Kosten für Verwaltungs- und Reparaturtätigkeiten des Hauswarts
- Bankgebühren und Portokosten
- Zinsen für einen Kredit, um Heizöl einzukaufen
- Zinsabschlagsteuer
- Instandhaltungsrücklagen
- Beiträge zum Grundeigentümerverein
- Reparaturkosten
- Kosten für nicht selbst verursachte Abflussverstopfung
- Wartung für Klingelsprechanlage
- Dachrinnenreinigung
- Kosten für Wach- und Schließgesellschaft
- Prämien für
  - Hausratsversicherung
  - Mietausfallversicherung
  - Rechtsschutzversicherung
  - Reparaturkostenversicherung

Praxishilfen

Beispiele aus der Rechtsprechung

„Die Kosten der Fassadenreinigung und der PVC-Beschichtung des Linoleums am Treppenhausfußboden betreffen Instandsetzungsmaßnahmen und sind nicht als Betriebskosten im Mietverhältnis umlagefähig.

... Kosten der Gartenpflege sind umlagefähig nur insoweit, als sie dem Mieter zur Benutzung offene Flächen betreffen." (AG Hamburg, WM 1995, S. 652)

„Kosten des Hausmeisters sind als Betriebskosten nicht umlagefähig, soweit sie für Verwaltungsaufgaben entstehen." (AG Köln, WM 1995, S. 120)

Zeit für die Prüfung *der Abrechnung* „Der Mieter ist nicht verpflichtet, die Nachforderung aus der Betriebskostenabrechnung ohne vorherige Prüfung der Abrechnung durch Mieterverein oder Rechtsanwalt zu bezahlen. Zur Prüfung steht ihm ein Monat Zeit zu." (AG Gelsenkirchen-Buer, WM 1994, S. 549)

Mieterhöhung

Jedes Jahr dasselbe Spiel: Die Vermieter erhöhen die Miete, die Mieter ärgern sich darüber – und zahlen trotzdem. Dabei werden Millionenbeträge an die Vermieter verschenkt, da viele Mieterhöhungen entweder unzulässig, nicht formgerecht oder einfach zu hoch bemessen sind. Die Gründe für derartige Geschenke liegen auf der Hand: Zwar gibt es genaue Vorschriften, die regeln, wann, wie und um wie viel die Miete erhöht werden darf; sie sind dem Mieter jedoch oft unbekannt und dazu noch sehr kompliziert formuliert. Ferner werfen Gerichte und Kommentare zum Mietrecht mit juristischen Fachausdrücken nur so um sich. Welcher Mieter denkt denn schon bei dem Wort „Kappungsgrenze" an Mieterhöhung?

„Geschenke" an den Vermieter

Sie sollten Ihrem Vermieter trotzdem keine unfreiwilligen Geschenke machen. Dabei hilft Ihnen dieses Kapitel. Also: Wenn Ihnen eine Mieterhöhung ins Haus flattert, lesen Sie die folgenden Zeilen genau, überprüfen Sie die neue Mieterhöhung kritisch und zahlen Sie keinen Pfennig mehr als nötig!

Arten der Mieterhöhung

Grob skizziert kann der Vermieter die Miete dann erhöhen, wenn:

- eine Mieterhöhung mit dem Mieter wirksam vereinbart wurde,
- die ortsübliche Vergleichsmiete deutlich unterschritten wird,
- er Modernisierungsmaßnahmen durchgeführt hat,

- die Betriebskosten angestiegen sind,
- die Kapitalkosten sich erhöht haben.

Haben Sie eine wirksame Vereinbarung über die Möglichkeit der Mieterhöhung mit dem Vermieter getroffen, dann geht diese der gesetzlichen Regelung vor. In der Regel fehlt es aber an einer solchen Vereinbarung. In solchen Fällen gilt das *Was das Gesetz regelt* Gesetz. Aber auch hier müssen Sie unterscheiden: Das Gesetz zur Regelung der Miethöhe, das auch manchmal Miethöhegesetz (MHG) genannt wird, gilt in der Regel nur für frei finanzierte Wohnungen. Bei preisgebundenen Wohnungen, also Sozialwohnungen, richtet sich die Erhöhung nach der Kostenmiete. Die meisten Wohnungen sind jedoch frei finanziert. Deshalb wenden wir uns zuerst diesen zu.

Vertragliche Vereinbarung

Haben Sie mit Ihrem Vermieter eine Vereinbarung über Mieterhöhungen getroffen, geht sie in der Regel den gesetzlichen Vorschriften vor. Wurde dabei z. B. im Mietvertrag eine Mieterhöhung ausdrücklich ausgeschlossen, sind Sie fein raus: Der Vermieter hat kein Recht die Miete zu erhöhen. – Sie meinen, einen solchen Ausschluss gibt es im wirklichen Leben doch gar nicht? Immerhin: Ein solcher Ausschluss kann sich auch ohne ausdrückliche Vereinbarung aus den Umständen ergeben. Vor allem, wenn ein Mietverhältnis auf bestimmte Zeit mit festem Mietzins geschlossen wurde. Als befristet gelten auch Verträge, die auf Lebenszeit geschlossen wurden, und solche, die zwar durch den Mieter, nicht jedoch durch den Vermieter *Fester Mietzins vereinbart?* gekündigt werden können. Dabei ist allerdings zu unterscheiden, ob tatsächlich ein fester Mietzins vereinbart wurde. Vor allem in Formularmietverträgen trägt der Vermieter in den formularmäßigen Text der Regelung lediglich den zu zahlenden Mietzins ein. Das führt häufig zu Streitigkeiten darüber, ob damit tatsächlich bereits ein fester Mietzins vereinbart wurde. Leider hat das Oberlandesgericht Stuttgart diese Frage in einem Rechtsentscheid zuungunsten der Mieter entschieden. Danach bedarf es neben der Befristung noch anderer Hinweise darauf, dass ein fester Mietzins von den Parteien tatsächlich gewollt war. Auch weitere Klauseln im Formularmietvertrag können darauf hindeuten, dass ein Ausschluss der Mieterhöhung nicht beabsichtigt war.

Ferner kann auch eine Staffelmiete oder Indexmiete vereinbart werden; dann erhöht sich die Miete nach der entsprechenden Vereinbarung.

Staffelmiete, das bedeutet, dass der Vermieter die Miete nach im Mietvertrag vereinbarten Zeiträumen um einen im Voraus vereinbarten Betrag erhöhen kann.

Beispiel:
Im Mietvertrag darf vereinbart werden, dass die Miete am 1. Januar 1996 z. B. 700 DM beträgt, am 1. Januar 1997 auf 750 DM und am 1. Januar 1998 auf 800 DM erhöht wird.

Allerdings darf eine Staffelmiete nur unter ganz bestimmten Voraussetzungen vereinbart werden.

Voraussetzungen für Staffelmiete

■ Die Vereinbarung muss schriftlich getroffen werden,
■ sie darf höchstens einen Zeitraum von zehn Jahren umfassen,
■ der Mietzins darf jeweils erst nach Ablauf eines Jahres erhöht werden,
■ die jeweilige Miete oder zumindest die jeweilige Erhöhung muss betragsmäßig angegeben sein. Der Vermieter darf also entweder in den Mietvertrag folgendes schreiben: „Die Miete beträgt ab dem 1. Januar 1996 700 DM, ab dem 1. Januar 1997 750 DM und ab dem 1. Januar 1998 800 DM." Oder er formuliert z. B. so: „Die Miete von 500 DM steigt ab dem 1. Januar 1996 um 50 DM, ab dem 1. Januar 1998 um weitere 50 DM an." Nicht ausreichend ist es, wenn der Vermieter lediglich angibt, um wie viel Prozent die Miete ansteigen soll, also z. B.: „Die Miete erhöht sich jeweils zum ersten Ersten eines Jahres um 10 %."

Wurde eine solche Staffelmieterhöhung vereinbart, sind andere Mieterhöhungen ausgeschlossen. Der Vermieter darf also auch nicht mehr verlangen, wenn er Modernisierungs-maßnahmen durchgeführt hat oder wenn die Kapitalkosten gestiegen sind. Mieterhöhungen wegen gestiegener Betriebskosten sind allerdings zulässig.

Indexmiete Seit dem 1. September 1996 dürfen die Mietparteien eine sogenannte **Indexmiete** vereinbaren. Die Vereinbarung kann sowohl beim Abschluss des Mietvertrages als auch für ein bestehendes Mietverhältnis nachträglich getroffen werden. Die Indexmiete stellt eine Mietanpassungsvereinbarung (auch als Mietgleitklausel bezeichnet) dar. Die Entwicklung des Mietzinses soll durch den Preis von anderen Gütern oder Leistungen bestimmt werden. Dabei wird in der Regel die Mietpreisentwicklung an den Lebenshaltungskostenindex gekoppelt. Steigt er, dann darf der Vermieter entsprechend die Miete erhöhen. Der Lebenshaltungskostenindex wird regelmäßig amtlich festgestellt und veröffentlicht. Dabei wird ermittelt, wie hoch die Lebenshaltung für unterschiedliche Haushaltsgrößen ist. Die Indexmiete darf allerdings nur unter bestimmten Voraussetzungen vereinbart werden. So muss die Vereinbarung z. B. schriftlich erfolgen. Außerdem ist sie nur wirksam, wenn eine Genehmigung nach § 3 des Währungsgesetzes oder nach entsprechenden währungsrechtlichen Vorschriften erteilt wird. Darüber, ob diese Genehmigung erteilt wird, entscheidet die Landeszentralbank. Damit die Genehmigung erteilt wird, müssen folgende Voraussetzungen vorliegen:

- Der Mietvertrag muss mindestens eine Laufzeit von zehn Jahren haben oder es muss eine ordentliche Kündigung durch den Vermieter zehn Jahre lang ausgeschlossen sein.
- Die Veränderung der Miethöhe muss an einen in der Vereinbarung genauer bezeichneten Lebenshaltungskostenindex gekoppelt sein.
- Beide Seiten müssen von der Vereinbarung profitieren können, das heißt: Mieterhöhung, falls der Lebenshaltungskostenindex steigt, Herabsetzung der Miete, falls er fällt.

Wenn eine solche Vereinbarung diese Voraussetzungen erfüllt, gilt Folgendes: Während der Geltungsdauer der Mietanpassungsvereinbarung muss der Mietzins jeweils mindestens ein Jahr unverändert bleiben. Ihr Vermieter darf also die Miete frühestens ein Jahr nach der vorangegangenen Mieterhöhung wieder anheben.

Die Mieterhöhung tritt nicht automatisch ein. Der Vermieter muss sie jeweils schriftlich geltend machen. Dabei hat er die Änderung der nach der Mietanpassungsvereinbarung maßgebenden Preise zu nennen, also in der Regel den Lebenshaltungskostenindex. Der Mieter schuldet den höheren Mietzins vom Beginn des auf den Zugang der Erhöhungserklärung folgenden übernächsten Monats.

Beispiel:
Der Mieter bekommt die Erhöhungserklärung am 10. Mai 1997. Er muss dann die höhere Miete ab dem 1. Juli 1997 zahlen.

Während der vereinbarten Laufzeit sind andere Mieterhöhungen nur zum Teil möglich. Mieterhöhungen wegen gestiegener Vergleichsmieten oder Kapitalkosten sowie wegen Modernisierungsmaßnahmen sind ausgeschlossen. In Betracht kommt aber eine Mieterhöhung wegen gestiegener Betriebskosten oder wegen baulicher Änderungen, aber nur, wenn der Vermieter diese nicht zu vertreten hat. Freiwillige bauliche Änderungen des Vermieters sind kein Grund für eine Mieterhöhung.

Andere Mieterhöhungen

Obwohl die Vereinbarung einer Indexmiete bis zu zehn Jahren möglich ist, darf ein ordentliches Kündigungsrecht des Mieters höchstens für vier Jahre ausgeschlossen werden. Der Vermieter bleibt hingegen stets für die gesamten zehn Jahre gebunden.

Frei finanzierter oder preisgebundener Wohnraum?

Zuerst müssen Sie in Erfahrung bringen, ob Sie eine frei finanzierte oder eine preisgebundene Wohnung gemietet haben. In den meisten Fällen dürfte es sich um eine frei finanzierte Wohnung handeln. Preisgebundene Wohnungen sind Wohnungen, für deren Errichtung der Vermieter öffentliche Mittel, insbesondere ein Darlehen, in Anspruch genommen hat. Solche Wohnungen nennt man auch Sozialwohnungen. Eine Mieterhöhung ist dabei an besondere Bestimmungen gekoppelt. Ein Blick in den Mietvertrag dürfte genügen, um diese Frage zu klären.

Mieterhöhung bei frei finanziertem Wohnraum

Sind Sie zu dem Ergebnis gekommen, dass Ihre Wohnung frei finanziert ist, findet auf die Mieterhöhung das „Gesetz zur Regelung der Miethöhe" (MHG) Anwendung. Dieses Gesetz regelt zuerst die Zulässigkeit einer Mieterhöhung bis zur Vergleichsmiete. Ferner regelt es die Möglichkeit der Mieterhöhung wegen Modernisierungsmaßnahmen und Erhöhung der Betriebs- und Kapitalkosten.

Mieterhöhung bis zur ortsüblichen Vergleichsmiete

Wenn die Miete, die Sie zahlen, niedriger ist als diejenige für eine vergleichbare Wohnung, gibt das Gesetz dem Vermieter die Möglichkeit die Miete zu erhöhen. Einseitig darf der Vermieter allerdings die Miete nicht erhöhen. Vielmehr muss er eine solche Erhöhung entweder mit Ihnen vereinbaren oder zumindest Ihre Zustimmung dazu einholen. Verweigern Sie die Zustimmung, dann darf er sie aber bei Gericht einklagen.

Sie müssen zustimmen

Fordert Sie der Vermieter auf ihm die Zustimmung zu erteilen, sollten Sie zuerst prüfen, ob das Mieterhöhungsverlangen den Bestimmungen entspricht. Ist das nämlich nicht der Fall, dann brauchen Sie auf das Verlangen des Vermieters überhaupt nicht einzugehen und auch vor Gericht wird er damit nicht durchkommen.

Form

Die Mieterhöhung muss schriftlich erfolgen; eine mündliche Mieterhöhung ist unwirksam. Schriftlich, das bedeutet: Das Schreiben des Vermieters muss von ihm unterschrieben sein. Nur wenn das Schreiben mit einer EDV-Anlage erstellt wurde, bedarf es keiner handschriftlichen Unterschrift. Allerdings gilt

das nicht für Schreiben, die mit einer Vervielfältigungs-
maschine erstellt wurden.

Wenn das Schreiben von einem Vertreter des Vermieters,
z. B. vom Verwalter, unterschrieben wurde, dann muss eine
unterschriebene Vollmacht des Vermieters beigefügt sein. *Eine Vollmacht ist*
Fehlt diese Vollmacht, können Sie die Mieterhöhung zurück- *notwendig*
weisen. Allerdings sollten Sie das sofort nach Erhalt des
Schreibens tun. Zögern Sie, dann verlieren Sie dieses Recht.

Ist die Mieterhöhung also nicht schriftlich erfolgt oder
haben Sie sie wegen der fehlenden Vollmacht unverzüglich
zurückgewiesen, dann ist sie vorläufig vom Tisch. Der Vermieter muss dann einen neuen Versuch starten. Wurde hingegen die Form gewahrt, müssen Sie weiter prüfen.

Begründung

Die Mieterhöhung muss in dem Schriftsatz begründet werden.
Innerhalb der Begründung muss der Vermieter darlegen, dass
die neu geforderte Miete die ortsübliche Miete für vergleichbare Wohnungen nicht übersteigt. Das kann er entweder
dadurch, dass er drei vergleichbare Wohnungen benennt,
oder indem er auf den Mietspiegel hinweist oder der Mieterhöhung ein entsprechendes Sachverständigengutachten
beifügt. Aber auch dabei kann der Vermieter Fehler machen.

Wenn er Ihnen drei vergleichbare Wohnungen benennt,
muss er die Wohnungen so beschreiben, dass sie für Sie identifizierbar sind. Erforderlich sind also die genaue Adresse, das
Stockwerk und der Quadratmeterpreis. Die Wohnungen müssen dabei der Ihren vergleichbar sein, das heißt, sie müssen in
der gleichen oder zumindest einer vergleichbaren Gemeinde *Vergleichbare*
liegen. Ferner müssen sie auch in Art, Größe, Ausstattung, *Wohnungen*
Beschaffenheit und Lage vergleichbar sein – eine Luxuswoh-
nung darf natürlich nicht mit einer Wohnung ohne Bad oder
Heizung verglichen werden. Was die Größe betrifft, sind
durchaus beträchtliche Abweichungen erlaubt. Allerdings:
Auch hier gibt es Grenzen. So wird ein kleines Ein-Zimmer-
Appartement nicht mit einer 120-Quadratmeter-Wohnung
vergleichbar sein. Leider kann der Vermieter auch Wohnungen aus seinem eigenen Bestand zum Vergleich heranziehen.

Hat der Vermieter die drei Wohnungen für Sie identifizierbar benannt, dann steht es Ihnen natürlich frei, sich bei den dortigen Mietern darüber zu erkundigen, ob die Angaben auch tatsächlich stimmen.

Der Vermieter kann auch mit einem Hinweis auf einen **Mietspiegel** die Miete erhöhen. Ein Mietspiegel ist eine von der Gemeinde unter Mitwirkung von Vermieter- und Mietervereinen erstellte Liste, aus der ersichtlich ist, welche Miete zur Zeit für welche Wohnung gezahlt wird. Die Wohnungen sind dabei nach Art, Baujahr, Beschaffenheit und Lage aufgegliedert. Eine Pflicht dazu, einen Mietspiegel zu erstellen, haben die Gemeinden in der Regel nicht. Liegt ein solcher Mietspiegel für Ihre Gemeinde nicht vor, darf der Vermieter den Mietspiegel einer vergleichbaren Gemeinde heranziehen. Sie können die Angaben nachprüfen, indem Sie selbst den Mietspiegel einsehen. In größeren Städten wird er häufig kostenlos an die Bürger abgegeben, z. B. in Bürgerinformationszentren. Ansonsten können Sie direkt bei der Gemeinde oder beim örtlichen Mieterverein danach fragen. Mietspiegel werden nicht einheitlich erstellt. Jede Gemeinde kann ihre eigenen Vorstellungen in den Mietspiegel einbringen. (Am Ende dieses Kapitels finden Sie Ausschnitte aus dem Münchner Mietspiegel mit Hinweisen, wie er zu lesen ist.)

Schließlich darf der Vermieter die Mieterhöhung auch mit einem Sachverständigengutachten begründen. Dabei müssen jedoch folgende Voraussetzungen erfüllt werden: Es muss sich

um ein Gutachten eines öffentlich bestellten oder vereidigten Sachverständigen handeln. Der Gutachter muss entsprechende Wohnungen, die er vorher auch tatsächlich besichtigt hat, benennen; es genügt nicht, wenn der Gutachter das Gutachten nur auf seine Erfahrung stützt. Das Gutachten muss der Mieterhöhung beigefügt sein. Wenn es fehlt, ist die Kündigung unwirksam.

Die Jahresfrist

Hat der Vermieter bis jetzt keinen Fehler gemacht, dann prüfen Sie weiter: Liegt die letzte Mieterhöhung mindestens ein Jahr zurück? Der Mietzins muss nämlich seit einem Jahr unverändert geblieben sein. Eine Ausnahme gilt für Erhöhungen wegen gestiegener Kapital- und Betriebskosten sowie wegen Modernisierung. Diese Erhöhungen sind bei der Berechnung der Jahresfrist nicht zu berücksichtigen.

Die Dreijahresfrist

Innerhalb der letzten drei Jahre darf die Miete um nicht mehr als 20 bis 30 % gestiegen sein. Eine Ausnahme von diesem Grundsatz gilt auch hier für Erhöhungen wegen Modernisierung oder gestiegener Kapital- und Betriebskosten.

Dabei gilt für Wohnungen, die 1981 oder später fertig gestellt wurden, die Grenze von 30 %. Wurde eine Wohnung vor 1981 fertig gestellt, dann gilt für sie die Grenze von 20 %; allerdings nur dann, wenn das Mieterhöhungsverlangen dem Mieter vor dem 1. September 1998 zugeht und der Mietzins, dessen Erhöhung verlangt wird, ohne Betriebskostenanteil monatlich mehr als 8 DM je Quadratmeter Wohnfläche beträgt. Ist der Mietzins geringer, dann bleibt es bei den 30 %; jedoch darf in diesem Fall der verlangte Mietzins ohne Betriebskostenanteil monatlich 9,60 DM je Quadratmeter Wohnfläche nicht übersteigen.

Grenzen der Mieterhöhung

Bei der Berechnung der Dreijahresfrist kommt es auf den Zeitpunkt an, zu dem die neue Mieterhöhung wirksam werden soll.

Beispiel:

Am 1. Februar 1994 musste der Mieter 500 DM Miete zahlen. 1995 wurde die Miete auf 550 DM und 1996 auf 600 DM erhöht. Möchte der Vermieter zum 1. Januar 1997 die Miete abermals erhöhen, darf er höchstens 650 DM verlangen. Ansonsten würde er die 30%-Grenze innerhalb der Dreijahresfrist überschreiten. Ausgangspunkt ist hier die Miete, die vor drei Jahren zu zahlen war, also 500 DM. 30% davon sind 150 DM. Die Miete darf demnach also auf höchstens 650 DM erhöht werden (500 + 150 DM).

Hat der Vermieter all das beachtet, dann ist sein Mieterhöhungsbegehren in der Regel korrekt.

Wie können Sie reagieren?

Nun, zuerst haben Sie etwas Überlegungszeit, und zwar bis zum Ende des zweiten Kalendermonats, der auf den Monat der Zustellung des Mieterhöhungsverlangens folgt.

Beispiel:

Der Brief des Vermieters wurde Ihnen am 10. April zugestellt. Sie können sich mit der Antwort bis zum 30. Juni Zeit lassen.

Innerhalb dieser Frist können Sie der Mieterhöhung zustimmen. Haben Sie zugestimmt, dann schulden Sie den erhöhten Mietzins vom Beginn des dritten Kalendermonats ab, der auf den Zugang des Erhöhungsverlangens folgt.

Beispiel:

Zustellung des Erhöhungsverlangens am 10. April, Zustimmung bis zum 30. Juni, höherer Mietzins ab dem 1. Juli.

Wenn das Gericht entscheidet

Verweigern Sie die Zustimmung oder äußern Sie sich überhaupt nicht, dann darf der Vermieter nicht einfach die Miete von selbst erhöhen. Er hat aber das Recht, innerhalb von zwei Monaten nach Ablauf der Überlegungsfrist auf Erteilung der Zustimmung zu klagen. Dann muss das Gericht darüber entscheiden, ob das Mieterhöhungsverlangen berechtigt ist oder nicht. Dabei wird geprüft, ob das Erhöhungsverlangen wirksam war und ob die verlangte Miete tatsächlich ortsüblich ist. War das Erhöhungsverlangen nicht wirksam, kann der Vermieter es im Rechtsstreit nachholen. Ist es dann wirksam, können Sie immer noch nachträglich zustimmen. Gewinnen Sie den Rechtsstreit, dann ist die Erhöhung vom Tisch. Sollten Sie jedoch verlieren, schulden Sie die erhöhte Miete so, als ob Sie von Anfang an zugestimmt hätten.

Beispiel:

Zustellung des Erhöhungsverlangens am 10. April, keine Zustimmung bis zum 30. Juni, der Vermieter kann bis zum 31. August Klage erheben. Gewinnt er den Prozess, dann schulden Sie ihm ab dem 1. Juli die höhere Miete. Das heißt, Sie müs-

sen auch für die bereits vergangenen Monate den höheren Betrag nachbezahlen.

Haben Sie eine andere Wohnung in Aussicht und keine Lust, mehr zu zahlen? Dann können Sie auch kündigen. Ein solches Sonderkündigungsrecht steht Ihnen zu.

Gesetzliche Regelung

Die Bestimmungen darüber, unter welchen Voraussetzungen die Miete erhöht werden darf, findet man im Gesetz zur Regelung der Miethöhe. Dieses Gesetz gilt grundsätzlich für alle Mietverhältnisse über Wohnraum. Ausgenommen sind Mischmietverhältnisse, sofern die gewerbliche Nutzung im Vordergrund steht. Außerdem sind diese Bestimmungen nicht anwendbar für Mietverhältnisse:

Wenn das Gesetz nicht gilt

- über preisgebundenen Wohnraum, also insbesondere Sozialwohnungen, sofern die Preisbindung noch nicht entfallen ist (für Mieterhöhungen bei Sozialwohnungen gilt die sogenannte Kostenmiete; Näheres dazu finden Sie im Kapitel „Besondere Mietverhältnisse"),
- über Wohnraum, der nur zum vorübergehenden Gebrauch vermietet ist, also insbesondere Ferienwohnungen,
- über möblierten Wohnraum, der Teil der vom Vermieter selbst bewohnten Wohnung ist, sofern der Wohnraum nicht zum dauernden Gebrauch an eine Familie überlassen ist,
- über Wohnraum, der Teil eines Studenten- oder Jugendwohnheims ist.

Meistens kann der Vermieter durch die Neuvermietung einer Wohnung einen höheren Mietzins erzielen als durch eine Mieterhöhung. Deshalb versucht so mancher Vermieter das alte Mietverhältnis zu kündigen. Hier macht ihm aber das Gesetz einen Strich durch die Rechnung: Die Kündigung eines Mietverhältnisses über Wohnraum zum Zwecke der Mieterhöhung ist nämlich ausgeschlossen (§ 1 MHG). Eine solche Kündigung wäre nichtig. Droht der Vermieter also mit einer

Kündigung für den Fall, dass Sie einer Mieterhöhung nicht zustimmen wollen, dann lassen Sie sich nicht einschüchtern!

Der Vermieter darf allerdings die Erhöhung des Mietzinses unter bestimmten Voraussetzungen verlangen, und zwar:

- wenn der Mietzins seit einem Jahr unverändert geblieben ist (Ausnahme: Erhöhungen wegen gestiegener Kapital- und Betriebskosten oder wegen Modernisierung),
- wenn der verlangte Mietzins die üblichen Entgelte nicht übersteigt, die in der Gemeinde oder in vergleichbaren Gemeinden für nicht preisgebundenen Wohnraum vergleichbarer Art, Größe, Ausstattung, Beschaffenheit und Lage in den letzten vier Jahren vereinbart oder (von Erhöhungen der Betriebskosten abgesehen) geändert worden sind, und
- wenn der Mietzins sich innerhalb eines Zeitraums von drei Jahren (von Erhöhungen nach den §§ 3 bis 5 abgesehen) nicht um mehr als 30 % erhöht. Bei Wohnraum, der vor dem 1. Januar 1981 fertig gestellt worden ist, darf eine Erhöhung nur 20 % betragen, wenn das Mieterhöhungsverlangen dem Mieter vor dem 1. September 1998 zugeht und der Mietzins, dessen Erhöhung verlangt wird, ohne Betriebskostenanteil monatlich mehr als 8 DM je Quadratmeter Wohnfläche beträgt. Ist der Mietzins geringer, so bleibt es bei den 30 %; jedoch darf in diesem Fall der verlangte Mietzins ohne Betriebskostenanteil monatlich 9,60 DM je Quadratmeter Wohnfläche nicht übersteigen.

Die Kappungsgrenze

Diese sogenannte **Kappungsgrenze** gilt dann nicht, wenn bei einer Sozialwohnung die Preisbindung entfällt und der Mieter eine Fehlbelegungsabgabe zu leisten hatte. Die Erhöhung darf dann allerdings die Summe der ursprünglichen Miete samt der Fehlbelegungsabgabe nicht übersteigen.

Beispiel:

Anton Huber hat 1985 eine Sozialwohnung gemietet. Nachdem sich seine Einkommensverhältnisse durch beruflichen Aufstieg wesentlich gebessert hatten, musste er ab 1995 eine Fehlbelegungsabgabe an die Kommune zahlen. Die Miete betrug

1996 500 DM, die Abgabe bereits 170 DM. Ende 1996 fiel die öffentliche Bindung der Wohnung weg. Der Vermieter erhöhte daraufhin die Miete kräftig um 170 DM. Das ist zulässig. Die Kappungsgrenze von 30% würde hier nur eine Mieterhöhung von höchstens 150 DM erlauben. Da aber eine Fehlbelegungsabgabe zu leisten war, konnte die Erhöhung bis zu deren Höhe gehen.

Mieterhöhung wegen Modernisierung

Teilt Ihnen der Vermieter mit, dass er bestimmte Modernisierungsmaßnahmen an Ihrer Wohnung vornehmen möchte, dann bedeutet das für Sie in der Regel: Eine Mieterhöhung steht bevor. Vor allem ältere Wohnungen sind nicht mit dem heutzutage üblichen Komfort ausgestattet. Oft fehlen sogar ein Bad oder eine Toilette. Auch lässt die Wärmedämmung häufig zu wünschen übrig. Andererseits haben solche Wohnungen einen entscheidenden Vorteil: Sie sind billig.

Ältere Wohnungen

Hat der Vermieter bauliche Maßnahmen durchgeführt, die den Gebrauchswert der Mietsache nachhaltig erhöhen, die allgemeinen Wohnverhältnisse auf die Dauer verbessern oder nachhaltig Einsparungen von Heizenergie oder Wasser bewirken, so kann er die Miete erhöhen (§ 3 MHG). Bei dieser Mieterhöhung wegen Modernisierungsmaßnahmen ist der Vermieter weder an die örtliche Vergleichsmiete noch an die Jahres- oder Dreijahresfrist gebunden.

Mieterhöhung wegen gestiegener Kapitalkosten

Der Vermieter ist berechtigt Erhöhungen der Kapitalkosten, die infolge einer Erhöhung des Zinssatzes aus einem dinglich gesicherten Darlehen fällig werden, anteilig auf den Mieter umzulegen (§ 5 MHG). Im Klartext: Wenn der Vermieter für sein Immobiliendarlehen höhere Zinsen zahlen muss, kann er sich das Geld bei Ihnen holen. Das allerdings nur dann, wenn sich der Zinssatz seit der Begründung des Mietverhältnisses erhöht hat und zwar aus Gründen, die der Vermieter nicht zu vertreten hat.

Die Zinsen des Vermieters

Dabei muss das Erhöhungsverlangen schriftlich erfolgen. Das Schreiben muss auch begründet werden.

Falls die Umlage wirksam ist, werden Sie zahlen müssen, und zwar ab dem Ersten des auf die Erklärung folgenden Monats, wenn Ihnen die Erklärung bis zum Fünfzehnten eines Monats zugegangen ist. Haben Sie das Erhöhungsverlangen erst nach dem Fünfzehnten eines Monats bekommen, dann schulden Sie die Umlage erst ab dem Ersten des übernächsten Monats.

Beispiel:
Das Erhöhungsverlangen des Vermieters bekommen Sie am 9. März 1997. Dann müssen Sie am 1. April 1997 die Erhöhung zahlen. Geht Ihnen das Verlangen des Vermieters erst am 16. März 1997 zu, so brauchen Sie erst ab dem 1. Mai 1997 die höhere Miete zu zahlen.

Es gibt aber auch positive Nachrichten. Das Recht des Vermieters die Miete wegen gestiegener Kapitalkosten zu erhöhen entfällt, wenn er die Höhe der dinglich gesicherten Darlehen auf Ihre Anfrage hin nicht offen gelegt hat. Sinken die Zinsen für das Darlehen des Vermieters, so muss er die bereits erhöhte Miete herabsetzen, höchstens jedoch um den Betrag der vorangegangenen Erhöhungen. Hat der Vermieter das Darlehen getilgt, ist ebenfalls der Mietzins um den Erhöhungsbetrag herabzusetzen. Der Vermieter muss Ihnen diese Herabsetzung unverzüglich mitteilen.

Sonderkündigungs-recht

Haben Sie keine Lust die höhere Miete zu zahlen, bleibt Ihnen letztlich noch die Möglichkeit das Mietverhältnis zu kündigen. Das Gesetz räumt Ihnen ein **Sonderkündigungsrecht** ein (§ 9 MHG). Dazu muss Ihre Kündigung dem Vermieter aber spätestens am dritten Werktag des Monats, von dem an der Mietzins erhöht werden soll, zugehen. Die Kündigung gilt dabei für den Ablauf des übernächsten Monats. Haben Sie gekündigt, dann brauchen Sie bis zum Auszug nur die alte Miete zu zahlen – die Mieterhöhung tritt dann nämlich nicht mehr ein.

Was passiert aber, wenn der Vermieter die Wohnung verkauft und der Erwerber in das Mietverhältnis eintritt? Müssen Sie dann auch die unter Umständen höheren Kapitalkosten des neuen Vermieters tragen? Die Antwort gibt das Gesetz.

Danach dürfen Sie nicht höher belastet werden, als dies vor dem Verkauf der Wohnung möglich gewesen wäre. Also: Mieterhöhung wegen gestiegener Kapitalkosten durch den neuen Vermieter: ja; höher als beim alten Vermieter: nein.

Mieterhöhung wegen gestiegener Betriebskosten

Der Vermieter ist berechtigt Erhöhungen der Betriebskosten anteilig auf den Mieter umzulegen (§ 4 MHG) – natürlich nur dann, wenn im Mietvertrag vereinbart wurde, dass der Mieter die Betriebskosten tragen muss. Der Vermieter darf dabei nur die Betriebskosten auf den Mieter abwälzen, die in § 27 der Zweiten Berechnungsverordnung abschließend aufgezählt sind. (Näheres vor allem dazu, welche Betriebskosten der Vermieter auf den Mieter abwälzen darf, finden Sie im Kapitel „Nebenkosten".) Eine solche Erhöhung muss schriftlich erfolgen. Diese Erklärung muss auch den Grund für die Umlage bezeichnen und erläutern. Fehlt es daran, dann ist die Erhöhung unwirksam.

Was steht im Vertrag?

Falls die Umlage wirksam ist, werden Sie zahlen müssen, und zwar ab dem Ersten des auf die Erklärung folgenden Monats, wenn Ihnen die Erklärung bis zum Fünfzehnten eines Monats zugegangen ist. Sollte Ihnen das Erhöhungsverlangen erst nach dem Fünfzehnten eines Monats zugegangen sein, dann schulden Sie die Umlage erst ab dem Ersten des übernächsten Monats.

Haben sich die Betriebskosten rückwirkend erhöht, wirkt die Erklärung des Vermieters sogar auf den Zeitpunkt der Erhöhung der Betriebskosten zurück. Nicht jedoch uneingeschränkt! Eine Rückwirkung kommt nur dann in Betracht, wenn sich die Betriebskosten für den Vermieter selbst rückwirkend erhöht haben. Dabei muss der Vermieter innerhalb von drei Monaten nach Kenntnis der Erhöhung die entsprechende Erklärung abgeben. Wichtig: Diese Erklärung wirkt zwar auf den Zeitpunkt der Erhöhung, höchstens aber auf den Beginn des Kalenderjahres zurück, das der Erhöhung vorausgeht (§ 4 Abs. 3 MHG).

Der Vermieter darf außerdem durch schriftliche Erklärung bestimmen, dass die Kosten der Wasserversorgung und der

Entwässerung ganz oder teilweise nach dem erfassten unterschiedlichen Wasserverbrauch der Mieter und die der Müllabfuhr nach einem Maßstab umgelegt werden dürfen, der der unterschiedlichen Müllverursachung Rechnung trägt. Stattdessen kann der Vermieter auch bestimmen, dass diese Kosten unmittelbar zwischen den Mietern und denjenigen abgerechnet werden, die die entsprechenden Leistungen erbringen.

Eine solche Erklärung kann aber nur für künftige Abrechnungszeiträume abgegeben werden.

Waren diese Kosten ursprünglich im Mietzins enthalten, muss er entsprechend herabgesetzt werden.

Mieterhöhung bei preisgebundenem Wohnraum

Sozialwohnungen Preisgebundene Wohnungen, in der Regel Sozialwohnungen, sind Wohnungen, für deren Errichtung der Vermieter öffentliche Mittel, insbesondere Darlehen, in Anspruch genommen hat. Für diese gilt das Miethöhegesetz in der Regel nicht. Die zu zahlende Miete wird auch **Kostenmiete** genannt. Die Erhöhung dieser Kostenmiete unterliegt ganz eigenen Vorschriften.

Etwas anderes gilt nur, wenn die öffentliche Bindung erloschen ist. Das ist in der Regel dann der Fall, wenn der Vermieter das ihm aus öffentlichen Mitteln gewährte Darlehen bereits zurückgezahlt hat.

Erhöhung der Kostenmiete

Ganz sicher vor Mieterhöhungen sind Sie auch in einer Sozialwohnung nicht. Aber wenigstens muss sich der Vermieter an strengere Vorschriften halten als ein Vermieter von frei finanzierten Wohnungen (§ 10 WoBindG). Als Faustregel gilt: Nur wenn sich die laufenden Aufwendungen des Vermieters ohne sein Verschulden erhöht haben, darf auch die Miete angehoben werden.

Aber nicht immer. Beinhaltet Ihr Mietvertrag eine Vereinbarung, wonach die Mieterhöhung für einen gewissen Zeitraum ausgeschlossen sein soll, oder besteht eine entsprechende Auflage seitens eines Dritten, dann wird es eine Zeit lang mit einer Erhöhung nichts.

Die Mieterhöhung muss schriftlich erfolgen. Das heißt: Der Vermieter muss das Schriftstück eigenhändig unterschreiben. Er darf sich jedoch unter bestimmten Bedingungen dabei vertreten lassen. Wurde das Schriftstück mit der elektronischen Datenverarbeitung erstellt, so darf ausnahmsweise die eigenhändige Unterschrift fehlen.

Die Mieterhöhung ist nur dann wirksam, wenn sie im Mieterhöhungsschreiben ausführlich berechnet und erläutert wurde. Ferner muss dem Schreiben eine Wirtschaftlichkeitsberechnung oder zumindest ein Auszug daraus beigefügt sein. Aus dieser Berechnung muss sich die Höhe der laufenden Aufwendungen des Vermieters ergeben.

Hat der Vermieter berechtigterweise die Kostenmiete erhöht, werden Sie relativ schnell zur Kasse gebeten. Wenn Ihnen das Mieterhöhungsschreiben nämlich in der ersten Hälfte eines Monats zugeht, müssen Sie bereits ab dem Ersten des nächsten Monats die höhere Miete zahlen. Bekommen Sie es hingegen erst nach dem Fünfzehnten eines Monats, darf der Vermieter die erhöhte Miete erst ab dem Ersten des übernächsten Monats verlangen.

Übrigens: Wenn Sie partout nicht bereit sind die wirksam und berechtigt erhöhte Kostenmiete zu zahlen, können Sie den Mietvertrag kündigen. Das Gesetz räumt Ihnen hier ein Sonderkündigungsrecht ein (§ 11 WoBindG). Dabei ist jedoch Eile geboten: Sie müssen das Mietverhältnis spätestens am dritten Werktag des Kalendermonats, von dem an die Miete erhöht werden soll, für den Ablauf des nächsten Kalendermonats kündigen. An andere Kündigungsfristen sind Sie in diesem Fall nicht gebunden. Kündigen Sie, dann tritt die Mieterhöhung nicht mehr ein, das heißt, Sie müssen für die verbliebene Mietzeit dieselbe Miete zahlen wie vor der Erhöhung.

Sie können auch kündigen

Sehr geehrte Frau Schröder,

seit über einem halben Jahr wurde Ihre Miete nicht mehr erhöht.

1 000 DM für eine Zwei-Zimmer-Wohnung in bester Lage von Sindelfingen erscheint mir reichlich wenig. Deshalb erhöhe ich hiermit Ihre Miete um 40 %.

Die höhere Miete werde ich bereits ab dem 3. des folgenden Monats von Ihrem Konto einziehen.

Gruß

So könnte eine in fast allen Punkten unzulässige Mieterhöhung aussehen. Formelle Fehler:

Die Fehler
- Die Kündigung wurde nicht unterschrieben; damit fehlt es an der erforderlichen Schriftform.
- Der Vermieter verlangt nicht die Zustimmung zur Mieterhöhung, sondern erhöht die Miete einseitig. Auch das ist unzulässig.
- Der Vermieter liefert keine Begründung für die Erhöhung.
- Die Miete soll innerhalb eines Jahres zum zweiten Mal erhöht werden.
- Die Kappungsgrenze von 20 bis 30 % wird nicht eingehalten.
- Und zu guter Letzt verlangt der Vermieter die höhere Miete bereits ab dem auf den Zugang des Schreibens folgenden Monat. Die gesetzlich vorgeschriebene Frist von zwei Monaten wird also nicht eingehalten.

Alles in allem ist das eine unwirksame Kündigung wie aus dem Lehrbuch.

Praxishilfen

Beispiele aus der Rechtsprechung

„In einem Schiedsgutachten über die Vergleichsmiete zu einem Mischmietobjekt können die verwerteten Vergleichsobjekte hinreichend genau angegeben sein, wenn sie nach Anschrift – jeweilige Straßenbezeichnung –, individuellen Beschaffenheitsmerkmalen und Mietpreisen ohne weitere Individualisierung offen gelegt sind." (BGH, WM 1995, S. 650)

„Der Vermieter kann von dem Mieter die Zustimmungserklärung zum Mieterhöhungsverlangen grundsätzlich auch dann verlangen, wenn der Mieter dem Mieterhöhungsbegehren mit Änderung des Dauerauftrags und Zahlung der erhöhten Miete Folge leistet." (LG Trier, WM 1994, S. 217)

„Es kann gegen Art. 2 Abs. 1 GG in Verbindung mit dem Rechtsstaatsprinzip verstoßen, wenn ein Gutachten über die ortsübliche Vergleichsmiete zur Grundlage eines Urteils gemacht wird, obwohl weder das Gericht noch die Prozessparteien die Möglichkeit hatten, die vom Sachverständigen zugrunde gelegten Befunde zu überprüfen." (BVerfG, WM 1994, S. 661)

„Die Möglichkeit der Mieterhöhung nach § 5 MHG *[Erhöhung wegen gestiegener Kapitalkosten]* findet dort ihre Grenze, wo gegen § 302 Abs. 1 Nr. 1 StGB *[Wucher]* verstoßen wird." (OLG Karlsruhe, WM 1994, S. 318).

Checkliste: Fehler des Vermieters bei der Mieterhöhung bis zur ortsüblichen Vergleichsmiete

Fehler	Wirkung	mögliche Reaktion
Fehlende Schriftform	unwirksam	Schweigen
Vollmacht des Vertreters fehlt	schwebend unwirksam	unverzüglich zurückweisen
Begründung fehlt	unwirksam	Schweigen
Jahresfrist nicht beachtet	unwirksam	Schweigen
Kappungsgrenze nicht beachtet	unwirksam	Schweigen

Tabelle 1: Durchschnittliche Nebenkosten in DM/qm und Monat*

Nebenkosten	DM/qm/Monat
Wasser/Abwasser	0,56 DM
Straßenreinigung	0,09 DM
Müllabfuhr	0,61 DM
Grundsteuer	0,29 DM
Sach- und Haftpflichtversicherung	0,17 DM
Kaminkehrer (wenn nicht bei Heizkosten)	0,06 DM
Hausbeleuchtung	0,11 DM
Aufzug	0,19 DM

Tabelle 2: Basismiete einer statistisch durchschnittlichen Wohnung in Abhängigkeit von der Wohnfläche

Wohnfläche/qm	Basismiete/qm	Wohnfläche/qm	Basismiete/qm
22	22,36	28	18,49
23	21,56	29	18,02
24	20,83	30	17,59
25	20,17	31	17,18
26	19,56	32	16,81
27	19,01	33	16,46
92	11,27	98	11,14
93	11,24	99	11,12
94	11,22	**100**	**11,10**
95	11,20	101	11,09
96	11,18	102	11,07
97	11,16	103	11,05

* Auszüge aus dem Münchner Mietspiegel und eine beispielhafte Berechnung der ortsüblichen Vergleichsmiete.

Tabelle 3: Vom Baujahr abhängige Zu- und Abschläge in Prozent der Basismiete je nach Zimmerzahl der Wohnung und für großen Balkon, große Terrasse o. Ä.

Baujahr	1 Zimmer	2 Zimmer	3 Zimmer	4 Zimmer	großer Balkon, große Terrasse o. Ä.
bis 1918	+ 1,54 %	− 0,45 %	− 0,45 %	− 8,14 %	+ 2,0 %
1919–1948	+ 2,04 %	+ 1,55 %	+ 1,55 %	− 3,14 %	+ 2,5 %
1949–1965	+ 0,19 %	− 2,14 %	+ 0,20 %	+ 1,20 %	+ 3,0 %
1966–1977	+ 6,04 %	+ 5,53 %	+ 5,37 %	+ 2,86 %	+ 4,5 %
1978–1983	+ 5,35 %	+ 18,20 %	+ 14,35 %	+ 4,00 %	+ 8,0 %
1984–1986	+ 9,35 %	+ 26,20 %	+ 22,35 %	+ 8,00 %	+ 10,0 %
1987–1988	+ 11,35 %	+ 32,20 %	+ 28,35 %	+ 10,00 %	+ 11,0 %
1989–1990	+ 11,35 %	+36,20 %	+ 32,35 %	+ 12,00 %	+ 12,0 %
1991–1992	+ 13,35 %	+ 39,20 %	+ 35,35 %	+ 12,00 %	+ 13,0 %

Tabelle 4: Zu- und Abschläge in Prozent der Basismiete je Wohnbezirk und besonderer Lage

Wohnbezirke		Besondere Lage	
einfach	− 10 %	schlechte Lage	− 16 %
gehoben	**+ 5 %**	**Spitzenlage**	**+ 15 %**

Tabelle 5: Zu- und Abschläge in Prozent der Basismiete nach Haus- und Wohnungstyp

über 7 Stockwerke (Erdgeschoss und 6 Obergeschosse)	− 8 %
einfaches Haus (ab 1949)	− 8,5 %
einfacher Altbau (vor 1949 gebaut)	− 9 %
vor 1949 gebautes Hinterhaus	− 13 %
einfache Fenster	**− 6 %**
gehobene Gestaltung des Hauses	+ 10 %
1-Zimmer- bis 3-Zimmer-Wohnungen mit gehobenem Grundriss	+ 10 %
grundlegende Renovierung der Wohnung nach 1977	+ 10 %

Tabelle 6: Zu- und Abschläge in Prozent der Basismiete nach Wohnungsausstattung

keine Zentralheizung	**– 15 %**
keine zentrale Warmwasserversorgung	– 11,5 %
keine Badezimmer	– 5,5 %
besondere Zusatzausstattung oder Zusatzeinrichtung	+ 6 %
gehobene Ausstattung der Küche	**+ 15 %**
gehobene Ausstattung des Bades	+ 7 %
besondere Zusatzausstattung des Bades	+ 8 %
zusätzliche Sanitärräume	+ 4 %

Beispielhafte Berechnung der ortsüblichen Vergleichsmiete

Berechnung der ortsüblichen Vergleichsmiete für eine 4-Zimmer-Wohnung mit 100 qm Wohnfläche, Baujahr 1965, gehobener Wohnbezirk, Spitzenlage, einfache Fenster, keine Zentralheizung, gehobene Ausstattung der Küche (siehe Hervorhebungen in den Tabellen).

Tabelle 3: Abschlag fürs Baualter (1965, 4 Zimmer)	→	+ 1,20 %
Tabelle 4: Wohnbezirk gehoben	→	+ 5 %
Spitzenlage	→	+ 15 %
Tabelle 5: einfache Fenster	→	– 6 %
Tabelle 6: keine Zentralheizung	→	– 15 %
gehobene Ausstattung der Küche	→	+ 15 %
Summe:		+ 15,2 %
Tabelle 2: Basismiete für 100 qm	→	11,10 DM pro qm

Summe der einzelnen Zu- und Abschläge: 15,2 %. 15,2 % von 11,10 DM/qm sind aufgerundet: 1,69 DM. Damit beläuft sich der Quadratmeterpreis für die ortsübliche Vergleichsmiete auf 12,79 DM (11,10 + 1,69 DM). Bei 100 qm sind das also 1 279,00 DM (100 x 12,79 DM). Zu dieser Nettomiete müssen Sie dann noch die nicht umgelegten Nebenkosten aus Tabelle 1 hinzurechnen.

Dieses Beispiel soll Ihnen lediglich den Umgang mit Mietspiegeln generell näher bringen. Bei der eigenen Berechnung müssen Sie natürlich den für Ihre Gemeinde gültigen Mietspiegel heranziehen.

Wohnungsmängel – und wie Sie dagegen vorgehen können

Selbst in der gepflegtesten Wohnanlage kann schon mal ein Fenster schlecht schließen oder sogar die Heizanlage streiken. Kein Mieter ist vor einer Straßenbaustelle direkt vor seinen Fenstern gefeit. Auch die Nachbarn kann man nicht immer hundertprozentig einschätzen. Der nette junge Mann von nebenan hat vielleicht eine leistungsfähige Stereoanlage, die er auch innerhalb der Ruhezeiten in voller Lautstärke einsetzt. Was können Sie in solchen Fällen tun?

In der Regel haben Sie gegen den Vermieter einen Anspruch *Ihr Anspruch* auf Beseitigung dieser Mängel. Ist der Vermieter dazu nicht bereit oder (wie z. B. bei einer Straßenbaustelle) gar nicht in der Lage, dann können Sie unter bestimmten Voraussetzungen Druck auf ihn ausüben oder zumindest Kapital aus dieser Situation schlagen.

Rechte des Mieters

Ist die Wohnung mit Mängeln behaftet, dann stehen dem Mieter mehrere Möglichkeiten offen. Er kann:

- die Miete kürzen (Mietminderung),
- einen Teil der Miete zurückbehalten,
- den Mangel selbst beseitigen oder beseitigen lassen und vom Vermieter diese Aufwendungen zurückverlangen,
- Schadensersatz vom Vermieter fordern,
- auf Beseitigung der Mängel vor Gericht klagen.

Unwirksame Klauseln

Vertraglich kann man vieles regeln, zum Glück aber nicht alles. Bei einem Mietvertrag über Wohnraum darf das Recht zur Minderung nicht ausgeschlossen werden. Der Anspruch auf Schadensersatz kann zwar vertraglich ausgeschlossen werden, allerdings nicht für Vorsatz oder grobe Fahrlässigkeit. Eine Klausel, die diese Einschränkung nicht macht, ist sogar insgesamt unwirksam.

Arten von Mängeln

Der Vermieter ist dazu verpflichtet, dem Mieter die vermietete Wohnung in einem zu dem vertragsmäßigen Gebrauch geeigneten Zustand zu überlassen. Ferner hat er dafür zu sorgen, dass die Wohnung während der Mietzeit auch in diesem Zustand bleibt. Entspricht die Wohnung diesem Zustand nicht, so liegt ein Mangel vor. Wurde eine Mietwohnung vermietet, dann gehört es zu dem vertragsgemäßen Gebrauch, dass der Mieter darin auch tatsächlich wohnen kann. Natürlich ist es auch möglich in einem heruntergekommenen Haus ohne Wasser und Heizung, dafür mit Ungeziefer und ständigem Baustellenlärm zu überleben – das ist aber kein zum vertragsgemäßen Gebrauch geeigneter Zustand. Die Wohnung muss zu Wohnzwecken tauglich sein. Ist die Wohnung an eine Zentralheizung angeschlossen, so gehört zur Tauglichkeit natürlich auch, dass sie im erforderlichen Ausmaß Wärme abgibt.

Es gibt **Sach-** und **Rechtsmängel.** Ein Sachmangel kann z. B. darin bestehen, dass in der Wohnung die Heizung ausfällt, Feuchtigkeit auftritt oder Lärm- und Geruchsbelästigungen das Wohnen erschweren. Ein Rechtsmangel liegt vor, wenn das Recht eines Dritten dem Mieter den Gebrauch der Wohnung erschwert oder gar unmöglich macht. Einen Rechtsmangel haben wir z. B. dann, wenn der Vermieter eine Wohnung gleich an zwei Interessenten vermietet hat. Ist der andere bereits eingezogen, dann haben Sie zwar einen Mietvertrag, müssen aber dennoch draußen bleiben. Der andere Interessent wird natürlich auch durch Mietrechtsvorschriften geschützt. Wenn ein Sach- oder Rechtsmangel auftritt, ist der Vermieter verpflichtet ihn zu beseitigen.

Wann wurde der Mangel entdeckt?

Wichtig ist es zu unterscheiden, ob ein Mangel bereits bei Abschluss des Mietvertrages vorlag oder erst später entstanden ist. Lagen die Mängel bereits bei Abschluss vor, kommt es entscheidend darauf an, ob der Mieter sie damals gekannt hat. Wenn der Mieter die Mängel kennt und dennoch unterschreibt, geht man davon aus, dass es sich um einen vertragsgemäßen Zustand der Wohnung handelt. In der Regel schlägt sich das ja auch in der Höhe des Mietzinses nieder. Wer eine Wohnung mitten im Vergnügungsviertel mietet, zahlt meistens weniger Miete, muss dafür aber mit der entsprechenden Geräuschkulisse rechnen. Der Vermieter haftet dann nicht. Auch wenn dem Mieter die Mängel durch grobe Fahrlässigkeit unbekannt geblieben sind, entfällt in der Regel eine Haftung des Vermieters.

Wann der Vermieter nicht haftet

Beispiel:
Schließt der Mieter einen Mietvertrag über eine Wohnung, die über einer Gaststätte liegt, dann stellt das Geräusch, das beim normalen Betrieb der Gaststätte entsteht, keinen Mangel dar. Etwas anderes gilt aber, wenn sich das angebliche Büro im Untergeschoss später als Bordell entpuppt.

Ist der Mangel erst später entstanden, haftet der Vermieter für die Beseitigung, z. B. wenn nach einiger Zeit die ursprünglich intakten Fenster undicht werden.

Mängelanzeige

Mängel sofort melden
Besonders wichtig ist die Mängelanzeige. Der Mieter ist sogar dazu verpflichtet dem Vermieter einen Mangel sofort anzuzeigen. Unterlässt er die Anzeige, haftet er unter Umständen für den daraus entstandenen weiteren Schaden. Das gilt allerdings dann nicht, wenn der Vermieter den Mangel bereits vorher kannte.

Die Anzeige sollte stets schriftlich erfolgen. Ein paar Mark für ein Einschreiben mit Rückschein, dazu eine Kopie des Schreibens, und Sie halten den Beweis für Ihre rechtzeitige Anzeige in den Händen. (Am Ende dieses Kapitels finden Sie einige Muster-Mängelanzeigen.)

Mietminderung

Schimmelbefall an den Wänden, Heizungsausfall im Winter, kein Wasser im Bad, dafür reichlich im Schlafzimmer – und Ihr Vermieter schläft? Wecken Sie ihn auf: Mindern Sie die Miete!

Die Mietminderung ist der beste Weg den Vermieter zum Handeln zu bringen. Aber auch bei der Mietminderung können Sie in einige Fallen des Mietrechts tappen.

Das Recht des Mieters die Miete zu mindern ist gesetzlich in § 537 BGB geregelt. Dort heißt es:

So steht es im Gesetz
„Ist die vermietete Sache zur Zeit der Überlassung an den Mieter mit einem Fehler behaftet, der ihre Tauglichkeit zu dem vertragsmäßigen Gebrauch aufhebt oder mindert, oder entsteht im Laufe der Miete ein solcher Fehler, so ist der Mieter für die Zeit, während der die Tauglichkeit aufgehoben ist, von der Entrichtung des Mietzinses befreit, für die Zeit, während der die Tauglichkeit gemindert ist, nur zur Entrichtung eines Teils des Mietzinses verpflichtet."

Im Klartext: Ist Ihre Wohnung nicht mehr bewohnbar, müssen Sie keine Miete zahlen. Ist sie nur zum Teil nutzbar, müssen Sie auch nur einen Teil der Miete bezahlen. Soweit scheint das alles ganz einfach. Doch der Teufel sitzt – wie so oft – im Detail.

Welche Mängel berechtigen zur Minderung?

Ist die Heizung im Winter defekt, regnet es in die Wohnung hinein, stürzt die Hausdecke ein, dann ist klar: Hier liegt ein minderungsfähiger Mangel vor. Wie sieht es aber aus, wenn der Wasserhahn tropft, die Fenster nicht richtig schließen oder eine nahe gelegene Gaststätte Ihnen den Schlaf raubt?

Hier kommt es auf den Einzelfall an. Zunächst stellt sich die Frage, ob der „vertragsmäßige Gebrauch" der Wohnung beeinträchtigt ist oder eine „zugesicherte Eigenschaft" fehlt.

Der Einzelfall ist entscheidend

Beispiel:
Xaver Hell kann seit einiger Zeit nachts nicht mehr richtig schlafen, weil in unmittelbarer Nähe des Hauses eine Diskothek eröffnet hat, vor der sich bis zwei Uhr morgens allnächtlich eine Clique von motorisierten Jugendlichen lautstark herumtreibt. – Seine Wohnung ist damit in ihrem vertragsmäßigen Gebrauch beeinträchtigt, da es nun einmal bei einem privaten Haushalt zum üblichen, also vertragsmäßigen Gebrauch gehört, dass man darin schläft.

Beispiel:
Gisela Freud hat eine Wohnung gemietet, die im Maklerprospekt unter anderem mit den Worten „unverbaubarer Blick ins Grüne" beschrieben war. Der Maklerprospekt wurde zum Vertragsbestandteil des Mietvertrages erklärt. Und so freute sich Gisela an der schönen Aussicht – bis das angrenzende Naturschutzgebiet zum Bauland erklärt wurde. – Hier liegt zwar nicht notwendig eine Beeinträchtigung des „vertragsmäßigen Gebrauchs" der Wohnung vor, es fehlt jedoch eine zugesicherte Eigenschaft: der „unverbaubare Blick ins Grüne" ist abhanden gekommen. Dafür muss der Vermieter einstehen und gegebenenfalls eine Mietminderung hinnehmen.

Die Wohnung muss also für die Zwecke verwendbar sein, für die Sie sie gemietet haben – und zugesicherte Eigenschaften müssen tatsächlich vorliegen. Aber Vorsicht! Nicht alles, was der Vermieter sagt, stellt eine solche zugesicherte Eigenschaft dar. Er muss auch gleichzeitig zum Ausdruck bringen, dass er für diese Eigenschaft einstehen will. Wenn Sie also z. B. besonderen Wert darauf legen, dass die Wohnung in einer ruhigen Lage liegt, haken Sie nach und lassen Sie sich das am besten schriftlich bestätigen. Wenn dann erhebliche Lärmbelästigungen auftreten, können Sie die Miete mindern.

Schriftlich bestätigen lassen!

Welche Mängel müssen Sie hinnehmen?

Nicht alle Mängel berechtigen Sie zur Mietminderung. Bei Bagatellfehlern gehen Sie als Mieter leer aus. Das ergibt sich aus dem Gesetz. Denn gemäß § 537 Abs. 1 Satz 2 BGB kommt „eine unerhebliche Minderung der Tauglichkeit nicht in Betracht".

Ist also z. B. die Lärmbelästigung durch eine Baustelle vor Ihrer Wohnung nur von kurzer Dauer (etwa weil zweimal vormittags Pflastersteine verlegt werden), dann ist eine Minderung in der Regel ausgeschlossen.

Außerdem kann im Mietvertrag festgelegt werden, dass Sie als Mieter Bagatellreparaturen bis zu einer Höhe von 100 DM monatlich selbst zu tragen haben. Tropft also der Wasserhahn, müssen Sie – falls das vertraglich so vereinbart wurde – selbst für den Mangel aufkommen.

Achtung! Der Vermieter kann zwar Bagatellreparaturen auf Sie abwälzen, das Minderungsrecht generell ist bei Wohnraummietverhältnissen aber unaufhebbar.

Haben Sie beim Abschluss des Mietvertrages den Mangel bereits gekannt, dann dürfen Sie die Miete grundsätzlich nicht mehr mindern. Zitat § 539 Satz 1 BGB: „Kennt der Mieter bei dem Abschluss des Vertrages den Mangel der gemieteten Sache, so stehen ihm die in den §§ 537, 538 bestimmten Rechte nicht zu."

Der Gesetzgeber geht dabei davon aus, dass der Mangel bereits bei der Bemessung des Mietzinses berücksichtigt wurde und eine Minderung daher nicht angemessen wäre.

Eine Ausnahme von dieser Regelung besteht nur dann, wenn der Vermieter die Beseitigung des Mangels zugesagt hatte.

Beispiel:
Xaver Hell hat eine Wohnung an der vielbefahrenen Graubur-ger Allee gemietet. Er wollte eigentlich schon fast nein sagen, weil ihm der Lärm ziemlich auf die Nerven ging. Aber dann hat er sich doch entschlossen den Mietvertrag einzugehen, weil der Vermieter ihm den Einbau von Schallschutzfenstern zugesagt hat.

Aber auch wenn Sie den Mangel kannten, bedeutet das nicht notgedrungen den völligen Verzicht auf jegliche Minderungs-rechte. Konnten Sie bei der Besichtigung der Wohnung das wahre Ausmaß des Mangels nicht erkennen – das nette Restaurant im Erdgeschoss entpuppt sich später als Bordell oder als Technodisko –, dann können Sie dennoch mindern.

Auch bei einer Mieterhöhung durch den Vermieter können Sie trotz Kenntnis des Mangels die Miete mindern.

Wie viel und wie lange dürfen Sie mindern?

So verschieden die einzelnen Mängel sein können, so unter-schiedlich ist auch die Höhe der Minderung. Natürlich können Sie für einen Feuchtigkeitsfleck im Badezimmer nicht genauso viel mindern wie für eine tropfende Decke im Wohnzimmer. Darüber hinaus wenden die Gerichte unterschiedliche Berechnungsmethoden an. Außerdem kann ein Richter in Hamburg einen Mangel ganz anders einstufen als einer in München.

Folgende Berechnungsmethoden haben sich mittlerweile herauskristallisiert:

Berechnungs-methoden

Die am weitesten verbreitete Methode ist die, dass die Min-derung **anhand der Kaltmiete** berechnet wird. Manche Gerichte bevorzugen jedoch die Bruttomiete abzüglich der Heizungs- und Wasserkosten.

Dabei geht man so vor: Zuerst muss man den Raum fest-stellen, in dem die Mängel vorliegen. Dann setzt man seine Quadratmeterzahl ins Verhältnis zur Gesamtwohnfläche.

Beispiel:

Das Wohnzimmer mit 25 qm hat feuchte Wände. Die Gesamt-wohnungsgröße beträgt 100 qm. Damit macht das Wohn-zimmer 25% der Gesamtwohnung aus. Beträgt jetzt die Miete für die gesamte Wohnung 1000 DM, dann entfallen auf das Wohnzimmer 25% der Miete, also 250 DM. Dieser Betrag wird dann je nach Ausmaß der Mängel gemindert. Ist das Wohn-zimmer nicht mehr zu gebrauchen, kann der Mieter 100% min-dern, also 250 DM. Ist hingegen der Mangel nicht so gravie-rend, dann fällt die Minderung entsprechend niedriger aus.

Natürlich gibt es auch andere Methoden die Minderung zu berechnen. So wird je nach Bedeutung eines Raumes die Min-derung erhöht oder gesenkt. Auch das ist einsichtig, da natür-lich ein Wasserfleck mitten im Wohnzimmer die Wohnqualität mehr beeinträchtigt als ein genauso großer im Abstellraum.

Kann der Mieter mit den Mängeln gut leben, dann bleibt für ihn nur zu hoffen, dass der Vermieter die Mängel nicht behebt. Die Minderung bleibt ihm dann erhalten.

Zurückbehaltungsrecht

Weniger Miete zahlen – schön und gut; eine Wohnung ohne Mängel ist aber meistens doch besser. Was bringt schon die Minderung, wenn im Wohnzimmer wegen der Kälte und Feuchtigkeit Eiszapfen von der Decke hängen? Also machen Sie dem Vermieter Beine! Das Zauberwort heißt hier **Zurück-behaltungsrecht**. Zusätzlich zur Mietminderung dürfen Sie *Wie viel darf man* einen Teil der Miete zurückbehalten, bis der Vermieter die *einbehalten?* Mängel beseitigt hat. Wie viel? Das hängt vom Einzelfall ab. Meistens kann der Mieter das Drei- bis Fünffache des Minde-rungsbetrages zurückbehalten. Vorher müssen Sie das dem Vermieter, am besten schriftlich, mitteilen. Ein Einschreiben mit Rückschein kann Ihnen später als Beweis dienen. (Ein Musterschreiben dazu finden Sie am Ende dieses Kapitels.) Denken Sie aber daran, dass Sie dieses Geld nachzahlen müs-sen, falls der Vermieter die Mängel behebt.

Klagen oder die Mängel selbst beseitigen

Lässt sich der Vermieter weder von der Minderung noch dadurch, dass Sie einen Teil der Miete zurückbehalten, beeindrucken, dann haben Sie noch andere Möglichkeiten: Entweder Sie klagen vor Gericht oder Sie beseitigen die Mängel selbst und wälzen die Kosten auf den Vermieter ab.

Die Klage können Sie beim örtlich zuständigen Amtsgericht erheben. Ein Anwalt ist dazu zwar nicht erforderlich, dennoch sollten Sie zumindest im Vorfeld rechtskundigen Rat einholen. Wollen Sie mit Gerichten nichts zu tun haben, dann können Sie den Mangel entweder selbst beseitigen oder einen Handwerker damit beauftragen. Die Aufwendungen dafür muss Ihnen der Vermieter ersetzen. Das ist natürlich leichter gesagt als getan. Wenn Ihr Vermieter bis dahin untätig war, steht zu befürchten, dass er auch mit dieser Lösung nicht einverstanden sein wird. Also doch vor Gericht ziehen, um ihn dazu zu zwingen? Nicht unbedingt. Sie können diese Kosten in der Regel mit den künftigen Mietzahlungen aufrechnen. Das müssen Sie dem Vermieter aber vorher mitteilen.

Machen Sie sich rechtskundig!

Aber Vorsicht! Wer den Auftrag erteilt, muss in der Regel auch die Rechnung bezahlen. Das Geld vom Vermieter müssen Sie selbst eintreiben.

Folgeschäden

Beseitigt der Vermieter den Mangel nicht sofort, kann es zu weitergehenden Schäden kommen. Durch die Feuchtigkeit in der Wohnung können z. B. elektrische Geräte oder Möbel des Mieters beschädigt werden. In solchen Fällen hat der Mieter (oder auch ein Dritter) einen Anspruch auf Schadensersatz. Wichtig ist allerdings, dass er dem Vermieter den Mangel rechtzeitig angezeigt hat. Der Vermieter haftet nämlich nur, wenn er den Schaden verschuldet hat. Ein Verschulden liegt z. B. dann vor, wenn der Mangel angezeigt wurde und der Vermieter sich mit der Beseitigung im Verzug befindet oder wenn er seiner Verkehrssicherungspflicht nicht nachkommt.

Sabine und Stephen Maier   1997-01-21
Birkenstraße 13
80697 München

Musterbrief:
Mängelanzeige
(Einschreiben mit
Rückschein)

Herrn
Jürgen Finster
Schlossallee 1

81175 München

Mängelanzeige

Sehr geehrter Herr Finster,

hiermit möchten wir Ihnen mitteilen, dass seit gestern Abend
in unserer gesamten Wohnung laute Knackgeräusche zu
hören sind. Sie werden durch den Gas-Raumheizer verursacht. Die ganze Nacht hindurch hörten wir dieses monotone
und äußerst störende Geräusch. Auch heute hat sich nichts
daran geändert.

Das Wohnen wird dadurch erheblich beeinträchtigt.
Wir fordern Sie deshalb auf diesen Mangel spätestens
bis zum 18. Februar 1997 zu beheben.

Mit freundlichen Grüßen

Sabine Maier   Stephen Maier

Xaver Hell   1997-01-25
Birkenstraße 15
80697 München

Herrn
Jürgen Finster
Schlossallee 1

81175 München

Mängelanzeige und Vorbehaltserklärung

Sehr geehrter Herr Finster,

nach der bereits erfolgten telefonischen Mitteilung zeige ich
Ihnen hiermit schriftlich an, dass in meiner Wohnung, Birkenstraße 15, 80697 München, die Sie an mich vermietet haben,
seit dem 20. Januar 1997 laute Knackgeräusche zu hören sind,
die durch den Gas-Raumheizer verursacht werden. Letzte
Nacht wurde ich immer wieder dadurch geweckt und bis
heute hält der Lärm unvermindert an. Das Wohnen wird
dadurch gravierend beeinträchtigt.

Ich fordere Sie daher auf diesen Mangel spätestens bis zum
18. Februar 1997 zu beseitigen. Bis zu einer erfolgreichen
Behebung des Mangels mindere ich die Miete um 10 %.
Meine weiteren Zahlungen erfolgen ab sofort unter dem Vorbehalt der späteren Aufrechnung bzw. Rückzahlung. Soweit
die Miete bereits für diesen Monat geleistet wurde, erkläre ich,
dass auch diese Zahlung unter Vorbehalt erfolgt ist.

Mit freundlichen Grüßen

Xaver Hell

Silke Becker   1997-01-25
Birkenstraße 17
80697 München

Musterbrief:
Mängelanzeige und
Minderung der Miete
(Einschreiben mit
Rückschein)

Herrn
Jürgen Finster
Schlossallee 1

81175 München

Mängelanzeige und Mietminderung

Sehr geehrter Herr Finster,

hiermit zeige ich Ihnen, diesmal schriftlich, an, dass in meiner
Wohnung, Birkenstraße 17, 80697 München, die Sie an mich
vermietet haben, seit dem 21. Januar 1997 laute Knackgeräusche zu hören sind. Diese werden durch den Gas-Raumheizer
verursacht. Dadurch wird das Wohnen erheblich beeinträchtigt. Das Geräusch hindert mich am Einschlafen und verursacht Kopfschmerzen. Auf meine telefonische Mitteilung
haben Sie bisher leider nicht reagiert.

Ich fordere Sie daher auf diesen Mangel bis zum 18. Februar
1997 zu beseitigen. Soweit die Miete für diesen Monat bereits
bezahlt wurde, erkläre ich, dass diese Leistung unter Vorbehalt
erfolgte. Bis zu einer erfolgreichen Behebung des Mangels
mindere ich die Miete um 10 %. Bis jetzt musste ich 1 000 DM
Miete zahlen, ab sofort zahle ich nur noch 900 DM.

Mit freundlichen Grüßen

Silke Becker

Silke Becker   1997-02-20
Birkenstraße 17
80697 München

Herrn
Jürgen Finster
Schlossallee 1

81175 München

Zurückbehaltung der Miete

Sehr geehrter Herr Finster,

mit Schreiben vom 25. Januar 1997 teilte ich Ihnen mit, dass
der Gas-Raumheizer laute Knackgeräusche von sich gibt, die
in der gesamten Wohnung zu hören sind. In diesem Schreiben
habe ich Ihnen auch eine Frist bis zum 18. Februar 1997 zur
Beseitigung des Mangels gesetzt. Leider haben Sie bis heute
auch darauf nicht reagiert. Deshalb bleibt die Miete bis zur
durchgeführten Reparatur weiterhin auf 900 DM gemindert.

Zusätzlich mache ich jetzt von meinem Zurückbehaltungsrecht Gebrauch. Bis zur Behebung des Mangels werde ich
das Vierfache der bisherigen Minderungsquote zurückbehalten. Die Minderung beträgt 10 % der Miete. Daher werde ich
40 % der Miete zurückbehalten. Die ursprüngliche Miete
betrug 1 000 DM. Nach der Minderung erhalten Sie nur noch
900 DM und ab jetzt nur noch 500 DM.

Sollten Sie sich doch dazu entschließen den Mangel zu beheben, wird der zurückbehaltene Betrag selbstverständlich
nachgezahlt.

Mit freundlichen Grüßen

Silke Becker

Mietminderungstabelle

Wie viel Sie letztendlich mindern dürfen, hängt vom jeweiligen Einzelfall und von dem Gericht ab, das darüber zu entscheiden hat. Die folgende Tabelle soll Ihnen lediglich zeigen, wie viel anderen Mietern von den jeweiligen Gerichten zugebilligt wurde. Es ist aber durchaus nicht auszuschließen, dass das für Sie zuständige Gericht anderer Meinung ist.

Abwasser

- Abwasser aus der höher gelegenen Wohnung in der eigenen Toilette (AG Berlin-Neukölln, Az. 8 C 473/81)   30 %
- Abflussstau, Austritt übel riechender Abwässer (AG Groß-Gerau, WM 1980, S. 128)   38 %

Badewanne

- nicht benutzbar (AG Goslar, WM 174, S. 53)   20 %
- unzumutbar aufgeraut (LG Stuttgart, WM 1988, S. 108)   3 %

Baulärm

- übermäßiger Lärm im Neubaugebiet (LG Darmstadt, WM 1984, S. 245)   25 %
- Lärm, Staub, Abgase in 15 m Entfernung (LG Göttingen, WM 1986, S. 114)   20 %
- 6 Monate Arbeiten am und im Haus des Mieters (LG Hannover, WM 1986, S. 311)   22 %

Bordell

- diskreter Betrieb im Erdgeschoss eines Hauses in der Großstadt, keine persönliche Belästigung durch die Freier (LG Berlin, NJW-RR 1996, S. 264)   10 %
  → Prostitution

Briefkasten

- fehlt, Briefzustellung deshalb unmöglich (AG Hamburg, WM 1976, S. 53)   3 %

Dach

- geringfügiger Durchfeuchtungsschaden nach bereits
  behobener Dachundichtigkeit (LG Hannover, WM 1994,
  S. 463)   2 %

Dusche

- nicht funktionsfähig (AG Köln, WM 1987, S. 271)   16–17 %

Fenster

- alle undicht, Durchzug, es regnet herein
  (LG Hannover, ZMR 1979, S. 47)   20 %
- Trübung der Isolierglasscheiben in mehreren Räumen
  (AG Miesbach, WM 1985, S. 260)   1,5 %
- Entfernung der Fensterläden
  (AG Friedberg, WM 1977, S. 139)   10 %
  → **Zugluft**

Feuchtigkeit

- nach Überschwemmung, Sand und starker Gestank
  in der Wohnung (AG Friedberg, WM 1984, S. 198)   80 %
- erheblich, Tropfen an der Decke
  (AG Leverkusen, WM 1980, S. 163)   50 %
- und Schimmelpilz (AG Hamburg, WM 1979, S. 103)   20 %
- und Schimmel in der gesamten Neubauwohnung
  (AG Bad Schwartau, WM 1988, S. 55)   20 %
- in der Wohnung (AG Köln, WM 1974, S. 241)   20 %
- in der Wohnung (AG Ravensburg, WM 1986, S. 308)   10 %
- in Küche, Bad, Schlafzimmer und Kinderzimmer
  (AG Neuss, WM 1994, S. 382)   10 %
- tropfende Zimmerdecke (AG Kiel, WM 1980, S. 235)   30 %
- feuchte Zimmerdecke (LG Hamburg, Az. 11 S 86/71)   8 %
- im Keller (AG Düren, WM 1983, S. 30)   5 %
- geringfügiger Durchfeuchtungsschaden nach
  bereits behobener Dachundichtigkeit
  (LG Hannover, WM 1994, S. 463)   2 %

Garage
- Tiefgarage, Behinderung der Zufahrt
  (AG Osnabrück, WM 1986, S. 334)   10 %
- vermietet, aber nicht zu benutzen,   100 %
  da Garageneinfahrt nicht befahrbar   der Garagen-
  (AG Burgsteinfurt, WM 1967, S. 75)   miete

Gaststätte
- im Haus, erheblicher Lärm (LG Köln, WM 1987, S. 272)   11 %

Gegensprechanlage
- defekt, im vierten Obergeschoss
  (AG Aachen, WM 1989, S. 509)   5 %

Gerüche
- aus dem Lüftungsschacht der Wohnung, hier Pizzeriaduft
  (AG Köln, WM 1990, S. 338)   15 %

Gestank
- bestialischer (AG Köln, WM 1989, S. 234)   45 %

Hunde
- Verunreinigungen des Treppenhauses durch Hund
  des Nachbarn, erhebliche Geruchsbelästigung und
  Exkremente im Treppenhaus
  (AG Münster, WM 1995, S. 534)   20 %

Heizung
- Ausfall der Heizungsanlage
  (AG Waldbröl, WM 1980, S. 206)   25 %
- Ausfall der Heizungsanlage für zwei Drittel eines Monats
  (AG Hamburg, WM 1973, S. 210)   25 %
- Ausfall der Heizungsanlage von September bis Februar
  (LG Hamburg, WM 1976, S. 10)   100 %
- ungenügende Heizleistung
  (LG Düsseldorf, WM 1973, S. 187)   30 %
- Ausfall im Schlafzimmer im Winter
  (LG Hannover, WM 1980, S. 130)   20 %

- Erhebliche Klopfgeräusche in der Zentralheizung
  (LG Darmstadt, WM 1980, S. 52)   17 %
- über einen längeren Zeitraum nur 17–18 °C in der
  Wohnung (LG Hamburg, WM 1961, S. 38)   16–17 %

Kamin
- nicht funktionstauglich (außer im Sommer)
  (LG Karlsruhe, WM 1987, S. 382)   5 %

Katzen
- Balkon nicht benutzbar, weil streunende Katzen
  ständig vom Nachbarn angelockt werden
  (AG Bonn, WM 1986, S. 212)   15 %

Keller
- nur Abstellfläche statt des vereinbarten abgeschlos-
  senen Kellerabteils (LG Hamburg, Az. 7 S 64/74)   10 %
- Feuchtigkeit im Keller (AG Düren, WM 1983, S. 30)   5 %

Kinder
- übermäßiger Lärm (LG Köln, WM 1971, S. 96)   11 %
- vermeidbare Lärmbelästigung durch Kinder während
  der allgemeinen Ruhezeiten
  (AG Neuss, WM 1988, S. 264)   10 %

Küche
- und Toilette nicht benutzbar (LG Berlin, MM 10/83, S. 14) 50 %

Lärm
- bei Hellhörigkeit der Wohnung
  (AG Lüdinghausen, WM 1980, S. 52)   10 %
- sehr häufig auftretende und erheblich störende
  Geräusche in der Nacht (AG Kerpen, WM 1987, S. 272)   20 %
- übermäßiger, verursacht durch Nachbarn
  (AG Braunschweig, WM 1990, S. 147)   50 %
- erhebliche Lärmbelästigungen durch das Verhalten
  eines Nachbarn im Wohnhaus
  (Vergleich vor dem AG Chemnitz, WM 1994, S. 68)   20 %

- Lärm durch Waschsalon im gleichen Haus
  (AG Hamburg, WM 1976, S. 151)   7 %
- Schallgeräusche, Vibrationen nach 22.00 Uhr aus einer
  Tanzschule im gleichen Haus (AG Köln, WM 1988, S. 56)   20 %
- erhebliche Klopfgeräusche in der Zentralheizung
  (LG Darmstadt, WM 1980, S. 52)   17 %
- sehr deutliche und relativ laute Knackgeräusche des
  Gas-Raumheizers (LG Hannover, WM 1994, S. 463)   10 %
- Dauerbelastung durch Musik (insbesondere
  Tieffrequenzen) aus einem Schallplatten- und CD-Laden
  unterhalb der Wohnung (AG Köln, WM 1994, S. 201)   10 %
- Trittgeräusche aus dem über der Wohnung (schlichter
  Altbau) befindlichen Raum (ehemaliger Dachboden,
  zu Wohnzwecken vermietet)
  (LG Hannover, WM 1994, S. 463)   5 %

Mauer
- hohe auf dem Nachbargrundstück, die die
  Sichtverhältnisse stört (LG Hamburg, WM 1991, S. 90)   10 %

Mäuse
- Plage, Mäusekot auf Schränken und angenagte Türen
  (AG Rendsburg, WM 1988, S. 284)   10 %

Pkw-Stellplatz
- allgemein zugänglicher Parkplatz, ca. 450 Meter
  vom Haus entfernt, statt des vereinbarten Stellplatzes
  am Haus (AG Köln, WM 1990, S. 146)   10 %
- permanent unbenutzbar durch verkehrswidrig   100 %
  parkende Dritte (LG Köln, MDR 1976, S. 44)   der Stell-
                         platz-
                         miete

Prostitution
- im Mietshaus (AG Regensburg, WM 1990, S. 386)   22 %
  → **Bordell**

Sandkasten
- fehlt bei Neubauwohnung
  (LG Freiburg, ZMR 1976, S. 210)   5 %

Strom
- vollständiger Ausfall der Elektrik für Licht, Warmwasser,
  Kochmöglichkeiten (AG Neukölln, MM 1988, S. 151)   100 %

Schadstoffe
- Belastung der Raumluft durch stark überhöhte
  Perchlorethylen-Konzentration (kurz: PER)
  (LG Hannover, WM 1990, S. 337)   50 %
- Formaldehyd-Konzentration im Kinder- und Schlafzimmer
  (LG München, WM 1991, S. 584)   56 %

Schallschutz
- mangelnder (AG Gelsenkirchen, WM 1978, S. 66)   20 %
- fehlender, trotz erheblichen Fluglärms
  (LG Kiel, WM 1979, S. 128)   10 %

Tauben
- mehrere Hundert im Taubenschlag des Nachbarn
  (AG Dortmund, WM 1980, S. 6)   25 %
- Geräuschbelästigungen, Verschmutzungen und
  Ungeziefergefahr durch Taubennester am Haus
  (LG Berlin, NJW-RR 1996, S. 264)   10 %

Terrasse
- Störungen der Benutzungsmöglichkeit einer großen
  Terrasse in den Sommermonaten durch Bauarbeiten
  (AG Eschweiler, WM 1994, S. 427)   15 %

Toilette
- einzige Toilette in der Wohnung nicht benutzbar
  (LG Berlin, MM 1988, S. 213)   80 %
- ohne Fenster bei Ausfall der Lüftungsanlage
  (AG Köln, WM 1980, S. 163)   5 %

Trockenboden
- nicht benutzbar (LG Hamburg, ZMR 1977, S. 193)   2,5 %

Türen
- Fehlen der Wohnungseingangstür
  (LG Düsseldorf, WM 1973, S. 187)   15 %

Ungeziefer
- Mäuse und Kakerlaken in der Wohnung
  (AG Bonn, WM 1986, S. 113)   10 %
  → **Mäuse**

Warmwasserboiler
- Ausfall im Bad (AG München, NJW-RR 1991, S. 854)   15 %

Waschküche
- und Trockenraumnutzung vertraglich vereinbart,
  aber nicht gewährt (AG Brühl, WM 1975, S. 145)   10 %

Wasser
- Trinkwasser braun (AG Dortmund, WM 1990, S. 425)   10 %
- Brunnenwasser als Trinkwasser mit extrem hohem
  Nitratgehalt (AG Brühl, WM 1990, S. 382)   30 %
- Bleibelastung des Trinkwassers
  (AG Hamburg, WM 1990, S. 383)   10 %

Wohnung
- in unbewohnbarem Zustand
  (LG Wiesbaden, WM 1980, S. 17)   100 %

Wohnzimmer
- nicht benutzbar (AG Bochum, WM 1979, S. 74)   30 %
- bei Durchschnittstemperatur von 15 °C
  (LG Düsseldorf, WM 1973, S. 187)   30 %

Zugluft
- stark, wegen undichter Fenster und Türen
  (LG Kassel, WM 1988, S. 108)   20 %

Die Beendigung des Mietverhältnisses

Ein Mietvertrag bindet sowohl den Vermieter als auch den Mieter. Einfach aussteigen, das geht natürlich nicht. Ein Mietverhältnis kann nur auf folgende Weisen beendet werden:

- bei unbefristeten Mietverhältnissen durch Kündigung,
- durch einen Aufhebungsvertrag,
- bei befristeten Mietverhältnissen mit Ablauf der Mietdauer.

Beendigung eines unbefristeten Mietverhältnisses

Soweit im Mietvertrag keine Regelung über die Mietdauer getroffen wurde, gilt das Mietverhältnis als unbefristet. Will der Vermieter das Mietverhältnis beenden, muss er kündigen. Dabei gilt der Grundsatz: Je länger das Mietverhältnis bereits gedauert hat, desto länger ist auch die erforderliche Kündigungsfrist. Wie lange die Kündigungsfristen im Einzelnen sind, sagt uns das Gesetz (§ 565 BGB).

Kündigungsfristen

- weniger als fünf Jahre: drei Monate
- fünf Jahre: sechs Monate
- acht Jahre: neun Monate
- zehn Jahre: zwölf Monate

Wohnen Sie noch länger in der Wohnung, verlängert sich die Frist nicht mehr.

Bei diesen Fristen kommt es auf den Zugang des Kündigungsschreibens an. Dauerte also Ihr Mietverhältnis beim Zugang der Kündigung schon fünf Jahre, dann muss eine Frist von sechs Monaten eingehalten werden.

Die Fristen gelten dabei nicht nur für den Vermieter, sondern auch für den Mieter.

Berechnung der Frist

Wann liegt die Kündigung im Briefkasten?
Bei der Fristberechnung kommt es entscheidend auf den **Zugang des Schreibens** an. Zugang bedeutet: Die Kündigung muss zu üblichen Postleerzeiten im Briefkasten liegen. Sind Sie nicht erreichbar, ist auch die Niederlegung bei der Post möglich. Die Kündigung muss spätestens am dritten Werktag eines Monats zugegangen sein, damit der Monat noch in die Frist einbezogen werden kann. Fällt der letzte der drei Tage auf einen Samstag, zählt dieser nicht als Werktag; die Frist endet dann am folgenden Montag. Wenn aber der erste oder zweite Tag ein Samstag ist, wird er wie ein normaler Werktag mitgezählt.

Beispiel:
Die Kündigung geht dem Mieter am Montag, den 4. Juni zu. Der erste Werktag war hier Freitag, der zweite Samstag und der dritte Montag. Diese Kündigung ist also rechtzeitig zugegangen. Am Dienstag, den 5. Juni wäre es bereits zu spät gewesen. Variante: Der 3. Juni ist ein Samstag, also eigentlich bereits der dritte Werktag nach Donnerstag und Freitag. Dieser zählt in diesem Fall aber nicht als Werktag – die Frist endet also erst am Montag, den 5. Juni.

Wie Sie sehen, beträgt die Frist etwas weniger als oben angegeben, weil die Tage bis zum Zugang abzuziehen sind.

Geht die Kündigung am dritten Werktag im Juni ein, dann läuft die Frist bei einem Mietverhältnis unter fünf Jahren am 31. August, nach fünf Jahren am 30. November, nach acht Jahren am 28. Februar und nach zehn Jahren am 31. Mai ab.

Vertragliche Vereinbarung

Eine längere Frist kann jederzeit für beide Mietparteien vereinbart werden. Wurde allerdings eine kürzere Kündigungsfrist vereinbart, dann gilt sie nur für den Mieter; der Vermieter bleibt weiterhin an die längere gesetzliche Frist gebunden.

Kürzere Fristen gelten nur für Mieter

Beispiel:

Die Mietparteien vereinbaren, dass die Kündigungsfrist lediglich einen Monat beträgt. Nach einem Jahr möchte der Vermieter das Mietverhältnis kündigen. Trotz anders lautender Vereinbarung muss er dabei die Frist von drei Monaten einhalten. Kündigt hingegen der Mieter, so reicht die Frist von einem Monat.

Wenn Sie die Frist versäumt haben

Wird die Frist falsch berechnet oder geht die Kündigung nach dem dritten Werktag eines Monats ein, dann wird die Kündigung dadurch nicht unwirksam. An die Stelle der zu kurzen Frist tritt dann einfach die passende Frist.

Beispiel:

Der Vermieter kündigt ein seit drei Jahren bestehendes Mietverhältnis zum 31. August. Das Kündigungsschreiben geht dem Mieter erst am 15. Juni zu. Das Mietverhältnis endet dann erst am 30. September.

Kürzere Fristen

Kürzere Fristen gelten bei möbliertem Wohnraum, der ein Teil der vom Vermieter selbst bewohnten Wohnung ist, sofern er nicht einer Familie auf Dauer überlassen wurde. Liegen diese Voraussetzungen vor, ist die Kündigung möglich:

Möblierter Wohnraum

- wenn der Mietzins nach Tagen bemessen ist: an jedem Tag für den Ablauf des folgenden Tages.
- wenn der Mietzins nach Wochen bemessen ist: spätestens am ersten Werktag einer Woche für den Ablauf des folgenden Samstags.
- wenn der Mietzins nach Monaten oder längeren Zeitabschnitten bemessen ist: spätestens am Fünfzehnten eines Monats für den Ablauf dieses Monats.

Beispiel:

Der Mieter hat ein möbliertes Zimmer in der vom Vermieter selbst bewohnten Wohnung für sich alleine gemietet. Die Mietzahlung erfolgt monatlich. Am 14. Mai kündigt der Vermieter zum 31. Mai. Diese Kündigung ist wirksam.

Eine abweichende vertragliche Regelung ist dabei durchaus zulässig.

Ist hingegen der möblierte Wohnraum nicht Teil der vom Vermieter selbst bewohnten Wohnung oder wurde er einer Familie auf Dauer überlassen, dann gelten die normalen Kündigungsfristen.

(Näheres zu möbliertem Wohnraum finden Sie im Kapitel „Besondere Mietverhältnisse".)

Form der Kündigung

Die Kündigung muss schriftlich erfolgen. Das gilt für die Kündigung des Vermieters, aber auch für die des Mieters. Schriftlich, das bedeutet, dass das Schreiben unterschrieben sein muss. Hat nicht der Vermieter, sondern ein Bevollmächtigter unterschrieben, muss dem Kündigungsschreiben die Originalvollmacht des Vermieters beigefügt sein. Sollte sie fehlen, dann können Sie die Kündigung aus diesem Grund unverzüglich zurückweisen. Sie müssen sich dabei allerdings beeilen. Zwar haben Sie noch das Recht sich rechtlich beraten zu lassen; weisen Sie die Kündigung aber dann nicht unverzüglich zurück, wird sie wirksam. Als Zeitraum können Sie von zwei bis drei Tagen ausgehen. Ausnahmsweise (z. B. bei Berufstätigkeit) kann die Frist eine Woche betragen.

Vollmacht des Vermieters

Die Schriftform ist nicht erforderlich:

- bei Mietverhältnissen über möblierten Wohnraum in der vom Vermieter selbst bewohnten Wohnung, wenn dieser Wohnraum nicht einer Familie auf Dauer überlassen wurde.
- bei Mietverhältnissen über Wohnraum, der dem Mieter nur zum vorübergehenden Gebrauch überlassen wurde. Dabei kann es sich z. B. um Ferienwohnungen handeln.

Wem muss die Kündigung zugehen?

Sind auf Vermieter- oder Mieterseite mehrere Personen beteiligt, so muss allen Beteiligten gekündigt werden. Haben Sie also zwei Vermieter, dann müssen Sie an beide eine Kündigung richten. Sind sowohl Sie als auch Ihr Partner oder Ehegatte Mieter der Wohnung, dann muss die Kündigung an beide gerichtet sein. Ansonsten ist sie unwirksam.

Nachmieter

Haben Sie im Mietvertrag vereinbart, dass Sie einen Nachmieter stellen dürfen, dann sind Sie „fein raus". Ohne ausdrückliche Vereinbarung ist das in der Regel nicht zulässig. Nur in Ausnahmefällen ist der Vermieter nach Treu und Glauben dazu verpflichtet einen solchen Nachmieter ohne ausdrückliche Vereinbarung zu akzeptieren. Der Nachmieter muss aber dem Vermieter zumutbar sein.

Nachmieter muss „zumutbar" sein

Sonderkündigungsrecht des Mieters

Soweit dem Mieter ein Sonderkündigungsrecht zusteht, gelten für ihn in der Regel kürzere Kündigungsfristen.

Sonderkündigung aus beruflichen Gründen:
■ Geistliche, Soldaten oder Beamte können im Falle einer Versetzung durch den Dienstherrn mit einer dreimonatigen Frist kündigen.

Sonderkündigung wegen Mieterhöhung:
■ Mieter von Sozialwohnungen können bei einer Erhöhung der Kostenmiete spätestens am dritten Werktag des Kalendermonats, von dem an die Miete erhöht werden soll, für den Ablauf des nächsten Kalendermonats kündigen (§ 11 WoBindG). (Näheres zur Sozialwohnung finden Sie im Kapitel „Besondere Mietverhältnisse".)
■ Verlangt der Vermieter eine Mieterhöhung bis zur ortsüblichen Vergleichsmiete, dann ist der Mieter dazu berechtigt bis zum Ablauf des zweiten Monats, der auf den Zugang des Erhöhungsverlangens folgt, für den Ablauf des übernächsten Monats zu kündigen (§ 9 MHG).

- Verlangt der Vermieter eine Mieterhöhung wegen Modernisierungsmaßnahmen, darf der Mieter das Mietverhältnis spätestens am dritten Werktag des Monats, von dem an der Mietzins erhöht werden soll, für den Ablauf des übernächsten Monats kündigen.
- Erhöht der Vermieter die Miete wegen gestiegener Kapitalkosten, kann der Mieter das Mietverhältnis spätestens am dritten Werktag des Monats, von dem an der Mietzins erhöht werden soll, für den Ablauf des übernächsten Monats kündigen.

Kündigt der Mieter wegen der oben genannten Mieterhöhungen, dann tritt die Mieterhöhung nicht mehr ein. Das heißt: Sie müssen für die verbleibende Mietzeit dieselbe Miete zahlen wie schon vor der Erhöhung.

Wenn der Mieter stirbt   Eine besondere Kündigungsfrist besteht auch dann, wenn der Mieter stirbt. In diesem Fall wird das Mietverhältnis mit seinen Erben fortgesetzt. In der Regel treten dann in das Mietverhältnis Personen ein, die mit dem Mieter einen gemeinsamen Hausstand in der Wohnung geführt haben. Das gilt sowohl für die Kinder als auch für die Ehegatten und nicht ehelichen Partner des Mieters. Sie können innerhalb eines Monats, gerechnet ab dem Zeitpunkt, zu dem sie vom Tod des Mieters erfahren haben, dem Vermieter gegenüber erklären, dass sie das Mietverhältnis nicht fortsetzen wollen.

Kündigung durch den Vermieter

Will der Vermieter das Mietverhältnis kündigen, dann muss er die schriftliche Kündigung zusätzlich begründen. Das Gesetz spricht zwar nur davon, dass die Kündigung begründet werden **soll**. Aus anderen gesetzlichen Vorschriften ergibt sich jedoch, dass die Kündigung eines Wohnraummietverhältnisses durch den Vermieter begründet werden **muss.** Vor Gericht zählen nämlich nur die im Kündigungsschreiben angegebenen Gründe. Wurden diese Gründe nicht aufgeführt, ist die Kündigung unwirksam. Nur wenn ein Grund erst nach der Kündigung durch den Vermieter entstanden ist, darf er vor Gericht nachgeschoben werden.

Der Vermieter muss also die Gründe für seine Kündigung angeben. Daraus muss sich ein **berechtigtes Interesse** des Vermieters an der Kündigung ergeben. Natürlich können nicht alle Interessen des Vermieters eine Kündigung rechtfertigen. Kündigt der Vermieter, damit er später die Wohnung für eine höhere Miete vermieten kann, dann liegt natürlich ein Interesse des Vermieters vor, jedoch kein berechtigtes. Eine Kündigung zum Zwecke der Mieterhöhung ist sogar gesetzlich ausgeschlossen (§ 1 MHG).

Wann das Interesse des Vermieters als berechtigt einzustufen ist, zeigt uns das Gesetz anhand von Beispielen (§ 564 b):

- Der Mieter hat schuldhaft seine vertraglichen Verpflichtungen nicht unerheblich verletzt.
- Der Vermieter benötigt die Räume als Wohnung für sich, die zu seinem Hausstand gehörenden Personen oder seine Familienangehörigen.
- Der Vermieter würde durch die Fortsetzung des Mietverhältnisses an einer angemessenen wirtschaftlichen Verwertung des Grundstücks gehindert und dadurch erhebliche Nachteile erleiden.
- Der Vermieter will nicht zum Wohnen bestimmte Nebenräume oder Teile eines Grundstücks dazu verwenden, um Wohnraum zum Zwecke der Vermietung zu schaffen oder einen Wohnraum mit Nebenräumen und Grundstücksteilen entsprechend ausstatten.

Im Einzelnen:

Verletzung der vertraglichen Pflichten durch den Mieter

Eine solche Verletzung muss erheblich und durch den Mieter verschuldet worden sein. Eine Verletzung, die zur Kündigung führen kann, liegt insbesondere dann vor, wenn der Mieter seine Hauptpflicht, die Zahlung der Miete, verletzt. Das ist z. B. dann der Fall, wenn der Mieter in Zahlungsverzug kommt. Zahlt er unpünktlich, unvollständig oder gar nicht, liegt eine erhebliche Pflichtverletzung vor. Allerdings muss auch hier differenziert werden: Geht es nur um einen geringen Zahlungsrückstand (z. B. weniger als eine Monatsmiete), dann

Zahlungsverzug

dürfte das für eine Kündigung nicht ausreichen. Damit die unpünktliche Zahlung der Miete als Kündigungsgrund anerkannt wird, muss sie wiederholt und zumindest aus Nachlässigkeit erfolgt sein. Eine einmalige verspätete Zahlung, auch wenn sie auf Nachlässigkeit des Mieters beruht, genügt jedenfalls nicht.

Ferner kommt eine Verletzung der vertraglichen Pflichten dann in Betracht, wenn der Mieter von der Wohnung vertragswidrigen Gebrauch macht. Das ist z. B. dann der Fall, wenn er entgegen der Vereinbarung die Wohnung in nicht unerheblichem Maße gewerblich nutzt.

Natürlich liegt auch dann eine Verletzung der vertraglichen *Störungen durch* Pflichten vor, wenn vom Mieter wiederholt Störungen ausge-
den Mieter hen – insbesondere Belästigungen des Vermieters oder anderer Mieter. Wer regelmäßig und auch während der Ruhezeiten seine Stereoanlage in voller Lautstärke laufen lässt und dadurch andere Mieter belästigt, gibt dem Vermieter einen Grund zur Kündigung.

Auch wenn die Wohnung erheblich durch den Mieter vernachlässigt wird, muss er mit einer berechtigten Kündigung rechnen.

Eigenbedarf

Benötigt der Vermieter die Räume als Wohnung für sich, eine zu seinem Hausstand gehörende Person oder seine Familienangehörigen, dann spricht man von „Eigenbedarf". Kündigungen wegen Eigenbedarfs beschäftigen häufig die Gerichte. Problematisch sind vor allem die folgenden Fragen: Für welche Personen trifft diese Vorschrift zu? Wann ist Eigenbedarf tatsächlich gegeben? Was passiert, wenn sich der Vermieter später anders entscheidet?

Zum Hausstand zählen Pflegepersonen und das Hauspersonal, z. B. eine Haushaltshilfe. Bei den Familienangehörigen kommt es auf die Bindung zum Vermieter an. Unbestritten zählen zu berechtigten Familienangehörigen vor allem der Ehegatte des Vermieters und seine Kinder.

Familienangehörige auf Wohnungssuche – das genügt allerdings noch nicht. Es müssen zusätzlich noch vernünftige und nachvollziehbare Gründe für den Wunsch des Vermieters vorliegen, in der vermieteten Wohnung selbst zu wohnen oder sie jemandem aus dem oben genannten Personenkreis zu überlassen. Ein solcher Grund kann z. B. sein, dass die zur Zeit mit dem Vermieter lebende Tochter geheiratet hat und nun dringend eine eigene Wohnung für ihre Familie braucht. Der Vermieter muss dabei in der schriftlichen Kündigung nicht nur die Person nennen, der er die Wohnung überlassen will, sondern auch die Gründe, aus denen sich ergibt, dass es sich um eine vernünftige und nachvollziehbare Entscheidung handelt. Täuscht der Vermieter Eigenbedarf nur vor, um z. B. später die Wohnung mit höherer Miete vermieten zu können, macht er sich unter Umständen sogar wegen Betrugs strafbar. Außerdem kann der gekündigte Mieter Schadensersatz von ihm verlangen. (Näheres zum Schadensersatzanspruch in solchen Fällen finden Sie im Kapitel „Kündigung – und wie Sie sich dagegen wehren können".)

Angemessene wirtschaftliche Verwertung des Grundstücks

Ein berechtigtes Interesse des Vermieters an einer Kündigung liegt auch dann vor, wenn der Vermieter durch die Fortsetzung des Mietverhältnisses an einer angemessenen wirtschaftlichen Verwertung des Grundstücks gehindert und dadurch erhebliche Nachteile erleiden würde.

Das ist z. B. dann der Fall, wenn ein abbruchreifes Gebäude *Neubau* abgerissen werden soll, um für einen Neubau Platz zu schaffen.

In der Regel genügt es aber nicht, wenn der Vermieter bei einem Verkauf eines vermieteten Hauses oder einer vermieteten Wohnung einen geringeren Erlös erzielt, als wenn diese Räume leer stehen würden. Nur in Ausnahmefällen kann der Verkauf der Wohnung einen Kündigungsgrund darstellen.

Beendigung eines befristeten Mietverhältnisses

Unbefristete Mietverhältnisse enden mit einer wirksamen Kündigung. Bei befristeten Mietverhältnissen unterscheidet man hingegen diejenigen mit und die ohne Kündigungsschutz.

Befristetes Mietverhältnis mit Kündigungsschutz

Wurde im Mietvertrag lediglich ein Zeitpunkt genannt, zu dem das Mietverhältnis enden soll, dann liegt ein befristetes Mietverhältnis mit Kündigungsschutz vor.

Beispiel:

Im Mietvertrag steht nur: „Das Mietverhältnis zwischen den Mietparteien beginnt am 1. Januar 1994 und endet am 1. Januar 1997." Der Mieter hat hier die Möglichkeit, zwei Monate vor Ablauf der Befristung schriftlich vom Vermieter die Fortsetzung des Mietverhältnisses zu verlangen. Will der Vermieter darauf nicht eingehen, muss er kündigen.

Für diese Kündigung gelten dann dieselben Grundsätze wie für die Kündigung eines unbefristeten Mietverhältnisses. Der Vermieter muss also auch hier ein berechtigtes Interesse an der Kündigung haben.

Befristetes Mietverhältnis ohne Kündigungsschutz

Auch bei einem befristeten Mietverhältnis ohne Kündigungsschutz vereinbaren die Parteien, dass das Mietverhältnis zu einem bestimmten Zeitpunkt endet. Die Befristung darf allerdings nicht mehr als fünf Jahre umfassen. Außerdem muss der Vermieter bereits beim Vertragsschluss Gründe für die Beendigung des Mietverhältnisses nennen. Auch hier werden nur berechtigte Interessen des Vermieters akzeptiert. Dazu zählen unter anderem Eigenbedarf oder angemessene wirtschaftliche Verwertung des Grundstücks.

Nicht länger als fünf Jahre

Beispiel:

Die Mietparteien vereinbaren ein vierjähriges Mietverhältnis. Der Vermieter erklärt zugleich, dass er nach diesen vier Jahren die Wohnung an seinen Sohn vermieten will, der nach dem Absitzen einer vierjährigen Gefängnisstrafe dringend eine Wohnung brauchen wird.

Nach den vier Jahren müssen Sie dann fristgemäß aus der Wohnung ausziehen. Allerdings nur, wenn der Grund des Vermieters weiterhin besteht. Entfällt er oder war er vom Vermieter nur vorgeschoben, darf der Mieter in der Wohnung bleiben.

Fristlose Kündigung

Nicht immer muss eine Frist bei der Kündigung eingehalten werden. In Ausnahmefällen hat der Vermieter, aber auch der Mieter das Recht fristlos zu kündigen. Allerdings gilt das nur bei gravierenden Verstößen durch die andere Mietpartei. Ein solcher Verstoß liegt vor, wenn die Mietsache vertragswidrig gebraucht wird, der Mieter mit der Mietzahlung erheblich in Verzug ist oder eine Partei ihre Pflichten derart schuldhaft verletzt, dass der anderen Partei die Fortsetzung des Mietverhältnisses nicht zugemutet werden kann.

Nur bei Verstößen

Verkauf der Wohnung

Kauf bricht nicht Miete, das sagt uns bereits das Gesetz (§ 571 BGB). Wird also Ihre Mietwohnung verkauft, ist das noch lange kein Kündigungsgrund. Der Käufer tritt an die Stelle des Vermieters und muss das Mietverhältnis mit dem Mieter fortsetzen.

Tod des Vermieters

Stirbt der Vermieter, dann treten seine Erben an seiner Stelle in das Mietverhältnis ein. Das Mietverhältnis wird also mit den Erben fortgesetzt. Einen Kündigungsgrund stellt der Tod des Vermieters nicht dar. Problematisch wird es nur, wenn die Erben ein berechtigtes Interesse an einer Kündigung des Mietverhältnisses haben. Denn wenn der Erbe im Gegensatz zum ursprünglichen Vermieter z. B. Eigenbedarf geltend machen kann, hat der Mieter schlechtere Karten als vorher.

Die Erben

Jürgen Finster   1997-02-01
Schlossallee 1
81175 München

Gisbert Jost
Birkenstraße 17

80697 München

Musterbrief:
Wirksame Kündigung
durch den Vermieter

Kündigung

Sehr geehrter Herr Jost,

hiermit kündige ich unser Mietverhältnis über die Wohnung
in der Birkenstraße 17 zum 30. April 1997. Der Mietvertrag
zwischen uns wurde am 15. Januar 1993 geschlossen, damit
dauerte unser Mietverhältnis etwas mehr als vier Jahre, eine
Kündigungsfrist von 3 Monaten ist damit zulässig.

Ihre Wohnung werde ich ab dem 1. Mai an meine Tochter
Carmen Schwarz vermieten. Die Kündigung beruht also auf
Eigenbedarf. Meine Tochter hat 1995 geheiratet und wohnt
zur Zeit zusammen mit ihrem Ehemann Carlos und mir in der
Schlossallee 1. Nachdem das Ehepaar 1996 noch einen Sohn
bekommen hat, leben wir zu viert in einer 50-qm-Wohnung.
Das ist auf die Dauer nicht zumutbar. Eine angemessene
andere Wohnung konnte das Ehepaar Schwarz bei der ange-
spannten Wohnungslage nicht finden. Deshalb werde ich die
Wohnung in der Birkenstraße 17 an meine Tochter vermieten.

Teilen Sie mir bitte rechtzeitig mit, wann Sie die Wohnung räumen werden.

Ich weise Sie darauf hin, dass Sie der Kündigung, wenn Sie sie
als nicht gerechtfertigte Härte ansehen, gemäß § 556 a Abs. 1
BGB widersprechen können. Der Widerspruch muss schriftlich
erfolgen und mir spätestens am 29. Februar zugehen.

Mit freundlichen Grüßen

Jürgen Finster

Sehr geehrter Herr Jost,

hiermit kündige ich unser Mietverhältnis über meine Wohnung in der Birkenstraße 17 zum 01. April 1997.

Mit freundlichen Grüßen

Jürgen Finster

Musterbrief:
Unwirksame Kündi-
gung durch den
Vermieter

Otto Klein
Birkenstraße 17
80697 München

1997-06-01

Herrn
Jürgen Finster
Schlossallee 1

81175 München

Kündigung

Sehr geehrter Herr Finster,

hiermit kündige ich unser Mietverhältnis über die Wohnung in der Birkenstraße 17 unter Einhaltung der gesetzlichen Kündigungsfrist von drei Monaten zum 31. August 1997.

Mit freundlichen Grüßen

Otto Klein

Musterbrief:
Kündigung durch den
Mieter (Eine Begrün-
dung ist dabei nicht
erforderlich.)

Mietaufhebungsvereinbarung

Zwischen Herrn Jürgen Finster, nachfolgend: Vermieter, und Frau Silke Becker, nachfolgend: Mieterin, wird folgende Vereinbarung einvernehmlich getroffen:

Das Mietverhältnis über die Wohnung in der Birkenstraße 17, II. Obergeschoss, in 80697 München, wird zum 1. Januar 1998 aufgelöst. Mieterin und Vermieter erklären das Mietverhältnis zum angegebenen Zeitpunkt für beendet.

Der Vermieter erklärt nach der durchgeführten Besichtigung der Wohnung, dass diese nicht mit Mängeln behaftet ist. Die Wohnung wurde im vertragsgemäßen Zustand zurückgegeben.

Vermieter und Mieterin haben keine gegenseitigen Ansprüche, außer der noch ausstehenden Nebenkostenabrechnung.

Jürgen Finster   Silke Becker

Kündigung – und wie Sie sich dagegen wehren können

Die Mietwohnung ist der Lebensmittelpunkt des Mieters. Ohne Wohnung kein Arbeitsplatz, kein Familienleben und kaum Freizeitgestaltung. Wegen dieses hohen Stellenwerts stellt das Gesetz, aber auch die Rechtsprechung hohe Anforderungen an die Wirksamkeit einer Kündigung durch den Vermieter. Er hat also viel Gelegenheit dazu Fehler zu begehen, die zur Unwirksamkeit seiner Kündigung führen. Häufig müssen Sie dabei selbst aktiv werden, um Kündigungsschutz zu genießen.

Gesetzlicher Schutz des Lebensraumes

Formelle Fehler

„Gut, dass ich Sie treffe. Ich kündige unseren Mietvertrag zum 31. Juni."

Nicht besonders nett, aber zum Glück auch unwirksam, denn die Kündigung durch den Vermieter muss schriftlich erfolgen. Eine mündliche Kündigung ist unwirksam. Wünschen Sie dem Vermieter also einen guten Tag und bleiben Sie auch über den 31. Juni hinaus in Ihrer Mietwohnung.

Nun beauftragt der Vermieter mit der Kündigung seinen Rechtsanwalt. Der schickt sie umgehend mit der Post. Ein netter Brief, vom Rechtsanwalt selbst unterschrieben. Jetzt müssen Sie im Briefkuvert nach einer Originalvollmacht des Vermieters für den Anwalt suchen. Werden Sie dabei nicht fündig, sollten Sie die Kündigung unverzüglich zurückweisen. Die Kündigung muss nämlich vom Vermieter selbst unterschrieben sein. Der Vermieter darf sich dabei allerdings vertreten lassen, z. B. durch seinen Hausverwalter oder Rechtsanwalt. In solchen Fällen muss dem Kündigungsschreiben aber eine Originalvollmacht des Vermieters beigefügt sein. Fehlt es daran *Kündigung* und weisen Sie deshalb die Kündigung unverzüglich zurück, *zurückweisen* dann ist sie unwirksam. Also gleich zum Kugelschreiber oder Computer greifen und zurückweisen. Dabei ist Eile geboten. Sie haben zwar eine gewisse Zeit, um sich rechtlich beraten zu lassen, aber nicht viel: In der Regel sind es nur wenige Tage, in Ausnahmefällen ein bis zwei Wochen. Wenn Sie diesen Termin verpassen, wird die Kündigung wirksam.

In der Kündigung müssen außerdem die Kündigungsgründe genannt werden.

Fristen

Wie bereits im vorigen Kapitel ausführlich dargestellt wurde, müssen bei einer ordentlichen Kündigung bestimmte Fristen eingehalten werden. Sie hängen in der Regel von der Dauer des Mietverhältnisses ab. Wählt der Vermieter eine zu kurze Frist, dann wird dadurch allerdings die Kündigung nicht unwirksam. Die einzige Folge: Der Beendigungszeitpunkt verschiebt sich auf den gesetzlich zulässigen Termin.

Sozialklausel – Kündigungsschutz für den Mieter

„Die Wohnung ist für den Mieter der Mittelpunkt seiner privaten Existenz. Der vertragstreue Mieter wird deshalb gegen den Verlust seiner Wohnung geschützt. Sie kann ihm nicht ohne beachtliche Gründe durch Kündigung entzogen werden." Das sind Worte, die das Bundesverfassungsgericht in seinem Beschluss vom 1993-05-26 (WM 1993, S. 377) anführt. Dabei ging es um eine Räumungsklage, die auf Eigenbedarf des Vermieters gestützt war. In eben diesem Beschluss traf das Bundesverfassungsgericht eine bemerkenswerte und für die Mieter besonders positive Entscheidung: Wegen der hohen Bedeutung der Wohnung für den Mieter ist sein aus dem Mietvertrag folgendes Besitzrecht Eigentum im Sinne des Art. 14 Abs. 1 Satz 1 GG. Eine besonders umstrittene, aber für Mieter sehr angenehme Entscheidung.

Eine Kündigung durch den Vermieter ist deshalb bei einem vertragstreuen Mieter nur bei berechtigten Interessen des Vermieters möglich. Die berechtigten Interessen des Vermieters führen aber umgekehrt nicht automatisch zur Wirksamkeit einer Kündigung. Zusätzlich müssen auch die Interessen des Mieters berücksichtigt werden. Bekommen Sie also eine Kündigung des Vermieters, müssen Sie unter Umständen Ihre Wohnung gar nicht räumen. Auch wenn der Vermieter berechtigte Interessen anführt, können Sie einer Kündigung widersprechen und die Fortsetzung des Mietverhältnisses verlangen, wenn die vertragsmäßige Beendigung des Mietverhältnisses für Sie oder Ihre Familie eine nicht zu rechtfertigende Härte bedeuten würde. Eine solche Härte kann z. B. unter folgenden Voraussetzungen vorliegen:

Nicht zumutbare Härten

- Fehlen eines angemessenen Ersatzwohnraums zu zumutbaren Bedingungen
- Invalidität
- Gebrechlichkeit
- schwere Erkrankung
- fortgeschrittene Schwangerschaft
- hohes Alter
- lange Mietdauer

- besonders starke soziale Verwurzelung des Mieters in seiner Umgebung
- vorhergehende besonders aufwendige Renovierung der Wohnung durch den Mieter
- erforderlicher Zwischenumzug
- bevorstehendes Examen

Die hier beispielhaft aufgezählten Punkte können eine unzumutbare Härte bedeuten. Je mehr Punkte zusammenkommen, umso höher sind die Chancen des Mieters mit seinem Widerspruch Erfolg zu haben.

Beispiel:

Wohnt ein Mieter 40 Jahre in derselben Wohnung, hat sein darauf begründeter Widerspruch durchaus Chancen auf Erfolg. Kommt dann noch hohes Alter und eine schwere Erkrankung hinzu, kann sich der Vermieter in der Regel die Kosten für das Kündigungsschreiben sparen.

Härtegründe unter der Lupe

Keine angemessene Ersatzwohnung

Vor allem in Ballungsräumen ist es nicht einfach angemessenen Ersatzwohnraum zu finden. Natürlich brauchen Sie nicht *Was ist angemessen?* aus einer Wohnung mit 100 qm im besten Wohnviertel in eine 50-qm-Wohnung direkt an der Autobahn zu ziehen. Auch eine horrende Miete im Vergleich zur jetzigen brauchen Sie nicht zu bezahlen. Das wären unzumutbare Bedingungen. Allerdings müssen Sie nachweisen, dass Sie sich ernsthaft um eine Wohnung bemüht haben. Bereits im Widerspruchsschreiben sollten Sie dem Vermieter Ihre Bemühungen schildern. Sollte es zu einem Räumungsprozess kommen, so müssen Sie dort ebenfalls Ihre vergeblichen Bemühungen eine andere Wohnung zu finden schildern und zusätzlich beweisen. Notieren Sie sich also alle Wohnungsanzeigen, auf die Sie sich beworben haben, Adressen von Wohnungsbaugesellschaften, die Sie angesprochen haben, und Besichtigungstermine, die Sie wahrgenommen haben. Bei einer Ersatzwohnung müssen Sie dabei gewisse Abstriche machen, unter Umständen müssen Sie doch eine etwas kleinere oder auch etwas teurere Wohnung nehmen. Es kommt dabei jeweils auf den Einzelfall an. Einer Einzelperson kann eine Wohnung zugemutet werden, die einer Familie mit Kindern nicht zumutbar wäre. Einem arbeitslosen Mieter ist eine wesentlich höhere Miete weniger zuzumuten als einem Doppelverdiener-Ehepaar.

Zwischenumzug

Wenn es sicher ist, dass Sie demnächst ausziehen werden, weil Ihnen z. B. eine Ersatzwohnung fest zugesagt wurde oder Ihr eigenes Haus in Kürze bezugsfertig wird, brauchen Sie in der Regel keinen Zwischenumzug vorzunehmen. Die hohen Kosten und der mit dem Umzug verbundene Aufwand sind ein Härtegrund.

Zu hoher Aufwand

Hohes Alter und Gesundheitsbeeinträchtigung

Ein Umzug ist auch für junge Menschen mit viel Ärger und Stress verbunden. Für ältere Personen bedeutet ein Umzug nicht nur eine höhere Belastung; auch andere Faktoren spielen eine Rolle. Viele verkraften den Verlust der gewohnten Umgebung und des sozialen Umfelds nicht. Wenn der Mieter allerdings noch kein biblisches Alter erreicht hat, wird das hohe Alter allein von den meisten Gerichten nicht als ausreichender Härtegrund anerkannt. Es müssen deshalb noch andere Gründe hinzukommen, z. B. Krankheit oder Gebrechlichkeit. Auch die starke Verwurzelung des alten Menschen und die lange Mietdauer können einen Wohnungswechsel unzumutbar machen. Eine unzumutbare Härte kann vorliegen, wenn der 83-jährige Mieter auf Nachbarshilfe und regelmäßige ärztliche Betreuung angewiesen ist. Natürlich auch, wenn mit dem Wohnungswechsel Lebensgefahr (z. B. Suizidgefahr) für den Mieter besteht.

Wenn der Mieter in die Wohnung investiert hat

Der Mieter hat eine unrenovierte Wohnung übernommen und auf Hochglanz gebracht. Parkettfußboden, Holzdecken und noch so einige andere Feinheiten wurden mit dem ausdrücklichen oder zumindest dem stillschweigenden Einverständnis des Vermieters eingebaut. Nach kurzer Mietzeit kündigt der Vermieter. Hier liegt ebenfalls ein Härtegrund vor. Dieser berechtigt den Mieter zur Vertragsfortsetzung für die Dauer der Abwohnbarkeit, das wurde zumindest von einigen Gerichten entschieden. Voraussetzung ist unter anderem, dass der Vermieter ausdrücklich oder zumindest stillschweigend mit den erheblichen Aufwendungen des Mieters einverstanden war, dass der Mieter mit einer so frühen Kündigung nicht rechnen musste und dass die Aufwendungen noch nicht abgewohnt sind.

Schriftlich kündigen

Der Widerspruch gegen die Kündigung muss schriftlich erfolgen. In dem Schreiben müssen Sie erläutern, warum die Beendigung des Mietverhältnisses für Sie eine besondere Härte bedeuten würde. Liegen bei Ihnen mehrere Härtegründe vor, dann sollten Sie alle nennen. Ihr Widerspruch hat damit eine bessere Aussicht auf Erfolg. Außerdem müssen Sie in dem Schreiben auch die Fortsetzung des Mietverhältnisses verlangen.

Frist

Ihr Widerspruchsschreiben muss dem Vermieter spätestens zwei Monate vor der Beendigung des Mietverhältnisses zugegangen sein. Das ist die Regel. Diese Frist verlängert sich bis zum ersten Termin eines Räumungsrechtsstreits, wenn der Vermieter Sie in der Kündigung über die Möglichkeit des Widerspruchs, dessen Form und Frist, nicht belehrt hat. Fehlt einer dieser Punkte, gilt für Sie die längere Frist. Damit es nicht zu Missverständnissen kommt: Die Belehrung über die Möglichkeit des Widerspruchs ist für die Wirksamkeit einer Kündigung ohne Bedeutung, lediglich für die Frist des Widerspruchs spielt sie eine Rolle.

Wichtig: Die Sozialklausel gilt nicht:

■ bei möbliertem Wohnraum in der vom Vermieter selbst bewohnten Wohnung, sofern er nicht einer Familie auf Dauer überlassen wurde.

■ bei Wohnraum, der nur zum vorübergehenden Gebrauch vermietet worden ist.

Vorgetäuschte Eigenbedarfskündigung

Angenommen, Ihr Vermieter hat Ihnen das Mietverhältnis gekündigt. Als Kündigungsgrund nannte er damals Eigenbedarf. Sein Sohn, der im Ausland studiert hat, wollte angeblich seine Studien beenden und brauchte dringend eine Wohnung in seiner Heimatstadt. Die Kündigung hatte Erfolg. Sie haben deshalb eine teurere Wohnung mieten müssen. Der Umzug hat Sie auch einiges gekostet. Da die Räume in der neuen Wohnung wesentlich höher sind, mussten Sie neue Gardinen und Vorhänge kaufen. Außerdem ist die neue Wohnung ganz anders geschnitten, sodass Sie zum Teil auch neue Möbel kaufen mussten. Im Nachhinein erfahren Sie, dass Ihr alter Vermieter die Wohnung nicht an seinen Sohn, sondern – wie von Anfang an geplant – an völlig fremde Mieter vermietet hat. Die Eigenbedarfskündigung war nur vorgeschoben, um durch eine Neuvermietung einen höheren Mietzins zu erzielen. Eine ärgerliche Sache. Die kann aber den Vermieter ganz schön teuer zu stehen kommen. Wenn Sie beweisen können, dass der Eigenbedarf nur vorgetäuscht war, können Sie vom Vermieter Schadensersatz verlangen. Zu Ihrem Schaden gehören alle *Schadensersatz* Kosten, die Ihnen durch den Wohnungswechsel entstanden sind. In Betracht kommen unter anderem die Kosten für einen Wohnungsmakler, den Sie mit der Wohnungssuche beauftragen mussten, für den Umzug, für die erforderlichen neuen Möbel, Gardinen und Vorhänge. In manchen Fällen können Sie sogar die Mietdifferenz zwischen der alten und der neuen Miete verlangen, wenn die neue Wohnung nicht wesentlich komfortabler ist als die alte.

Genügt Ihnen das nicht, dann sollten Sie sich an einen Staatsanwalt wenden. Wer Eigenbedarf vortäuscht, begeht nämlich Betrug. Ihr Vermieter hat sich also möglicherweise strafbar gemacht. Aber Vorsicht! Kündigt Ihnen der Vermieter wegen Eigenbedarfs, sollten Sie nicht gleich mit einer Anzeige drohen. Das könnte man als Nötigung ansehen und auch die ist strafbar. Außerdem bieten Sie dem Vermieter mit einer solchen Drohung unter Umständen einen Grund für eine fristlose Kündigung.

Am besten lassen Sie sich in solchen Fällen von einem Mieterverein oder Rechtsanwalt beraten. Vor allem, wenn es um Schadensersatz geht, kann eine rechtskundige Person das meiste für Sie herausholen.

Nachzahlung von Mietrückständen

Wenn Sie einmal mit zwei Mietzahlungen im Rückstand sein sollten, kann der Vermieter Ihnen fristlos kündigen. Sie haben aber eine Möglichkeit diese Kündigung abzuwenden: Sie müssen den Rückstand bis zum Beginn des ersten Termins im Räumungsprozess begleichen. Fehlt es Ihnen an den notwendigen Mitteln, wird diese Nachzahlung in manchen Fällen sogar vom Sozialamt übernommen. Mit der Nachzahlung entfällt der Grund für die fristlose Kündigung. Wenn Sie danach die Miete wieder regelmäßig und vollständig zahlen, dann sind Sie aus dem Schneider.

Nachzahlung vom Sozialamt

Diese Möglichkeit haben Sie allerdings nur einmal: Gelangen Sie in den nachfolgenden Monaten wiederum mit zwei Mieten in Rückstand, sind Sie in der Regel raus. Nach zwei Jahren können Sie sich allerdings eine Wiederholung des Ganzen leisten.

Praxishilfen

Susanne Kern   1997-02-15
Birkenstraße 31
80697 München

Herrn
Jürgen Finster
Schlossallee 1

81175 München

Kündigungswiderspruch

Sehr geehrter Herr Finster,

mit Ihrem Schreiben vom 31. Januar 1997 haben Sie mir die
Wohnung in der Birkenstraße 31 zum 30. April 1997 gekündigt.
Gegen diese Kündigung lege ich hiermit Widerspruch ein. Wie
Sie bereits wissen, bin ich gehbehindert und auf einen Rollstuhl
angewiesen. Meine jetzige Wohnung liegt im Parterre und ist
behindertengerecht ausgestattet. Seit Ihrer Kündigung habe
ich mich darum bemüht eine entsprechende Ersatzwohnung
zu finden – leider bis jetzt ohne Erfolg. Alle Wohnungen, die zur
Zeit angeboten werden, befinden sich in Obergeschossen,
ohne dass dabei ein Aufzug vorhanden wäre. Bis zum heuti-
gen Tag habe ich mich auf folgende Anzeigen gemeldet …
Auch der von mir beauftragte Makler, Herr Uwe Gierig, Lilienstraße 3–7, 80757 München, konnte bis jetzt keine behinder-
tengerechte Wohnung für mich finden.

Mit freundlichen Grüßen

Susanne Kern

Anton Schmied   1997-04-11
Birkenstraße 33
80697 München

Herrn
Jürgen Finster
Schlossallee 1

81175 München

Kündigungswiderspruch

Sehr geehrter Herr Finster,

mit Ihrem Schreiben vom 1. März 1997 haben Sie mir die Wohnung in der Birkenstraße 33 zum 31. März 1998 gekündigt. Gegen diese Kündigung lege ich hiermit Widerspruch ein. Die Kündigung bedeutet für mich eine unzumutbare Härte.

Seit 40 Jahren wohne ich bereits in dieser Wohnung und bin in der Umgebung stark sozial verwurzelt. Meine Kinder und Enkel wohnen nur zwei Blocks entfernt in der Sonnenstraße 15. Meine Ärzte, Freunde und vor allem der Seniorenclub, in dem ich aktives Mitglied bin, sind in unmittelbarer Nähe der jetzigen Wohnung. Außerdem wurde ich letzte Woche 90 Jahre alt. Ein Umzug ist mir aus den oben genannten Gründen nicht zuzumuten.

Mit freundlichen Grüßen

Anton Schmied

Xaver Hell   1997-04-07
Birkenstraße 15
80697 München

Herrn
Jürgen Finster
Schlossallee 1

81175 München

Kündigungswiderspruch

Sehr geehrter Herr Finster,

Sie haben mit Schreiben vom 1. April 1997 unser Mietverhältnis
zum 30. Juni 1997 gekündigt. Ich baue gerade an einem eigenen Haus und werde dort auch einziehen. Allerdings wird das
Haus erst am 30. Juli 1997 bezugsfertig. Ein Zwischenumzug für
diese kurze Zeit wäre unverhältnismäßig und unzumutbar. Ich
fordere Sie deshalb auf mir bis zu diesem Zeitpunkt Räumungsaufschub zu gewähren.

Mit freundlichen Grüßen

Xaver Hell

Eva und Udo Jung   1997-02-05
Birkenstraße 37
80697 München

Herrn
Jürgen Finster
Schlossallee 1

81175 München

Kündigungswiderspruch

Sehr geehrter Herr Finster,

mit Ihrem Schreiben vom 31. Januar 1997 haben Sie uns die
Wohnung in der Birkenstraße 33 zum 30. April 1997 gekündigt.
Gegen diese Kündigung legen wir hiermit Widerspruch ein.

Ein Umzug zum jetzigen Zeitpunkt würde für uns eine unzumutbare Härte bedeuten. Ich bin im siebten Monat schwanger
und mein Mann steht kurz vor seinem ersten juristischen Staats-
examen (Termin: 1. Mai 1997). Sie werden sicher verstehen,
dass uns zur Zeit ein Umzug nicht zuzumuten ist.

Mit freundlichen Grüßen

Eva Jung   Udo Jung

Nach Beendigung des Mietverhältnisses: was Sie beachten müssen

Ablauf der Befristung, ordentliche oder außerordentliche Kündigung, Aufhebungsvertrag – und das Mietverhältnis ist beendet.

Für Sie ist die Angelegenheit damit aber noch nicht ganz erledigt. Bevor Sie endgültig einen Schlussstrich unter dieses Kapitel setzen, muss das Mietverhältnis noch rückabgewickelt werden: Sie haben noch die Schlüssel und die Räume des Vermieters und er hat unter anderem noch Ihre Kaution. Außerdem müssen Sie die Räume in einem Ihren Vereinbarungen entsprechenden Zustand übergeben – es kommen also eventuell noch Schönheitsreparaturen auf Sie zu.

Kurz vor Schluss

Schönheitsreparaturen beim Auszug

Steht in Ihrem Mietvertrag nichts über Schönheitsreparaturen, dann müssen Sie lediglich Ihre Sachen aus der Wohnung entfernen und diese dem Vermieter „besenrein" übergeben. Eine generelle Reinigung (z. B. mit Fensterputzen) ist nicht nötig.

Meist enthalten Mietverträge jedoch Vereinbarungen oder Formularklauseln, die den Mieter zur Durchführung von Schönheitsreparaturen beim Auszug verpflichten. Wenn eine solche Klausel vereinbart wurde und wirksam ist, dann müssen Sie die entsprechenden Renovierungsarbeiten auch durchführen.

Sind Reparaturen fällig?

Dazu sind Sie allerdings nur dann verpflichtet, wenn die Schönheitsreparaturen entsprechend dem Fristenplan fällig sind oder wenn Sie längere Zeit keine Schönheitsreparaturen durchgeführt haben und die Wohnung sich in einem dementsprechend schlechten Zustand befindet.

Eine Klausel, die besagt, dass Schönheitsreparaturen beim Auszug durchgeführt werden müssen, unabhängig davon, ob sie nach dem Fristenplan fällig wären oder nicht, ist unwirksam. Haben Sie also kurz vor dem Auszug renoviert, brauchen Sie es nicht noch einmal zu tun.

Als zulässig wurde allerdings eine Klausel angesehen, die eine anteilige Zahlung vorsieht. Wäre also die nächste Renovierung erst in einem Jahr fällig gewesen, müssen Sie nur die bereits abgewohnte Zeit anteilig bezahlen.

Auch wenn der Vermieter nach Ihrem Auszug die gesamte Wohnung renovieren oder sogar abreißen möchte, kommen Sie nicht ganz ungeschoren davon. Nach der Rechtsprechung brauchen Sie zwar eine Renovierung nicht vorzunehmen, allerdings müssen Sie Kosten übernehmen. Die Zahlung beschränkt sich aber auf die Aufwendungen, die Sie bei einer Renovierung gehabt hätten, also in der Regel auf die Kosten für Farben, Tapeten und Gips. Sie brauchen also nicht so viel zu zahlen, wie wenn der Vermieter einen Fachbetrieb mit der Arbeit betraut hätte.

Wie schön müssen Schönheitsreparaturen sein?

Auch wenn im Mietvertrag steht, dass beim Auszug ein Fachbetrieb mit den Schönheitsreparaturen beauftragt werden muss, dürfen Sie diese Arbeiten selbst durchführen oder durchführen lassen. Eine solche Bestimmung ist nämlich unwirksam. Der Vermieter darf allerdings im Mietvertrag verlangen, dass die Schönheitsreparaturen **fachmännisch durchgeführt** werden. Fachmännisch bedeutet aber nicht, dass unbedingt ein Handwerker Hand anlegen muss. Wer einigermaßen gut mit Pinsel und Farbe umgehen kann, darf die Arbeiten selbst durchführen und kann dadurch viel Geld sparen. Aber Vorsicht! Die Arbeiten sollten zwar keine Kunstwerke werden, müssen aber ordentlich ausgeführt werden. Ansonsten machen Sie sich viel Arbeit und müssen dann doch noch einen Handwerker bezahlen.

Schadensersatz

Wenn Sie beim Auszug aus der Wohnung Ihrer Pflicht zur Durchführung der Schönheitsreparaturen nicht nachgekommen sind, kann der Vermieter unter bestimmten Voraussetzungen Schadensersatz von Ihnen verlangen. In der Regel beauftragt er dann einen Fachbetrieb mit den Arbeiten und schickt Ihnen die Rechnung. In Ausnahmefällen darf er sogar seinen Mietausfall geltend machen, falls die Wohnung durch die Verzögerung nicht sofort weitervermietet werden konnte. Auch weitere Ansprüche wie z. B. die Kosten für Fotos, die die Schäden dokumentieren sollen, kommen in Betracht.

Mietausfall durch Verzögerung

Allerdings: Bevor er Schadensersatz verlangen darf, muss der Vermieter einiges dafür tun. Als erstes muss er Sie zur Durchführung der Arbeiten mahnen. Dabei sind die Schäden, die erforderlichen Reparaturen und der Umfang der gewünschten Arbeiten zu nennen. Außerdem muss der Vermieter Ihnen eine angemessene Frist für die Durchführung der Reparaturen setzen und erklären, dass er – für den Fall der Nichtdurchführung innerhalb der gesetzten Frist – diese ablehnt und selbst durchführen wird. Diese Fristsetzung mit Ablehnungsandrohung ist allerdings dann nicht erforderlich, wenn Sie ihm gegenüber erklärt haben, dass Sie unter keinen

Umständen gewillt sind die Schönheitsreparaturen durchzuführen.

Verjährung

Sechs Monate nach der Rückgabe der Wohnung verjährt der Anspruch des Vermieters auf Durchführung der Schönheitsreparaturen (§ 558 BGB). Das gilt auch für mögliche Schadensersatzansprüche.

Beispiele aus der Rechtsprechung

Unwirksam ist eine Klausel, die den Mieter zur Durchführung von Anfangs-, End- und laufenden Schönheitsreparaturen verpflichtet (BGH, WM 1993, S. 175).

Vereinbaren die Mietparteien im Mietaufhebungsvertrag, dass die Wohnung gegen eine Abfindungszahlung des Vermieters vorzeitig zurückgegeben wird, so beinhaltet diese Regelung regelmäßig die Rückgabe ohne weitere Schönheitsreparaturen (LG Stuttgart, WM 1995, S. 392).

Rückgabe der Wohnung

Nach der Beendigung des Mietverhältnisses sind Sie verpflichtet die gemietete Sache zurückzugeben (§ 556 BGB); das versteht sich von selbst. Wie aber sieht die Rückgabe einer Wohnung aus? Sie müssen dem Vermieter alle Wohnungsschlüssel übergeben (ab diesem Zeitpunkt können Sie die Wohnung nicht mehr betreten). Dabei müssen Sie sämtliche Schlüssel für die Wohnung und Nebenräume wie z. B. Keller, Dachboden oder Garage aushändigen. Auch nachgemachte Schlüssel müssen Sie zurückgeben. Sie sollten die Schlüssel dem Vermieter oder dem Verwalter persönlich übergeben. Bei anderen Personen könnte es sein, dass die Übergabe nicht wirksam ist. Dann werden Sie so behandelt, als ob die Rückgabe der Wohnung gar nicht erfolgt wäre – unter Umständen sind Sie sogar verpflichtet, weiterhin ein Nutzungsentgelt für eine Wohnung zu zahlen, die Sie nicht mehr nutzen. Da also die Übergabe der Schlüssel so wichtig ist, empfiehlt es sich die

Auch nachgemachte Schlüssel abgeben

Übergabe vom Vermieter schriftlich bestätigen zu lassen. (Ein Muster finden Sie am Ende dieses Kapitels.) Sollte ein Schlüssel verloren gegangen sein, könnte der Vermieter die betroffenen Schlösser auswechseln lassen und Ihnen die Kosten dafür aufbürden. Nur wenn der Schlüssel unwiederbringlich verloren gegangen ist (z. B. in einem tiefen See), dann brauchen Sie nur den Ersatzschlüssel zu bezahlen.

Die Wohnung ist im selben Zustand zurückzugeben, wie sie Ihnen überlassen wurde. Das bedeutet für Sie: Alle Gegenstände, die Sie in die Wohnung, Nebenräume oder den Garten eingebracht haben, müssen Sie wieder entfernen. Das gilt nicht nur für Möbel oder Lampen, sondern selbst für Wandnägel.

Im Ausgangszustand übergeben

Ist das Mietverhältnis beendet, dann müssen Sie die Wohnung räumen. Sie sind verpflichtet alle Möbel und sonstigen Einrichtungen, die Sie in die Wohnung eingebracht haben, zu entfernen. Haben Sie vorhandene Einrichtungsgegenstände des Vermieters entfernt, z. B. den alten Herd in den Keller verbannt, müssen sie jetzt wieder an ihren ursprünglichen Platz zurück. Haben Sie bauliche Veränderungen an der Wohnung vorgenommen, dann sind Sie in der Regel verpflichtet den ursprünglichen Zustand wiederherzustellen. Im Laufe der Jahre geht so manches zu Bruch; wenn Sie die Wohnung oder Einrichtungsgegenstände des Vermieters beschädigt haben, müssen Sie dafür aufkommen.

Beispiel:
Die Wohnung von Florian Zunder ist mit einer Einbauküche des Vermieters ausgestattet. Während der beruflich bedingten Abwesenheit seiner Ehefrau versucht sich Zunder als Hausmann. Bei dem Versuch Tee zu kochen geraten Teile der Einbauküche in Brand. Bei der Rückgabe der Wohnung muss das Ehepaar Zunder den entstandenen Schaden in jedem Fall ersetzen.

Wenn die Wohnung durch vertragsgemäßen Gebrauch verschlechtert wurde, müssten Sie dafür eigentlich nicht aufkommen. Leider werden in den meisten Verträgen die Mieter dazu verpflichtet Schönheitsreparaturen durchzuführen.

Haben Sie die Reparaturen nicht vollständig durchgeführt oder einige Einrichtungsgegenstände nicht entfernt, kann der Vermieter die Entgegennahme der Wohnung allerdings nicht verweigern.

Abstandszahlungen

Der Gesetzgeber versuchte durch § 4 WoVermittG den Auswüchsen der Abstandszahlungen entgegenzusteuern. Nach § 4 Abs. 1 S. 1 WoVermittG ist „eine Vereinbarung, die den Wohnungssuchenden oder für ihn einen Dritten verpflichtet ein Entgelt dafür zu leisten, dass der bisherige Mieter die gemieteten Wohnräume räumt, unwirksam". Deshalb braucht der Nachmieter für die Räumung der Wohnung durch den Vormieter an sich nichts zu zahlen, egal, ob das mit dem Mieter, dem Verwalter oder dem Vermieter vereinbart wurde. Anders ist es jedoch mit der Vereinbarung, dass der Nach-

Umzugskosten des mieter für die Umzugskosten des Vormieters aufkommt. Diese
Vormieters Vereinbarung ist gemäß § 4 a Abs. 1 S. 2 WoVermittG zulässig. Dazu zählen nicht nur die Kosten für den Transport der Einrichtungsgegenstände, sondern alle Kosten, die mit dem Umzug in direktem Zusammenhang stehen. Unter Umständen muss der Nachmieter also, falls vereinbart, die Renovierung der bisherigen oder gar der künftigen Wohnung des Vormieters finanzieren. Diese Ausgaben müssen jedoch durch den Vormieter nachgewiesen werden.

Soweit es um Abstandsvereinbarungen über Einrichtungsgegenstände oder das Inventar des Vormieters geht, schützt der Gesetzgeber in § 4 a Abs. 2 WoVermittG den Nachmieter vor überzogenen Forderungen des Vormieters. Danach gilt Folgendes: Hat der Nachmieter sich im Zusammenhang mit dem Abschluss des Mietvertrages dazu verpflichtet Einrichtungsgegenstände oder sonstiges Inventar des Vormieters zu erwerben und wurde nichts anderes vereinbart, dann muss er im Zweifel diese Gegenstände nur abnehmen und bezahlen, wenn der Mietvertrag tatsächlich zustande kommt. Ist das nicht der Fall, hat der Vormieter keine Ansprüche.

Die Vereinbarung ist auch dann unwirksam, wenn der Preis für die Einrichtungsgegenstände oder das Inventar in auffälligem Missverhältnis zu seinem tatsächlichen Wert steht. Das kann in der Regel dann angenommen werden, wenn der Nachmieter mehr als 150 % des tatsächlichen Wertes zahlen müsste.

Der Wert des Inventars

Kautionsrückzahlung

Wurde eine Kaution gezahlt, hat der Mieter nach Beendigung des Mietverhältnisses einen Anspruch auf Rückzahlung. Dem Vermieter muss aber genügend Zeit gelassen werden, um etwaige Gegenansprüche zu prüfen. Gibt es noch Mietrückstände, Schadensersatzansprüche oder wurden dem Mieter obliegende (Schönheits-)Reparaturen nicht durchgeführt, wird der Vermieter das mit dem Anspruch auf Rückzahlung verrechnen. Hat Ihnen der Vermieter bei der Wohnungsabnahme bestätigt, dass alles in Ordnung ist, und wurden die Nebenkosten abgerechnet und bezahlt, dann können Sie die Kaution sofort nach Beendigung des Mietverhältnisses zurückverlangen. Ansonsten wird dem Vermieter eine gewisse Prüfungszeit eingeräumt; wie lange, das hängt vom Einzelfall ab. Die Gerichte legen zwischen zwei und sechs Monaten fest. In Ausnahmefällen müssen Sie eine noch längere Wartezeit in Kauf nehmen.

Vor allem ist der Vermieter nicht dazu verpflichtet mitten im Jahr eine Nebenkostenabrechnung vorzunehmen, um mögliche Ansprüche festzustellen. Bei hohen Kautionen können Sie aber – sofern nur noch die Entscheidung über die Nebenkosten aussteht – verlangen, dass zumindest ein Teil der Kaution zurückgezahlt wird. Natürlich muss in solchen Fällen ein gewisser Sicherheitszuschlag für den Vermieter berücksichtigt werden.

Keine Abrechnung mitten im Jahr

Hält der Vermieter die Kaution länger als sechs Monate zurück, dann hat er den Vorteil, dass er die kurze Verjährungsfrist für Ansprüche gegen Sie aus dem Mietverhältnis umgehen kann. Eigentlich verjähren Ansprüche aus dem Mietverhältnis innerhalb von sechs Monaten. Hat der Vermieter aber nach sechs Monaten noch immer die Kaution, dann darf er trotz Verjährung seine Forderungen aufrechnen.

Der Vermieter hat geprüft und unter Umständen teilweise verrechnet. Jetzt muss er die Kaution zusammen mit den Zinsen an Sie zurückzahlen. Immer wieder für Streit sorgt die Frage, ob der Vermieter auch höhere Zinsen vollständig herausgeben muss, die er durch eine besonders günstige Anlageform mit Ihrem Geld erwirtschaftet hat. Unverständlicherweise gehen einige Gerichte davon aus, dass diese überobligatorischen Zinsgewinne dem Vermieter gehören sollen. Verlangen Sie aber stets die gesamten Zinsen! In der Regel werden Sie damit Erfolg haben.

Verlangen Sie sämtliche Zinsen

Will sich der Vermieter vor der Zahlung drücken, dann sollten Sie ihn mit einem entsprechenden Schreiben unter Einräumung einer angemessenen Frist dazu auffordern Ihre Forderung zu begleichen. Wie immer sollten Sie dabei ein Einschreiben mit Rückschein verwenden. Damit wissen Sie genau, ob und wann der Vermieter Ihr Schreiben bekommen hat. (Ein Muster finden Sie am Ende dieses Kapitels.)

Verjährung von Ansprüchen

Nach einem längeren Zeitraum lässt sich oft nicht mehr genau feststellen, wer wem woraus was und in welcher Höhe schuldet. Eine dauernde Unsicherheit wäre die Folge. Damit dieser Zustand irgendwann ein Ende hat, sieht das Gesetz vor, dass Ansprüche nach Ablauf einer gewissen Frist verjähren. Auf diese Weise soll der Rechtsfrieden gewahrt bleiben und für die Beteiligten Rechtssicherheit geschaffen werden. Ist ein Anspruch verjährt, so kann der Schuldner unter Berufung auf die Verjährung die Leistung verweigern. Leistet er trotzdem, z. B. in Unkenntnis der Verjährung, kann er das Geleistete aber nicht mehr zurückverlangen.

Besonders wichtig: Auch vor Gericht müssen Sie sich gegebenenfalls auf Verjährung berufen, sonst würde der Gläubiger auch eine verjährte Forderung zugesprochen bekommen.

Die regelmäßige Verjährungsfrist im Zivilrecht beträgt 30 Jahre (§ 195 BGB). Das Gesetz sieht jedoch zum Teil auch im Mietrecht kürzere Fristen vor.

Wann verjähren die Ansprüche des Vermieters?

Der Anspruch auf Zahlung der **rückständigen Miete** verjährt nach vier Jahren, gerechnet ab dem Ende des Jahres, in dem die Miete fällig wurde (§§ 197, 201 BGB).

Ebenfalls in vier Jahren verjährt der Anspruch des Vermieters auf **Zahlung der Betriebskosten.** Hier beginnt die Frist mit Ablauf des Jahres, in dem die Betriebskostenabrechnung dem Mieter zugegangen ist.

Beispiel:

Rudi Sorglos, emeritierter Professor für Theologie, hatte es noch nie so sehr mit dem weltlichen Verwaltungskram. Im Jahr 1997 vergisst er gleich dreimal die Miete zu zahlen, und zwar für die Monate Januar, Juni und November. Die ihm im gleichen Jahr zugegangene Betriebskostenabrechnung für 1996 landet ungelesen im Papierkorb. Die Verjährungsfrist für alle diese Ansprüche des Vermieters Sorgenfrei beginnt mit Ende des Jahres 1997.

Auch sein Vermieter, Armin Sorgenfrei, ist nicht mehr an der Verwaltung der vielen Mietshäuser interessiert. Die Sache mit Sorglos ist ihm zu lästig. Wegen der paar tausend Mark gleich einen Brief zu schreiben oder gar zu klagen, das muss nun wirklich nicht sein. Er unternimmt also vorerst nichts. Möchte Sorgenfrei später doch etwas für sein Geld tun, so hat er bis zum 31. Dezember 2001 dazu Zeit. Ab dem 1. Januar 2002 ist der Anspruch verjährt. Sorglos darf dann die Zahlung unter Berufung auf Verjährung einfach verweigern.

Die **Ersatzansprüche** des Vermieters wegen Veränderungen oder Verschlechterungen der vermieteten Wohnung verjähren in sechs Monaten (§ 558 BGB). Dazu zählen unter anderem Schadensersatzansprüche aus vertragswidrigem Gebrauch oder Beschädigung der Wohnung und unterlassene Klein- oder Schönheitsreparaturen. Dabei beginnt die Ver-

Veränderungen der Wohnung

jährung mit dem Zeitpunkt, zu dem der Vermieter die Wohnung zurückerhält – also in der Regel mit der Schlüsselübergabe.

Wann verjähren die Ansprüche des Mieters?

Hat der Mieter eine Mietvorauszahlung geleistet, dann verjährt der Anspruch auf Rückerstattung der noch nicht abgewohnten Miete erst in 30 Jahren. Dasselbe gilt für die Rückzahlung der Kaution. Hier beginnt die Verjährung mit der Entstehung des Anspruchs (§§ 195, 198 BGB).

Die Ansprüche auf Rückzahlung zu viel gezahlter Betriebskosten verjähren in vier Jahren, gerechnet vom Ende des Jahres, in dem der Anspruch entstanden ist.

In sechs Monaten verjähren die Ansprüche des Mieters auf Ersatz von Verwendungen oder auf Gestattung der Wegnahme einer Einrichtung. Hier beginnt die Verjährung mit der Beendigung des Mietverhältnisses (§ 558 BGB). Das Mietverhältnis ist beendet, wenn die Kündigungsfrist abgelaufen ist; eine Übergabe der Wohnung an den Vermieter ist dabei nicht erforderlich.

Kündigungsfrist abgelaufen

Wie kann man einer drohenden Verjährung vorbeugen?

Wollen Sie eine drohende Verjährung Ihrer Ansprüche verhindern, dann müssen Sie vor Ablauf der Verjährungsfrist gerichtliche Schritte einleiten. Das heißt: entweder ein Mahnverfahren durchführen oder sogar Klage gegen den Vermieter erheben. (Näheres zu Klage und Mahnverfahren erfahren Sie im Kapitel „So machen Sie Ihre Ansprüche vor Gericht geltend".) Auf diese Weise wird die Verjährung unterbrochen. Auch ein Anerkenntnis des Vermieters führt zur Unterbrechung der Verjährung. Ist die Verjährung unterbrochen, wird die bereits abgelaufene Zeit nicht mehr berücksichtigt. Die Verjährungsfrist beginnt in voller Länge neu zu laufen.

Beispiel:

Wenn Sie einen Anspruch auf Rückerstattung zu viel bezahlter Betriebskosten haben, so verjährt er in vier Jahren. Bemerken Sie es erst kurz vor Ablauf dieser Frist, können Sie durch Kla-

geerhebung die Verjährung unterbrechen. Nach dieser Unterbrechung haben Sie wiederum vier Jahre Zeit, bis der Anspruch verjährt. Erkennt der Vermieter kurz vor Ablauf der neuen Frist den Anspruch an, erfolgt wiederum eine Unterbrechung und danach haben Sie wieder vier Jahre Zeit – und so weiter.

Die Verjährung kann aber auch gehemmt werden. Eine Hemmung tritt z. B. dann ein, wenn Sie mit dem Vermieter über den Anspruch verhandeln. Werden die Verhandlungen beendet, läuft die Frist weiter.

    Der Gläubiger kann also die Unterbrechung der Verjährung durch die Einleitung eines Mahnverfahrens oder durch Klageerhebung erreichen. Durch Verhandlungen kann er die Verjährung hemmen.

Verhandlungspause

Verwirkung von Ansprüchen

Nicht immer müssen Sie abwarten, bis ein Anspruch gegen Sie verjährt ist; der Vermieter kann seinen Anspruch auch verwirken. Ist ein Anspruch verwirkt, dann brauchen Sie nicht mehr zu zahlen. Solche Fälle kommen jedoch relativ selten vor. Voraussetzung dafür ist, dass Sie nach Treu und Glauben nicht mehr mit einer Zahlung rechnen konnten und auch darauf vertraut haben, dass sie nicht mehr zu erwarten sei.

„Treu und Glauben"

Beispiel:
Früher teilte Rudi Sorglos seine Wohnung mit Ehefrau Friederike, geborene Fleißig. Sie achtete immer darauf, dass alle Rechnungen rechtzeitig beglichen wurden. Für das Jahr 1990 wurde jedoch keine Betriebskostenabrechnung zugestellt. Für die Jahre 1991 und 1992 wurde die Abrechnung wieder regelmäßig zugesandt. Obwohl F. Sorglos ein paar Mal beim Vermieter wegen der fehlenden Abrechnung nachgefragt hatte, wurde ihr keine zugesandt. Hier könnte der Vermieter seinen Anspruch verwirkt haben, sofern das Ehepaar Sorglos darauf vertraut hatte, dass keine Nachzahlung mehr erforderlich sein würde.

Christina und Christian Klug   1997-07-05
Lerchenstr. 10
81234 München

Herrn
Rainer Raffke
Falkenstr. 13

82345 München

Musterbrief:
Kautionsrückzahlung

Kautionsrückzahlung

Sehr geehrter Herr Raffke,

unser Mietverhältnis über die Wohnung in der Falkenstraße 13,
III. Stock, in München wurde am 30. November 1996 beendet.
Die Wohnung haben wir Ihnen in einem ordnungsgemäßen
Zustand übergeben. Sonstige Ansprüche aus Mietrückständen
oder Betriebskosten bestehen nicht. Dennoch haben Sie die
am 1994-05-20 von uns an Sie gezahlte Kaution in Höhe von
3 600 DM bis jetzt nicht zurückgezahlt.

Wir fordern Sie deshalb mit Nachdruck auf die genannte
Summe zuzüglich der angefallenen Zinsen innerhalb von
14 Tagen ab Zustellung dieses Schreibens auf unser Konto Nr.
1234567 bei der Zaster Bank, BLZ 2345678, zu überweisen.
Sollte innerhalb der genannten Frist die Zahlung nicht erfolgt
sein, werden wir unseren Anspruch gerichtlich durchsetzen.

Mit freundlichen Grüßen

Christina Klug   Christian Klug

Hiermit bestätige ich, dass Herr Jens Weissenberger am 1. April 1997 sämtliche Wohnungs- und Nebenräumeschlüssel für die Wohnung in der Lerchenstraße 18, II. Stock links, in 81234 München an mich zurückgegeben hat.

Uwe Schwarz

Musterbrief:

Bestätigung der

Schlüsselrückgabe

Regelungen in den neuen Bundesländern

Bis zum 2. Oktober 1990 galt in den neuen Bundesländern noch das ZGB. Das Rechtsverhältnis zwischen Mieter und Vermieter richtete sich deshalb vom Abschluss des Mietvertrages bis zu seiner Beendigung ausschließlich nach dem damals geltenden Mietrecht der DDR. Dieses unterschied sich wesentlich vom Mietrecht der alten Bundesländer. So bedurfte es zur Wirksamkeit des Vertrages (wenn überhaupt ein Vertrag abgeschlossen wurde) einer staatlichen oder städtischen Zuweisung, der Ehepartner wurde automatisch selbst Mieter, Schönheitsreparaturen beschränkten sich auf „malermäßige Instandsetzung" und außerdem konnte eine kürzere Kündigungsfrist vereinbart werden. Mit der Wiedervereinigung wurden die meisten dieser Regelungen obsolet. Das ZGB ist zum 2. Oktober 1990 außer Kraft getreten; die Mietgesetze der alten Länder gelten seit dem 3. Oktober 1990 im gesamten Bundesgebiet. Der Mietvertrag wird jetzt gemäß den §§ 535 ff. BGB geschlossen, durchgeführt und beendet.

Was geschieht mit Altverträgen?

Was passiert aber mit den Verträgen, die noch vor dem 3. Oktober 1990 geschlossen wurden? Auf diese **Altverträge** findet im Prinzip auch das neue Mietrecht Anwendung. Allerdings unterliegen sie einer gewissen Sonderbehandlung. So gelten die getroffenen Vereinbarungen, sofern sie nicht gegen die Grundwerte der Rechtsordnung verstoßen, oft weiter. Entstandene Lücken werden dabei durch die Regelungen in den neuen Mietgesetzen geschlossen. Außerdem wurde eine Vielzahl neuer Gesetze und Verordnungen erlassen, um die Anpassung der Altmietverträge an das neue Mietrecht zu erleichtern. Die Altmietverträge sind danach wie folgt zu behandeln:

Anpassung an das neue Mietrecht

- Mietverträge, die vor dem 3. Oktober 1990 wirksam geschlossen wurden, bleiben weiterhin wirksam. Wurde der Mietvertrag später zum ersten Mal oder nochmals schriftlich fixiert, dann liegt trotzdem ein Altmietvertrag vor.

- War der Mietvertrag aus irgendeinem Grund nichtig und wurde das Mietverhältnis von den Mietparteien unbeanstandet über den 3. Oktober 1990 fortgeführt, ist in der Regel ein wirksamer Mietvertrag durch schlüssiges Verhalten zustande gekommen.

- Der mündlich geschlossene Mietvertrag gilt unverändert weiter, auch wenn eine längere Mietzeit als ein Jahr vereinbart wurde. Die Sanktion des § 566 BGB findet keine Anwendung.

- Der Ehegatte des Mieters bleibt weiterhin auch selbst Mieter, obwohl er den Mietvertrag nicht geschlossen hat. Damit haftet er natürlich auch für die Zahlung der Miete. Im Gegenzug muss der Vermieter alle „Gestaltungserklärungen", wie z. B. die Kündigung, gegenüber beiden Partnern abgeben.

- Hat der Mieter einen Formularmietvertrag unterzeichnet, dann unterliegt er der Kontrolle durch das AGB-Gesetz. Das AGB-Gesetz gilt bereits seit dem 1. Juli 1990 in den neuen Bundesländern. Wurde der Vertrag früher geschlossen, dann erfolgt nur eine Kontrolle gemäß § 9 AGB-Gesetz; diese Generalklausel soll verhindern, dass der Vertragspartner des Verwenders der Klauseln entgegen den Geboten von Treu und Glauben unangemessen benachteiligt wird.

- Wenn eine Kündigungsfrist von zwei Wochen vertraglich vereinbart wurde, soll sie nach Ansicht einiger Gerichte weiterhin zugunsten des Mieters gelten. Der Vermieter muss hingegen die Fristen des BGB einhalten.

- Sofern nichts anderes vereinbart wurde, ist der Vermieter weiterhin zu Instandhaltung und Instandsetzung der Wohnung und der Gemeinschaftseinrichtungen verpflichtet.
- War das Gebäude beim Vertragsabschluss in einem schlechten Zustand und wusste der Mieter das, dann kann er nur verlangen, dass eine weitere Verschlechterung beseitigt wird.
- Viele Gebäude, insbesondere die typischen „Plattenbauten", wurden vor der Wende nur unzureichend repariert. Der Mieter hat zwar einen Anspruch auf Beseitigung der Mängel, in Ausnahmefällen wird aber die „Opfergrenze" des Vermieters überschritten. Das ist dann der Fall, wenn die fehlenden Reparaturen in der Vergangenheit zu Mängeln geführt haben, die der Vermieter vor allem wegen der hohen Kosten nicht auf einen Schlag beseitigen kann. Der Vermieter darf aber in diesem Fall an dem schlechten Zustand nicht selber schuld sein. Trotzdem müssen die Mängel vollständig behoben werden – wenn auch erst nach einer gewissen Zeit.

Die „Opfergrenze"
des Vermieters

- Besonders umstritten ist die Frage, welche Schönheitsreparaturen der Mieter durchführen muss. Nach dem ZGB war der Mieter zu „malermäßigen Instandsetzungen" verpflichtet. Diese gesetzliche Pflicht ist am 2. Oktober 1990 durch Außerkrafttreten des ZGB entfallen. Dort greift jetzt die Regelung des § 536 BGB, wonach der Vermieter zur Durchführung der Schönheitsreparaturen verpflichtet ist. Die Rechtsgelehrten streiten jedoch darüber, ob das wirklich so zu sehen ist oder ob der Mieter infolge einer ergänzenden Vertragsauslegung weiterhin zu Schönheitsreparaturen verpflichtet sein soll. Eindeutig ist die Rechtslage nur, wenn in dem Vertrag die Verpflichtung zur Durchführung der Schönheitsreparaturen durch den Mieter ausdrücklich vereinbart wurde. In diesem Fall ist der Mieter weiterhin daran gebunden.

Das Mietenüberleitungsgesetz (MÜG)

Auch für Mieterhöhungen ist der 3. Oktober 1990 von entscheidender Bedeutung. Fast alle Wohnungen im Osten, die vor diesem Zeitpunkt errichtet wurden, unterlagen auch nach der Wende der Preisbindung. So richtete sich die Miethöhe nach der 1. und 2. Grundmietenverordnung (GrundMV). Diese Mietpreisbindung wurde auch vom Bundesverfassungsgericht als verfassungskonform anerkannt. Dagegen galt und gilt für frei finanzierte Wohnungen, die erst nach dem 2. Oktober zur Verfügung standen, von Anfang an das Mietrecht der alten Bundesländer. Wollen Sie also feststellen, ob eine Mieterhöhung wirksam ist, dann müssen Sie zuerst herausfinden, welche Gesetze auf diese Erhöhung überhaupt anwendbar sind. Das wiederum regelt ebenfalls ein Gesetz, und zwar § 11 MHG.

Seit Juli 1995 ist das Mietenüberleitungsgesetz (MÜG) in Kraft. Damit soll das Mietrecht in den neuen Bundesländern weiter an das in den alten herangeführt werden. Allerdings soll erst ab 1998 für alle Mieter in Deutschland dasselbe Recht gelten.

Die Auswirkungen durch das MÜG sind aber jetzt schon beträchtlich. Insbesondere wurden durch dieses Gesetz die Mieterhöhung und die Nebenkosten neu geregelt.

Mieterhöhung

Durch das MÜG wurde das Gesetz zur Regelung der Miethöhe geändert (MHG). Nach § 12 MHG kann der Vermieter die Miete insgesamt um 20 % wie folgt erhöhen:

Frühestens ab dem 1. August 1995 um 15 %. Ab dem 1. Januar 1997 besteht für den Vermieter die Möglichkeit die Miete um weitere 5 % zu erhöhen. Diese zusätzlichen 5 % kommen aber nur in Betracht, wenn Ihre Wohnung in einer Gemeinde mit mindestens 20 000 Einwohnern oder in einer Gemeinde liegt, die an eine Stadt mit mindestens 100 000 Einwohnern angrenzt.

Die Mieterhöhung ist aber nur möglich, wenn an dem zur Mietwohnung gehörenden Gebäuden drei Gebäudeteile keine

Voraussetzungen für die Mieterhöhung

Mängel aufweisen. Zu den Gebäudeteilen zählen: Dach, Fenster, Außenwände, Hausflure oder Treppenhaus, Elektro-, Gas- oder Wasser- und Sanitärinstallationen.

Sind zwar drei Gebäudeteile ohne Mängel, fehlt es aber an einem Bad oder einer Zentralheizung, dann ist lediglich eine Erhöhung um 10 % möglich. Das gilt übrigens auch dann, wenn Sie das Bad oder die Zentralheizung selbst eingebaut haben.

Zusätzlich 5 % mehr müssen sie berappen, wenn Sie in einem Einfamilienhaus wohnen, oder bei Wohnungen, die im komplexen Wohnungsbau geplant waren und nach dem 30. Juni 1990 fertig gestellt wurden.

Diese Erhöhungen dürfen nur auf die Nettomiete aufgeschlagen werden; bei der Berechnung der Mieterhöhung wird von der Miete ausgegangen, die am 11. Juni 1995 zu entrichten war.

Übrigens: Haben Sie vorher zu Unrecht Beschaffenheitszuschläge gezahlt, dann darf der Vermieter Ihre Miete nicht erhöhen.

Mieterhöhung durch Modernisierung
Auch Modernisierungen können zusätzlich zu einer Mieterhöhung führen, die allerdings 3 DM pro Quadratmeter nicht übersteigen darf. Diese Kappungsgrenze gilt bis zum 31. Dezember 1997.

Bei Gebäuden, die nach dem 2. Oktober 1990 errichtet wurden, gelten dieselben Regelungen für die Mieterhöhung wie in den alten Bundesländern (nachzulesen im Kapitel „Mieterhöhung").

Nebenkosten

Früher waren die Betriebskosten in der Miete weitgehend enthalten. Bei Altbauten konnte der Vermieter ab dem 1. Oktober 1991 die Nebenkosten unter bestimmten Voraussetzungen (bei entsprechenden Abzügen von der ursprünglichen Miete) neben der Miete verlangen.

Hat der Vermieter die Umlage der Betriebskosten auf den Mieter versäumt, kann er das bis zum 31. Dezember 1997 nachholen. Diese Erklärung muss schriftlich erfolgen. Sie wirkt allerdings nur für die Zukunft.

Kündigung

Bei Mietverträgen, die nach dem 2. Oktober 1990 geschlossen wurden, gelten genau dieselben Regeln wie in den alten Bundesländern.

Sofern in Altmietverträgen eine Kündigungsfrist von 14 Tagen vereinbart war, gilt diese kurze Kündigungsfrist nur noch für den Mieter. Der Vermieter muss sich an die gesetzlichen Kündigungsfristen halten. (Näheres dazu finden Sie im Kapitel „Die Beendigung des Mietverhältnisses".) Eine Kündigung von Altmietverträgen darf der Vermieter seit dem 31. Dezember 1995 auch auf Eigenbedarf stützen. Eine Kündigung wegen angemessener wirtschaftlicher Verwertung ist dagegen immer noch unwirksam.

Kurze Kündigungsfrist gilt nur für Mieter

Wohngeld

Bis zum 31. Dezember 1996 galt in den neuen Bundesländern ein vereinfachtes Verfahren zur Wohngeldgewährung. Ab dem 1. Januar 1997 sollte das Verfahren dem der alten Bundesländer angeglichen werden. Dennoch gelten in den neuen Bundesländern zur Zeit andere Bestimmungen und Wohngeldtabellen. Wegen jederzeit möglicher Änderungen der Lage informieren Sie sich bitte bei den im Kapitel „Besondere Mietverhältnisse" angegebenen Stellen.

Besondere Mietverhältnisse

Sozialwohnungen

Wollen Sie eine Wohnung, für die der Vermieter nicht fast nach Belieben die Miete festsetzen und erhöhen darf? Man möchte es kaum glauben, aber es gibt sie. Sie heißen Sozialwohnungen und sind im gesamten Bundesgebiet zu finden. Aber wie kommt es, dass einige Vermieter bei vergleichbarem Wohnraum weniger Spielraum haben als andere?

Öffentliche Mittel Im Gegensatz zu frei finanzierten Wohnungen, bei deren Errichtung der Vermieter ausschließlich sein eigenes Kapital oder einen privaten Kredit einsetzt, werden ihm zum Bau von Sozialwohnungen öffentliche Mittel des Bundes, der Länder oder der Gemeinden zur Verfügung gestellt. Meistens handelt es sich dabei um zinsgünstige Darlehen.

Im Gegenzug wird der Vermieter einigen Beschränkungen unterworfen, die im Wohnungsbindungsgesetz (WoBindG) geregelt sind. So darf er die Wohnung nur an einen bestimmten Personenkreis vermieten. Außerdem darf er die Höhe der Miete nicht frei mit dem Mieter aushandeln, sondern darf höchstens die **Kostenmiete** verlangen. Das ist die Miete, die zur Deckung der laufenden Aufwendungen des Vermieters erforderlich ist. Sie ist in der Regel wesentlich günstiger als Mieten für vergleichbare frei finanzierte Wohnungen. Außerdem darf der Vermieter die Kostenmiete nur dann erhöhen, wenn sich seine Aufwendungen für die laufenden Kosten ebenfalls erhöht haben. Eine Sozialwohnung bietet dem Mieter also viele Vorteile.

Wie kommt man zu einer Sozialwohnung?

Eine Sozialwohnung können Sie leider nur unter bestimmten Voraussetzungen mieten. Der Vermieter darf sie Ihnen nur dann überlassen, wenn Sie einen **Wohnberechtigungsschein** haben. Sie können ihn jederzeit beim zuständigen Wohnungsamt beantragen. Dort erhalten Sie auch die Antragsformulare. (Das Wohnungsamt finden Sie im Telefonbuch unter dem Stichwort „Stadtverwaltung".)

Berechtigungsschein

Ob Ihnen jedoch ein Wohnberechtigungsschein erteilt wird, hängt von Ihrem Einkommen ab, genauer gesagt: vom Gesamteinkommen aller Familienmitglieder, die in die Sozialwohnung ziehen wollen. Das darf nämlich eine bestimmte Höchstgrenze nicht überschreiten.

Zur Zeit gelten folgende Einkommensgrenzen:

Familiengröße	Einkommensgrenze
Ein-Personen-Haushalt	23 000 DM
Zwei-Personen-Haushalt	33 400 DM
Drei-Personen-Haushalt	41 400 DM
Vier-Personen-Haushalt	49 400 DM
Für jede weitere Person erhöht sich die Einkommensgrenze um jeweils	8 000 DM

Liegt Ihr Einkommen ein wenig über diesen Beträgen, dann sollten Sie trotzdem einen Antrag auf Erteilung eines Wohnberechtigungsscheins stellen. Denn selbst bei einer Überschreitung der Bemessungsgrenzen bis zu 5 % haben Sie noch immer gute Chancen den begehrten Schein zu erhalten.

Bei einigen Personen wird die Einkommensgrenze höher angesetzt. Dazu zählen: junge Ehepaare, Schwer- und Schwerstbehinderte, Aussiedler, Zuwanderer und Rentner. Gehören Sie diesem Personenkreis an, dann wenden Sie sich für nähere Informationen an das für Sie zuständige Wohnungsamt.

Höhere Einkommensgrenzen

Beispiel:

*Andrea und Stefan Glück, beide 35 Jahre jung, haben 1995
geheiratet. Andrea Glück wird 1997 voraussichtlich ein Einkommen von 40 000 DM erzielen. Stefan Glück ist Hausmann
und hat keine eigenen Einkünfte. Sie stellen Ende 1996 einen
Antrag auf eine Sozialwohnung. Das Wohnungsamt wird ihnen
einen Wohnberechtigungsschein ohne Probleme erteilen. Zwar
sieht die Tabelle für Zwei-Personen-Haushalte eine Einkommensgrenze von 33 400 DM vor, doch muss vom Einkommen
der Familie ein Freibetrag in Höhe von 8 000 DM abgezogen
werden, da die beiden nicht älter als 40 Jahre alt und noch keine
fünf Jahre verheiratet sind. Damit liegt das Gesamteinkommen
mit 32 000 DM bereits unterhalb der Einkommensgrenze. Werbungskosten und andere Frei- und Abzugsbeträge haben hier
also letztendlich keine Bedeutung mehr.*

*Wie berechnet man
das Einkommen?*

Einkommen ist nicht gleich Einkommen. Die genaue Berechnung ist in mehreren Vorschriften geregelt. Zuerst wird das
Jahreseinkommen der Familie ermittelt, die in eine Sozialwohnung einziehen will. Das Einkommen setzt sich aus allen
Löhnen, Gehältern, Renten und anderen Einnahmen (z. B. aus
Kapitalvermögen oder aus selbstständiger Arbeit der einzelnen Familienmitglieder) zusammen. Von diesem Gesamt-
betrag können nun wieder bestimmte Posten abgezogen werden. So kann jeder seine Werbungskosten – entweder pauschal oder in konkreter Höhe durch Einzelbelege nachgewiesen – abziehen. Pauschale Abzüge von 6 bis 10 % können für
die Einkommen derjenigen Familienmitglieder angesetzt werden, die Lohn- oder Einkommensteuer entrichten oder Pflichtbeiträge zu gesetzlichen Versicherungen leisten.

Manche Posten müssen Sie auch gar nicht erst in Ihr
Gesamteinkommen mit aufnehmen: Erziehungs- und Kindergeld sind unter anderem kein Einkommen in diesem Sinne.

Die exakte Berechnung ist ebenso umfangreich wie kompliziert und es empfiehlt sich die Beratung und Hilfe der Woh-
nungsämter dafür in Anspruch zu nehmen.

Ein Schein – eine Sozialwohnung! Unglücklicherweise geht
diese Rechnung nicht immer auf. Da die Nachfrage höher ist

als das Angebot, kann es Ihnen passieren, dass Sie zwar alle Voraussetzungen erfüllen, aber Ihnen dennoch keine Sozialwohnung zur Verfügung gestellt werden kann. Einen Rechtsanspruch darauf haben Sie nämlich nicht, und auch das Wohnungsamt kann nur zuteilen, wenn genügend Wohnungen frei sind. Außerdem richtet sich die Zuteilung nicht primär nach dem Zeitpunkt des Antrags, sondern nach der Dringlichkeit des Begehrens. Deshalb sollten Sie Initiative entwickeln und sich auf eigene Faust bei Vermietern von Sozialwohnungen (Wohnungsbaugesellschaften, -genossenschaften, privaten Vermietern) bewerben.

Die Nachfrage ist entscheidend

Glück gehabt: Der Schein liegt vor und einige Wohnungen stehen zur Zeit frei. Aber Achtung: Sie sind unter Umständen noch immer nicht am Ziel Ihrer Wünsche.

Das Gesetz hat bestimmte Vorstellungen darüber, wie groß die Wohnung, die Sie erhalten sollen, sein darf. In etwa gilt Folgendes:

Personen pro Haushalt	Wohnungsgröße
Eine Person	45 qm
Zwei Personen	60 qm oder zwei Räume
Drei Personen	75 qm oder drei Räume
Vier Personen	90 qm oder vier Räume
Für jedes weitere Familienmitglied erhöht sich die Wohnfläche um 15 qm oder einen Raum.	

Junge Ehepaare unter 40 Jahren bekommen dabei einen „Baby-Bonus" von zusätzlich 15 qm oder einen weiteren Raum, wenn sie nicht länger als fünf Jahre verheiratet sind. Hier wird also der mögliche Familienzuwachs schon mit berücksichtigt.

„Baby-Bonus"

Beispiel:
Das Ehepaar Glück findet 1997 eine 75 qm große Sozialwohnung. Eigentlich würde ihnen höchstens eine Wohnung mit 60 qm oder zwei Räumen zustehen. Da beide jedoch unter 40 Jahre alt und nicht länger als fünf Jahre verheiratet sind, können sie die Wohnung trotzdem mieten.

Kostenmiete

Wenn es mit der Wohnung geklappt hat, müssen Sie nur noch darauf achten, dass Sie nicht mehr Miete zahlen als unbedingt nötig. Der Vermieter darf nämlich nicht mehr für die Überlassung der Wohnung verlangen als die Kostenmiete – also nur so viel, wie zur Deckung seiner laufenden Aufwendungen erforderlich ist (§ 8 WoBindG). Das sind:

- Kosten der Fremd- oder auch Eigenkapitalfinanzierung (Zinsen)
- Abschreibungskosten für das Gebäude
- Verwaltungs- und Instandhaltungskosten
- Betriebskosten
- Mietausfallwagniskosten

Auskunft vom Vermieter verlangen

Wollen Sie überprüfen, ob Ihre Kostenmiete auch stimmt, dann fordern Sie den Vermieter auf Ihnen Auskunft über die Ermittlung und Zusammensetzung der Miete zu erteilen. Dieses Recht steht Ihnen zu (§ 8 WoBindG). Erscheint Ihnen die dabei erteilte Auskunft unzureichend, können Sie bei der zuständigen Stelle des Landes die Höhe der zulässigen Miete in Erfahrung bringen.

Sollte das vereinbarte Entgelt höher sein als die zulässige Kostenmiete, dann können Sie das zu viel Gezahlte samt Zinsen vom Vermieter zurückverlangen. Dieser Rückerstattungsanspruch verjährt erst nach vier Jahren, gerechnet ab dem Zeitpunkt, zu dem Sie die überhöhte Zahlung geleistet haben. Aber Vorsicht: Wenn das Mietverhältnis beendet ist, verjährt der Rückerstattungsanspruch spätestens nach Ablauf eines Jahres ab der Beendigung.

Übrigens: Ebenso wie bei den frei finanzierten müssen auch bei den Sozialwohnungen die Betriebskosten separat abgerechnet werden.

Ende der Sozialbindung

Auch wenn Sie eine Sozialwohnung gemietet haben, wird Ihnen die günstige Kostenmiete nicht für immer erhalten bleiben. (Zur Erhöhung der Kostenmiete finden Sie Näheres im Kapitel „Mieterhöhung".)

Wenn die Sozialbindung der Wohnung endet, darf die Miete ebenso wie bei frei finanzierten Wohnungen erhöht werden. Der Vermieter ist dann lediglich an die allgemeinen Mieterhöhungsvorschriften gebunden, also insbesondere an die 20- bis 30-prozentige Kappungsgrenze für Mieterhöhungen innerhalb der letzten drei Jahre. (Näheres zur Mieterhöhung bei frei finanzierten Wohnungen finden Sie in Kapitel „Mieterhöhung".)

Die Sozialbindung besteht ja nur deshalb, weil der Vermieter beim Bau der Wohnung öffentliche Mittel in Anspruch genommen hat. Dabei wurde z. B. für die Rückzahlung eines öffentlichen Darlehens ein Tilgungsplan mit dem Vermieter vereinbart. Zahlt er jetzt planmäßig die letzte Rate zurück, entfällt damit die Sozialbindung der Wohnung. Erfolgt die Rückzahlung vorzeitig, dann ist der Vermieter aber nicht automatisch frei; in der Regel darf er bis zum Ablauf des zehnten Kalenderjahres nach dem Jahr der vollständigen Rückzahlung des Darlehens weiterhin nur die Kostenmiete verlangen.

Fehlbelegungsabgabe

Natürlich verändern sich im Laufe der Zeit die Einkommensverhältnisse der Mieter von Sozialwohnungen. Doch auch, wenn sich Ihr Einkommen erhöht hat, können Sie weiterhin in der Wohnung bleiben. Der Vermieter darf Ihnen deswegen keinesfalls die Miete erhöhen oder gar das Mietverhältnis kündigen. Unter Umständen müssen Sie aber eine Fehlbelegungsabgabe an die Gemeinde zahlen. Das ist eine Ausgleichszahlung dafür, dass Sie in einer Sozialwohnung wohnen, obwohl Sie eigentlich nicht mehr wohnberechtigt sind. Die näheren Modalitäten regeln die einzelnen Bundesländer selbst. Baden-Württemberg, Bayern, Bremen, Nordrhein-Westfalen und Berlin haben inzwischen entsprechende Gesetze erlassen. Ob eine Ausgleichszahlung erhoben wird und wie hoch sie ausfällt, das richtet sich danach, in welcher Gemeinde die Sozialwohnung liegt und um wie viel Ihr Einkommen die Einkommensgrenzen überschreitet. Übersteigt es die Einkommensgrenze um mehr als 20 % und wohnen Sie in einer Gemeinde, in der eine Fehlbelegungsabgabe erhoben wird, dann werden

Veränderte Einkommensverhältnisse

auch Sie mit Sicherheit nicht davon verschont bleiben. Über kurz oder lang wird Sie die zuständige Behörde auffordern einen Einkommensnachweis zu erbringen. Sollten Sie der Aufforderung nicht nachkommen, dann legt die Behörde die höchstmögliche Fehlbelegungsabgabe für Sie fest.

Die Fehlbelegungsabgabe wird pro Quadratmeter Wohnfläche erhoben. Ist die Sozialwohnung groß, werden Sie entsprechend stärker zur Kasse gebeten. Die Höhe der Abgabe ist sehr unterschiedlich; also erkundigen Sie sich am besten bei Ihren örtlichen Mietervereinen oder beim Wohnungsamt.

Falls Sie Familienzuwachs oder eine Einkommensreduzierung zu erwarten haben, dann sollten Sie das sofort der Behörde melden. Unter Umständen liegen Sie dann nämlich wieder unterhalb der Einkommensgrenzen, sodass die Fehlbelegungsabgabe wieder entfällt.

Übrigens: Wer eine Fehlbelegungsabgabe entrichtet, kann unter Umständen nach Wegfall der Sozialbindung der Wohnung vom Vermieter stärker zur Kasse gebeten werden als andere Mieter. Ist bei einer normalen Mieterhöhung die Kappungsgrenze von 20 % oder 30 % zu beachten, so kann der Vermieter die Miete in diesem Fall ohne Rücksicht auf diese Grenzen erhöhen, und zwar bis zur Höhe der Fehlbelegungsabgabe.

Kappungsgrenze gilt nicht!

Beispiel:
Zahlt der Mieter 5 DM pro Quadratmeter und zusätzlich 3 DM Fehlbelegungsabgabe, dann darf der Vermieter nach dem Wegfall der Sozialbindung die Miete um 3 DM pro qm erhöhen. Wenn er die Kappungsgrenze beachten müsste, dürfte er die Miete höchstens um 1,50 DM erhöhen.

Wohngeld

Während die Löhne stagnieren, steigen die Mieten unablässig weiter. Da ist es nicht verwunderlich, dass viele Mieter mit niedrigem Einkommen die Miete aus eigener Kraft nicht mehr bestreiten können. Aber keine Sorge, in einem solchen Fall gewährt Ihnen der Staat finanzielle Hilfe: das Wohngeld. Sie sollten sich nicht scheuen diese Hilfe in Anspruch zu nehmen. Sie ist ebenso selbstverständlich wie öffentliche Subventionen für Schwimmbäder oder Theater. Auch dort hat ja niemand Bedenken, weil er mit dem Eintrittspreis lediglich einen Bruchteil der tatsächlichen Kosten deckt.

Liegen die notwendigen Voraussetzungen vor, dann haben Sie einen Rechtsanspruch auf Wohngeld. Dabei wird nicht die gesamte Miete vom Staat bezahlt, sondern es gibt einen entsprechenden Zuschuss.

Zuschuss vom Staat

Sie müssen jedoch selbst aktiv werden und einen Antrag stellen. Eine Ausnahme gilt für Mieter, die Sozialhilfe oder Kriegsopferfürsorge erhalten – sie bekommen automatisch ein pauschaliertes Wohngeld. (Näheres dazu im Abschnitt: „Zahlungen durch das Sozialamt".) Antragsformulare dafür erhalten Sie bei der Wohngeldstelle Ihrer Gemeinde-, Stadt-, Amts- oder Kreisverwaltung. Dort können Sie sich auch beraten lassen und den Antrag stellen. Den Antrag darf in der Regel nicht jedes Familienmitglied stellen, sondern nur der Haushaltsvorstand. Danach müssen Sie warten, bis über Ihren Antrag entschieden wird. Dauert die Bearbeitung aber länger, dann sollten Sie sich nach einem Vorschuss auf das künftige Wohngeld erkundigen.

Wenn sich bei Ihnen Änderungen ergeben, die für die Gewährung des Wohngeldes von Bedeutung sein könnten, dann müssen Sie das der Wohngeldstelle mitteilen.

Geht die Behörde davon aus, dass ein Anspruch besteht, dann erhalten Sie einen Bewilligungsbescheid; falls nicht, können Sie gegen den ablehnenden Bescheid vorgehen. Wie das geht, erfahren Sie aus der dem Bescheid beigefügten Rechtsbehelfsbelehrung. Genauso können Sie vorgehen, wenn Sie mit dem Bewilligungsbescheid nicht einverstanden sind.

Bewilligungsbescheid

Wer bekommt Wohngeld?

Sowohl Mieter einer Wohnung oder eines Zimmers als auch Eigentümer eines Eigenheims oder einer Eigentumswohnung haben unter bestimmten Voraussetzungen Anspruch auf Wohngeld. Dabei kommt es auf die Zahl der Familienmitglieder im Haushalt, ihr Gesamteinkommen und die Höhe der zuschussfähigen Miete oder Belastung an.

Familienmitglieder sind:

- der Haushaltsvorstand
- sein Ehegatte
- Kinder
- Eltern
- Geschwister
- weitere Angehörige, die im Gesetz genannt werden

Sie müssen mit dem Haushaltsvorstand eine Wohn- und Wirtschaftsgemeinschaft führen. Ebenso wie bei der Sozialwohnung kommt es beim Wohngeld auf das Jahreseinkommen aller zum Haushalt gehörenden Familienmitglieder an. Dabei wird auf das Einkommen abgestellt, das während des Bewilligungszeitraums voraussichtlich erzielt wird. Sollte das nicht möglich sein, zählt das Jahreseinkommen, das vor der Stellung des Antrags erzielt wurde.

Das Jahres-einkommen Das Jahreseinkommen setzt sich vor allem zusammen aus:

- Löhnen und Gehältern
- Renten
- Unterhaltszahlungen
- Arbeitslosen- und Krankengeld
- Kindergeld

Davon sind vor allem abzuziehen:

- Werbungskosten, entweder in tatsächlich entstandener Höhe oder als Pauschale
- Familienfreibeträge (Kinder- und Altersfreibeträge)
- Beschädigten- und Hinterbliebenen-Grundrenten
- Vermögenswirksame Leistungen des Arbeitgebers
- Unterhaltszahlungen bis zu einer bestimmten Grenze
- Schwerbehindertenfreibeträge

Von dem so für jedes Familienmitglied ermittelten Betrag können Sie ferner pauschale Abzüge zwischen 6 und 30 % vornehmen – 6 % ohne weitere Bedingungen.

Dieser Abzug erhöht sich auf 12,5 %, wenn das Familienmitglied Pflichtbeiträge zur gesetzlichen Krankenversicherung oder zur gesetzlichen Rentenversicherung oder Steuern vom Einkommen entrichtet. Entrichtet das Familienmitglied Pflichtbeiträge zur gesetzlichen Kranken- und Rentenversicherung oder Steuern vom Einkommen und Pflichtbeiträge zur gesetzlichen Kranken- oder Rentenversicherung, so erhöht sich der Abzug auf 20 %. Auf 30 % erhöht er sich, wenn das Familienmitglied Steuern vom Einkommen und sowohl Pflichtbeiträge zur gesetzlichen Kranken- als auch zur Rentenversicherung zahlt.

Nach all diesen Abzügen ist jetzt von dem übrig gebliebenen Betrag das Monatseinkommen zu berechnen. Sie müssen also das Jahreseinkommen durch zwölf teilen. Jetzt können Sie aus der entsprechenden Tabelle ersehen, ob Sie Anspruch auf Wohngeld haben oder nicht. (Die Tabelle dazu finden Sie am Ende dieses Kapitels.)

Beispiel:
Das Ehepaar Karin und Thomas Fuchs zahlt eine hohe Miete für seine Wohnung in Hamburg.
Karin Fuchs verdient im Jahr nach Abzug von Werbungskosten 24 000 DM. Thomas Fuchs hat nach Abzug der Werbungskosten ein Jahreseinkommen von 8 000 DM. Besondere Freibeträge können sie nicht geltend machen. Beide zahlen aber Steuern aus Einkommen und Pflichtbeiträge zur gesetzlichen Kranken- und Rentenversicherung.
Da ihnen die Mietzahlungen über den Kopf wachsen, wollen sie Wohngeld beantragen. Antragsberechtigt ist nur Karin Fuchs als Haushaltsvorstand, da sie den größten Beitrag zum Unterhalt der Familie leistet. Die Wohngeldstelle wird ihnen nur dann einen Bewilligungsbescheid ausstellen, wenn ihr gesamtes Einkommen unterhalb der Einkommensgrenze bleibt.
Die Einkommensgrenze für ein Haushalt mit zwei Familienmitgliedern liegt laut Tabelle bei 2 000 DM monatlich.
Kann das Ehepaar Fuchs Wohngeld beantragen oder nicht? Die folgende Berechnung seines Einkommens gibt Aufschluss darüber:

Die Einkommensgrenze

Einkommen der Familie Fuchs:	
Karin Fuchs:	
Jahreseinkommen nach Abzug der Werbungskosten	24 000 DM
Besondere Freibeträge	–
Pauschaler Abzug	./. 7 200 DM
(30 %, weil Steuern vom Einkommen sowie Pflichtbeiträge zur Kranken- und Rentenversicherung gezahlt wurden)	
	16 800 DM
Thomas Fuchs:	
Jahreseinkommen nach Abzug der Werbungskosten	8 000 DM
Besondere Freibeträge	–
Pauschaler Abzug	./. 2 400 DM
(30 %, weil Steuern vom Einkommen sowie Pflichtbeiträge zur Kranken- und Rentenversicherung gezahlt wurden)	
	5 600 DM
Das gesamte Jahreseinkommen beläuft sich also auf	16 800 DM
	+ 5 600 DM
	22 400 DM
Das Monatseinkommen beträgt rund (22 400 DM geteilt durch zwölf)	1 866 DM

Familie Fuchs hat also einen Anspruch auf Wohngeld, weil sie mit 1 866 DM noch unterhalb des Einkommensgrenzwertes von 2 000 DM liegt.

Wie viel Wohngeld bekommt man?

Wie bereits erwähnt, wird nicht die gesamte Miete oder Belastung vom Staat übernommen, sondern es wird ein Zuschuss gezahlt. Dabei ist Miete nicht gleich Miete. Unter **Miete** versteht das Wohngeldgesetz das Entgelt für die Gebrauchsüberlassung von Wohnraum aufgrund von Mietverträgen oder ähnlichen Nutzungsverhältnissen einschließlich Umlagen, Zuschlägen und Vergütungen (§ 5 WoGG). Zur Miete gehören auch: Kosten des Wasserverbrauchs, der Abwasser- und Müllbeseitigung und der Treppenbeleuchtung.

Nicht zur Miete gehören unter anderem: Kosten des Betriebs von zentralen Heizungsanlagen, Wasserversorgungsanlagen und zentralen Brennstoffversorgungsanlagen sowie die Kosten der Fernheizungen; außerdem Zahlungen für Garage, Stellplatz und Garten, aber auch der Teil der Miete, der für den gewerblich genutzten Teil der Wohnung gezahlt wird.

Belastungen hingegen sind die Kosten, die Eigentümer *Belastungen* eines Eigenheims oder einer Eigentumswohnung zu tragen haben: Kosten aus den Krediten für das Haus (z. B. Zinsen), Betriebs-, Instandhaltungs- und Verwaltungskosten und die Grundsteuer. Die Belastung wird in einer Wohngeld-Lastenberechnung ermittelt (§ 6 WoGG).

Wurde die relevante Miete oder Belastung ermittelt, kommt oft eine Enttäuschung auf den Mieter zu, denn: Belastungen und Mieten sind nur bis zu einem bestimmten Betrag zuschussfähig. Wer diesen Höchstbetrag überschreitet, bekommt keinen Pfennig mehr.

Beispiel:
Ein Mieter aus München, der 1 000 DM Miete zahlt, erhält genauso viel wie sein Nachbar mit gleichem Einkommen, aber einer Miete von nur 625 DM. Die höchste zuschussfähige Miete in München für Alleinstehende liegt nämlich bei 625 DM.

Diese Höchstbeträge verändern sich allerdings je nach Wohnort. Im Wohngeldgesetz sind sechs Mietstufen festgelegt. Jede Gemeinde gehört einer solchen Mietstufe an. Sie richtet sich nach dem Mietenniveau der Gemeinde: Je höher die Mieten, desto höher die Mietstufe.

Beispiel:
München hat die höchste Mietstufe, nämlich 6. Diese Einstufung resultiert aus den hohen Mieten, die in München bezahlt werden müssen. Borken in Hessen hat hingegen wegen des niedrigen Mietniveaus die Stufe 1. Daher liegt der Höchstbetrag

für die zuschussfähige Miete eines Alleinstehenden in Borken bei 445 DM, in München hingegen bei 625 DM.

Die Bundesregierung hat zwei Broschüren zum Wohngeld herausgegeben. Für die alten Bundesländer mit dem Titel „Wohngeld", für die neuen Bundesländer unter dem Titel „Wohngeld, Miet- und Lastenzuschuss in den neuen Bundesländern". Darin finden Sie nicht nur die vollständigen Wohngeldtabellen, sondern auch Tipps und einige Berechnungsbeispiele rund ums Wohngeld.

Die Broschüre „Wohngeld" erhalten Sie kostenlos bei den Wohngeldstellen. Sie können sie auch unter folgender Adresse bestellen:

Bundesbauministerium
Deichmanns Aue
53179 Bonn

Zahlungen durch das Sozialamt

Arbeitslosigkeit, Firmenpleite, Krankheit oder ein anderer Schicksalsschlag – schnell kann man in Geldnot geraten. Dennoch muss die Miete pünktlich und in voller Höhe gezahlt werden, sonst droht die Kündigung. In solchen Fällen sollten Sie die Hilfe des Sozialamts in Anspruch nehmen und Sozialhilfe beantragen. Wer seinen notwendigen Lebensunterhalt aus eigenen Kräften und Mitteln nicht oder nicht ausreichend bestreiten kann, dem muss das Sozialamt entsprechende Hilfe gewähren (§ 11 Bundessozialhilfegesetz).

Wer keinen Anspruch auf Sozialhilfe hat

Sozialhilfe wird aber nur nachrangig gewährt. Keinen Anspruch auf Sozialhilfe hat demnach derjenige:

- der den notwendigen Lebensunterhalt aus eigenem Einkommen oder Vermögen bestreiten kann,
- dessen nicht getrennt lebender Ehegatte über ein entsprechend hohes Einkommen oder Vermögen verfügt,
- der anderweitig ausreichende Hilfe erhält, z. B. von Angehörigen (Eltern, Kindern), die zum Unterhalt verpflichtet sind,

■ der Ansprüche gegen andere Sozialleistungsträger hat. Dazu zählen unter anderem: Arbeitslosengeld, Arbeitslosenhilfe, Renten. Sind diese Leistungen zu niedrig, dann kann ein Anspruch gegen das Sozialamt bestehen. Lässt die Leistung auf sich warten, kann überbrückend Sozialhilfe geleistet werden.

Können Sie also Ihren notwendigen Lebensunterhalt weder selbst noch mit sonstiger Hilfe bestreiten, wird Ihnen Sozialhilfe gewährt. Den Antrag müssen Sie beim Sozialamt stellen. Die Behörde ermittelt Ihren persönlichen Bedarf und leistet dann die entsprechende Hilfe. Da es dabei stets auf den Einzelfall ankommt, sollten Sie sich beim zuständigen Sozialamt darüber erkundigen, welche Leistungen Ihnen gewährt werden können.

Ihr persönlicher Bedarf

Natürlich gehört zum notwendigen Lebensunterhalt auch eine Unterkunft. Das Sozialamt kann Ihnen also auch die Kosten für eine Wohnung zahlen. Allerdings müssen die Kosten Ihrem notwendigen Bedarf angemessen sein. Sind sie es nicht – leben Sie z. B. allein in einer großen und teuren Wohnung –, dann müssen Sie unter Umständen sogar einen Umzug in Kauf nehmen. Heizungs- und teilweise auch die übrigen Nebenkosten können ebenfalls vom Sozialamt übernommen werden. Dabei handelt es sich um **laufende Leistungen.** Das Gesetz sieht aber auch **einmalige Leistungen** vor. So wird z. B. die Instandsetzung von Hausrat übernommen, wenn das in großem Umfang erforderlich ist. Aber auch die Instandhaltung der Wohnung (z. B. durch Reparaturen) wird finanziert. Zum Teil werden auch rückständige Mietschulden bezahlt, um eine drohende Kündigung abzuwenden.

Als Sozialhilfeempfänger haben Sie durchaus auch einen Anspruch auf Wohngeld. Ab dem 1. April 1991 jedoch brauchen Sozialhilfeempfänger und Empfänger von Kriegsopferfürsorge keinen Wohngeldantrag mehr zu stellen. Sie erhalten automatisch mit der Sozialhilfe oder den Leistungen nach dem Bundesversorgungsgesetz ein pauschales Wohngeld. (Näheres dazu finden Sie in diesem Kapitel im Abschnitt „Wohngeld".)

Ein neuer Arbeitsplatz und der Arbeitgeber besorgt die passende Unterkunft dazu? Einige Arbeitgeber bieten diesen Service. Die Motive sind dabei sehr unterschiedlich. So soll die Wohnung oder gar das Haus dem qualifizierten Arbeitnehmer Anreiz für einen Arbeitsplatzwechsel bieten. Der Arbeitnehmer soll sofort einsatzfähig sein und nicht seine Kraft mit der Wohnungssuche vergeuden. Oder der Arbeitgeber hat ganz einfach Interesse daran, dass der Arbeitnehmer auch außerhalb seiner festen Arbeitszeiten verfügbar bleibt, wie das z. B. bei Hausmeister- oder Pförtnerwohnungen oft der Fall ist. Vermieter ist dann der Arbeitgeber selbst oder ein Dritter. Oft bieten Arbeitgeber Eigentümern von Häusern Darlehen an – im Gegenzug wird ihnen dann das Recht eingeräumt den Wohnraum zu belegen. Eine Werkwohnung liegt aber nur dann vor, wenn sie mit Rücksicht auf das Bestehen oder im *Vermietung im* Rahmen eines Dienstverhältnisses vermietet wurde. Falls *Rahmen des* nicht, können Sie die nachfolgenden Seiten einfach überblät- *Dienstverhältnisses* tern; dann gelten ausschließlich die allgemeinen Mietrechtsvorschriften. Der Vorteil von Werkwohnungen: keine lange und kostspielige Suche; der Nachteil: vor allem kürzere Kündigungsfristen. Dabei unterscheidet das Gesetz zwischen **Werkmietwohnungen, funktionsgebundenen Wohnungen** und **Werkdienstwohnungen.**

Werkmietwohnungen

Werkmietwohnungen sind Wohnungen, die mit Rücksicht auf das Bestehen eines Dienstverhältnisses vermietet wurden. Dabei schließen Sie zwei Verträge: einen Arbeits- oder Dienstvertrag und einen selbstständigen Mietvertrag. Auf den Mietvertrag sind die allgemeinen Mietvorschriften anwendbar. Die Mieterhöhung z. B. richtet sich wie sonst auch nach dem Gesetz zur Regelung der Miethöhe. Allerdings trägt das Gesetz den Interessen des Arbeitgebers Rechnung, der nach Beendigung des Arbeitsverhältnisses die Wohnung an andere Arbeitnehmer vermieten möchte. Deshalb gelten für Werkmietwohnungen kürzere Kündigungsfristen.

Ist das Mietverhältnis auf unbestimmte Zeit eingegangen worden, dann ist nach Beendigung des Dienstverhältnisses eine Kündigung des Vermieters zulässig – bei Wohnraum, der weniger als zehn Jahre überlassen war, spätestens am dritten Werktag eines Kalendermonats für den Ablauf

■ des übernächsten Monats, wenn der Wohnraum für einen anderen zur Dienstleistung Verpflichteten, sprich für einen anderen Arbeitnehmer benötigt wird;

■ des nächsten Monats, wenn das Mietverhältnis vor dem 1. September 1993 eingegangen worden ist und der Wohnraum für einen anderen zur Dienstleistung Verpflichteten dringend benötigt wird.

Es muss also ein unbefristetes Mietverhältnis vorliegen. Das ist z. B. dann der Fall, wenn beim Abschluss des Mietvertrages kein Zeitpunkt für eine Beendigung genannt wurde; aber auch dann, wenn vereinbart wurde, dass das Mietverhältnis bis zur Beendigung des Arbeitsverhältnisses befristet sein soll.

Wurde Ihnen die Wohnung vor mehr als zehn Jahren über- *Kündigungsfristen* lassen (zurückgerechnet ab dem Zeitpunkt des Zugangs der Kündigung), dann gelten die kürzeren Kündigungsfristen nicht. Der Vermieter muss die allgemeinen Vorschriften beachten. Da Sie bereits seit über zehn Jahren in der Wohnung wohnen, haben Sie eine Kündigungsfrist von zwölf Monaten. Genauer gesagt: zwölf Monate abzüglich der wenigen Tage, die der Vermieter in Anspruch nehmen darf, um Ihnen die Kündigung zuzustellen.

Ist Ihnen die Wohnung vor weniger als zehn Jahren ab dem Zeitpunkt des Zugangs der Kündigung überlassen worden, dann kommen die kürzeren Kündigungsfristen in Betracht.

Beispiel:
(das Mietverhältnis wurde nach dem 1. September 1993 eingegangen):
Walter Fleißig hat am 18. Januar 1994 einen Arbeitsvertrag und einen selbstständigen Mietvertrag über eine Werkmietwohnung abgeschlossen. Am 31. Januar 1997 endet das Arbeitsverhältnis. Der Vermieter darf Fleißig frühestens zum

30. April 1997 kündigen. Und das auch nur, wenn ihm die Kündigung spätestens am 3. Februar 1997 zugegangen ist und die Wohnung für einen anderen Arbeitnehmer benötigt wird.

Beispiel:
(das Mietverhältnis wurde vor dem 1. September 1993 eingegangen):
Luise König hat am 18. Januar 1992 einen Dienstvertrag und einen selbstständigen Mietvertrag über eine Werkmietwohnung abgeschlossen. Am 31. Mai 1997 endet das Dienstverhältnis. Der Vermieter darf König frühestens zum 31. Juli 1997 kündigen. Dabei muss ihr die Kündigung spätestens am 3. Juni 1997 zugehen und der Arbeitgeber muss darüber hinaus die Wohnung für einen anderen zur Dienstleistung Verpflichteten dringend benötigen.

Auch bei der Werkmietwohnung greift die Sozialklausel. Der Mieter kann der Kündigung widersprechen, wenn die Beendigung des Mietverhältnisses für ihn oder seine Familie eine unzumutbare Härte bedeuten würde.

Allerdings ist die Frist für den Widerspruch auf einen Monat verkürzt. Der Mieter muss spätestens einen Monat vor Beendigung des Mietvertrages widersprechen, weil sonst der Vermieter eine Fortsetzung des Mietverhältnisses ablehnen darf. Das gilt aber nur, wenn der Vermieter auf diese Frist hingewiesen hat.

Interessenabwägung Bei der nachfolgenden Interessenabwägung ist das Interesse des Arbeitgebers an der Vermietung an einen anderen Arbeitnehmer auch dann zu berücksichtigen, wenn er nicht selbst Vermieter ist.

Die Sozialklausel findet keine Anwendung:
- bei funktionsgebundenen Wohnungen,
- falls der Mieter das Arbeitsverhältnis gelöst hat, ohne dass ihm vom Arbeitgeber ein gesetzlich begründeter Anlass gegeben wurde,
- wenn der Mieter durch sein Verhalten dem Arbeitgeber einen gesetzlich begründeten Anlass zur Auflösung des Arbeitsverhältnisses gegeben hat.

Kurz gefasst: Wohnen Sie in einer funktionsgebundenen Wohnung oder liegt es an Ihnen, dass das Arbeitsverhältnis beendet wurde, dann haben Sie keinen sozialen Kündigungsschutz.

Funktionsgebundene Wohnungen

Noch kürzer sind die Kündigungsfristen bei funktionsgebundenen Wohnungen. Das sind Wohnungen, die in einer engen Beziehung zum Arbeitsplatz stehen; z. B. die Hausmeisterwohnung, die für den neuen Hausmeister oder einen anderen Mitarbeiter gebraucht wird. Bei diesen Wohnungen ist gemäß § 565 c Abs. 2 BGB eine Kündigung zulässig: „… spätestens am dritten Werktag eines Kalendermonats für den Ablauf dieses Monats, wenn das Dienstverhältnis seiner Art nach die Überlassung des Wohnraums, der in unmittelbarer Beziehung oder Nähe zur Stätte der Dienstleistung steht, erfordert hat und der Wohnraum aus dem gleichen Grunde für einen anderen zur Dienstleistung Verpflichteten benötigt wird."

Noch kürzere Fristen

Beispiel:
Hausmeister Huber wohnt in einer Werkmietwohnung, die mitten in den Büroräumen der Firma liegt. Das Firmengelände befindet sich am freien Feld, weit ab von sonstigen Wohngebäuden. Das Arbeitsverhältnis wird zum 31. Januar 1997 gekündigt. Geht Herrn Huber die Kündigung spätestens am 3. Februar 1997 zu, dann läuft die Kündigungsfrist schon am 28. Februar 1997 ab.

Werkdienstwohnungen

Werkdienstwohnungen sind Wohnungen, die im Rahmen eines Dienstverhältnisses überlassen wurden.

Hier liegt kein selbstständiges Mietverhältnis vor; Arbeits- und Mietvertrag bilden eine Einheit. Die Überlassung der Wohnung stellt gleichzeitig einen Teil der Vergütung dar. Damit gilt das allgemeine Mietrecht nicht direkt. Der Mieter ist zum Teil verpflichtet die Wohnung zu bewohnen und die Wohnung darf nicht unabhängig vom Arbeitsvertrag gekündigt werden. Als Beispiel kann hier ebenfalls eine Hausmeisterwohnung genannt werden, wenn sie in enger Beziehung zur Arbeitsleistung steht. Die Befugnis des Mieters die Wohnung

Einheit von Arbeits- und Mietvertrag

zu benutzen endet in solchen Fällen in der Regel mit dem Ende des Arbeitsverhältnisses.

Hat der Arbeitnehmer die Wohnung ganz oder überwiegend mit Einrichtungsgegenständen ausgestattet oder führt er darin mit seiner Familie einen eigenen Hausstand, sieht die Sache wieder anders aus: Die Beendigung des Arbeitsverhältnisses führt nicht automatisch zum Ende des Benutzungsrechts. Da hier in der Regel aber eine funktionsgebundene Wohnung vorliegen dürfte, wird die Kündigungsfrist weniger als einen Monat betragen.

Möblierte Räume

Kurze Kündigungsfrist

Bietet Ihnen der Vermieter möblierten Wohnraum zur Miete an, sollten Sie höchste Vorsicht walten lassen. Sie sparen zwar Kosten für die Einrichtung, müssen aber mit einer sehr kurzen Kündigungsfrist rechnen.

Diese Sonderfristen gelten allerdings nur unter ganz bestimmten Voraussetzungen. So muss der Vermieter den Wohnraum ganz oder überwiegend mit Einrichtungsgegenständen ausstatten. Zu den Einrichtungsgegenständen zählen z. B. Schränke, Regale, Betten, sonstige Möbel, Lampen und Teppiche.

Ferner muss der Wohnraum ein Teil der vom Vermieter selbst bewohnten Wohnung sein; also z. B. zwei Zimmer mit Bad in der Fünf-Zimmer-Wohnung des Vermieters. Ist das nicht der Fall, dann gelten grundsätzlich die normalen Kündigungsfristen.

Außerdem darf der Wohnraum nicht einer Familie zum dauernden Gebrauch überlassen worden sein. Denn auch dann gelten grundsätzlich die normalen Kündigungsfristen. Als Familie gilt auch ein kinderloses Ehepaar, nicht jedoch eine nicht eheliche Lebensgemeinschaft.

Wenn die Voraussetzungen vorliegen, ist die Kündigung dann zulässig:

■ wenn der Mietzins nach Tagen bemessen ist: an jedem Tag für den Ablauf des folgenden Tages,

■ wenn der Mietzins nach Wochen bemessen ist: spätestens am ersten Werktag einer Woche für den Ablauf des folgenden Samstags,

■ wenn der Mietzins nach Monaten oder längeren Zeitabschnitten bemessen ist: spätestens am Fünfzehnten eines Monats für den Ablauf dieses Monats.

Beispiel:

Rentnerin Luise Krenz lebt seit dem Tod ihres Gatten alleine in einer Hamburger Sechs-Zimmer-Wohnung. Um die Rente aufzubessern, aber auch der Zerstreuung wegen vermietet sie zwei Zimmer samt Bad an den Medizinstudenten Peter Grob. Die Zimmer sind vollständig möbliert, an den Fenstern hängen sogar noch die schönen Blümchenvorhänge. Der Mietzins wird monatlich entrichtet. Leider kann sich Krenz mit dem Skelett und den anderen medizinischen Exponaten, die Grob eifrig sammelt, nicht anfreunden. Deshalb kündigt sie ihm am 15. Januar 1997 zum 31. Januar 1997. Diese kurze Kündigungsfrist ist zulässig.

Zwei Monate später vermietet sie dieselben Räume zum dauernden Gebrauch an das nette Ehepaar Berger, beide Jurastudenten. Mit der Zeit hat sie es aber satt die ständigen (berechtigten) Mietminderungen hinzunehmen und kündigt am 15. Oktober 1997 zum 31. Oktober 1997. Bergers müssen aber zu diesem Termin nicht ausziehen. Da der Wohnraum einer Familie zum dauernden Gebrauch überlassen wurde, gelten die allgemeinen und nicht die kurzen Kündigungsfristen.

Einliegerwohnungen

Wenn Mieter und Vermieter unter einem Dach leben, dann sind Streitigkeiten fast vorprogrammiert. Entweder bohrt der Mieter angeblich zu viele Löcher in die kostbaren Betonwände oder er lässt das Treppenhaus verkommen. Schnell wird die Situation für beide Mietparteien unzumutbar. Deshalb hat der Gesetzgeber für solche Mietverhältnisse den Kündigungsschutz eingeschränkt. Betroffen davon sind Mieter, die ein

Alle unter einem Dach

Mietverhältnis über eine Wohnung in einem vom Vermieter selbst bewohnten Wohngebäude geschlossen haben. Das gilt aber nur, wenn es sich um ein Zwei- oder Dreifamilienhaus handelt. Bei einem Dreifamilienhaus wird zusätzlich gefordert, dass mindestens eine der drei Wohnungen durch Ausbau oder Erweiterung nach dem 31. Mai 1990 und vor dem 1. Juni 1995 fertig gestellt worden ist. Ebenfalls einbezogen sind Mietverhältnisse über Wohnraum innerhalb der vom Vermieter selbst bewohnten Wohnung – aber nur, wenn der Mieter selbst den Wohnraum mit Einrichtungsgegenständen ausgestattet hat oder, falls nicht, wenn ihm der Wohnraum zum dauernden Gebrauch für seine Familie überlassen wurde.

Die Wahl des Vermieters
In allen drei Fällen hat der Vermieter die Wahl: Entweder stützt er seine Kündigung auf sein berechtigtes Interesse, dann läuft alles so wie bei einer normalen Kündigung. Oder er kündigt ohne Gründe, dann verlängert sich die normale Kündigungsfrist um drei Monate. In dem Kündigungsschreiben muss der Vermieter aber zum Ausdruck bringen, dass er die Kündigung nicht auf ein berechtigtes Interesse stützt.

Beispiel:
Silke Arndt mietet 1992 eine Wohnung im vom Vermieter selbst bewohnten Zweifamilienhaus. Ohne Berufung auf ein berechtigtes Interesse kündigt ihr der Vermieter die Wohnung am 31. März 1994 zum 30. Juni 1994. Bei einer normalen Kündigung, also unter Angabe von Gründen, wäre diese Dreimonatsfrist ausreichend, da das Mietverhältnis kürzer als 5 Jahre gedauert hat. Der Vermieter hat die Kündigung allerdings nicht begründet, deshalb verlängert sich die Kündigungsfrist um weitere drei Monate. Diese Kündigung wäre also nur wirksam, wenn der Vermieter zum 30. September 1994 gekündigt hätte.

Wohngemeinschaften

Große Wohnung, hohe Miete – kleine Wohnung, niedrige Miete? Das stimmt nur bedingt. Natürlich werden Sie für eine Sechs-Zimmer-Wohnung mehr zahlen müssen als für ein

Zwei-Zimmer-Appartment; der Quadratmeterpreis ist aber bei der großen Wohnung in der Regel günstiger. Das ist leicht nachvollziehbar: Ältere Wohnungen sind noch im Hinblick auf die Großfamilie gebaut worden, der Trend zum Singlehaushalt hält aber weiterhin an. So stehen viele große Wohnungen leer, während ein Mangel an kleinen besteht. Die Lösung: Statt mehrerer kleiner wird eine große Wohnung gemietet und geteilt. Ab drei Mietern nennt man das **Wohngemeinschaft.**

Den Mietvertrag können alle Mitglieder der Wohngemeinschaft als Hauptmieter unterschreiben. Eine andere Möglichkeit ist, dass ein oder zwei Mitglieder als Hauptmieter den Mietvertrag schließen; die anderen werden dann Untermieter. *Hauptmieter*

Haben alle unterschrieben, so haften sie als Gesamtschuldner für die Miete. Das heißt: Der Vermieter kann von jedem Einzelnen den gesamten Mietzins verlangen. Sie sollten also darauf achten, dass Sie mit solventen Personen zusammenziehen. Ansonsten holt sich der Vermieter die gesamte Miete bei Ihnen. Will der Vermieter die Miete erhöhen, muss er diese Erklärung gegenüber allen Mitgliedern abgeben. Ausnahmsweise genügt die Erklärung an einen von den Mitgliedern benannten Vertreter. Wenn der Vermieter eine Kündigung aussprechen will, muss er das allerdings gegenüber jedem einzelnen Mitglied tun; hier genügt die Erklärung gegenüber dem Vertreter keinesfalls. Besonders problematisch ist die Kündigung durch ein einzelnes Mitglied der Wohngemeinschaft. Die Wohnung wurde ja an mehrere Personen vermietet, eigentlich müssten dann entweder alle oder keiner kündigen. Auch genügt es nicht, wenn der Vermieter mit der Kündigung eines Mitglieds einverstanden ist, denn auch die anderen Beteiligten müssten ihre Zustimmung geben. Um diesen Schwierigkeiten aus dem Weg zu gehen, sollten Sie bereits beim Abschluss des Mietvertrages unter Hinweis darauf, dass die Wohnung an eine Wohngemeinschaft vermietet wird, eine entsprechende Austritts- und Eintrittsklausel vereinbaren. Z. B.: „Durch den Austritt eines oder mehrerer Mieter wird das Mietverhältnis nicht beendet, sondern mit den übrigen Mitgliedern unverändert fortgeführt. Den übrigen Mietern wird das Recht eingeräumt einen Ersatzmieter zu benennen, der in die Rechtsposi- *Wenn nur einer auszieht* tion des ausgeschiedenen eintritt." Haben Sie eine solche Regelung getroffen, brauchen Sie den Vermieter nur noch zu informieren, wenn ein Ersatzmieter gefunden wurde. Ein solches Schreiben könnte dann so aussehen:

Sehr geehrter Herr Schmitt,

wie Sie wissen, scheidet Herr Karl Kern aus dem Mietverhältnis aus. Wir haben uns für Frau Annette Amberger, zur Zeit wohnhaft in der Wiesenstraße 18 in 12345 Hamburg, als seine Nachfolgerin entschieden.

Mit freundlichen Grüßen

Unterschriften

Zwischen den Mitgliedern kann dann vereinbart werden, dass einzelne Mitglieder das Recht haben sollen das Mietverhältnis für sich selbstständig zu kündigen.

Untermietverhältnis

Wenn nur eine oder zwei Personen den Mietvertrag unterschrieben haben, sind die anderen Mitglieder nur Untermieter. Der Hauptmieter haftet dann alleine für die Zahlung der Miete. Mieterhöhungen und auch eine Kündigung braucht der Vermieter nur ihm gegenüber auszusprechen. Kündigt der Hauptmieter selbst, wird das Mietverhältnis aufgelöst. Der Untermieter hat keinen Anspruch auf Fortsetzung. Sie sollten dem Vermieter bereits bei Vertragsschluss mitteilen, dass Sie untervermieten wollen. Das hilft spätere Komplikationen zu vermeiden. Haben Sie sich für einen Untermieter entschieden, dann müssen Sie den Vermieter ebenfalls darüber informieren. Ist eine entsprechende Vereinbarung im Mietvertrag nicht getroffen worden, müssen Sie den Vermieter um Erlaubnis bitten Teile der Wohnung unterzuvermieten. Dabei müssen Sie Angaben über den künftigen Untermieter machen. Verweigert der Vermieter die Erlaubnis, können Sie unter Einhaltung der gesetzlichen Frist kündigen, sofern nicht in der Person des Dritten ein wichtiger Grund (z. B. Beleidigung des Vermieters) vorlag. Haben Sie ein wirtschaftliches oder persönliches Interesse an der Untervermietung, z. B. niedriges Einkommen bei hohem Mietzins, dann kann der Vermieter nur ausnahmsweise die Erlaubnis verweigern (§ 549 BGB).

Entsteht bei Ihnen nach Abschluss des Mietvertrages ein berechtigtes Interesse daran einen Teil der Wohnung unterzuvermieten, dann können Sie die Erlaubnis des Vermieters verlangen. Der Vermieter darf sie nur verweigern, wenn:

Die Erlaubnis des Vermieters

- in der Person des Untermieters ein wichtiger Grund vorliegt,
- der Wohnraum überbelegt werden würde,
- dem Vermieter eine Untervermietung unzumutbar wäre.

Ist dem Vermieter eine Untervermietung nur bei einer angemessenen Erhöhung des Mietzinses zumutbar, dann kann er die Erlaubnis davon abhängig machen, dass sich der Mieter damit einverstanden erklärt.

Wenn Sie einen Untermieter aufnehmen wollen, müssen Sie sich auch über Folgendes im Klaren sein: Sie sind Vermieter des Untermieters. Also sollten Sie einen entsprechenden Mietvertrag schließen. Der Untermieter hat Ihnen gegenüber nämlich dieselben Rechte wie ein normaler Mieter gegenüber dem Vermieter. Sie sollten dabei beachten, dass Sie genügend Zeit haben müssen, um dem Untermieter zu kündigen, bevor Sie selbst kündigen; oder, im Falle einer Kündigung durch den Vermieter: dass Sie die Wohnung nicht zu einem früheren Zeitpunkt räumen müssen als Ihr Untermieter.

Auch wenn der Vermieter Ihnen die Erlaubnis zur Untervermietung erteilt hat, haften Sie ihm gegenüber, wenn der Untermieter die Wohnung beschädigt. Der Untermieter selbst hat keine Rechte gegenüber dem Vermieter. Dieser braucht ihm nicht einmal zu kündigen. Kündigt der Vermieter Ihnen, dann ist automatisch auch der Untermieter draußen.

Haftung bei Untervermietung

Wer eine Wohngemeinschaft gründen will, sollte daran denken unter anderem folgende Punkte im Vorfeld mit den anderen Mitgliedern zu regeln:

- Eintritt und Austritt der Mitglieder. Vor allem: Wie wird über die Aufnahme neuer Mitglieder entschieden (z. B. einstimmig)?
- Wie werden die Miet- und Betriebskosten aufgeteilt (z. B. nach einem Verteilungsschlüssel nach der Größe der einzelnen Räume – Quadratmeterzahl)?
- Wenn nur ein Hauptmieter die Miete und die Betriebskosten komplett überweist: Wann müssen die übrigen an ihn zahlen?
- Wie sollen Reparaturen grundsätzlich und Schönheitsreparaturen im Besonderen durchgeführt werden? Bei häufiger wechselnden Mitgliedern ist es sinnvoll einen Fond einzurichten für die nachfolgenden, damit sie beim Auszug nicht auf den gesamten Kosten für die Schönheitsreparaturen sitzen bleiben.
- Die Benutzung der einzelnen Gemeinschaftsräume usw.

Verträge mit Familienmitgliedern

Es gibt mindestens zwei handfeste Gründe dafür, auch unter Verwandten konkrete Mietverträge abzuschließen. Der eine Grund heißt „Familienstreit", der andere „Steuerersparnis".

Familienstreit
Familienstreitigkeiten kommen leider recht häufig vor. Eine Erbauseinandersetzung oder bloß ein falsches Wort – und schon ist der Familienfriede nachhaltig gestört. Vereinbarungen geraten dabei allzu oft in Vergessenheit. Deshalb sollten Sie vor allem dann, wenn es um Ihre Wohnung geht, von Anfang an klare Verhältnisse schaffen. Sind Rechte und Pflichten der Mietparteien schwarz auf weiß geregelt, dann ändert auch ein Familienzwist daran nichts.

Aber auch die Möglichkeit Steuern zu sparen kann einen Anreiz zum Abschluss eines Mietvertrages zwischen Familienmitgliedern bieten. Natürlich liegt der Hauptvorteil dabei beim Vermieter. Wollen Sie aber z. B. als potenzieller Erbe des Vermieters das Familienvermögen vor dem Fiskus schützen, kann es durchaus sinnvoll sein einen normalen Mietvertrag abzuschließen.

Wer Einkünfte aus Vermietung oder Verpachtung hat (§ 21 Einkommensteuergesetz), muss diese auch versteuern. Das ist zunächst negativ für den Vermieter. Wer Steuern für Einkünfte aus Vermietung zahlen muss, darf aber auch Werbungskosten absetzen – und das ist wiederum positiv. Noch günstiger wird es, wenn die Werbungskosten höher ausfallen als die Mieteinnahmen. Dann spart der Vermieter nicht nur die Steuern aus der Vermietung, sondern kann den Werbungskostenüberschuss zur Minderung anderer Einkünfte nutzen. Bei diesem **horizontalen Verlustausgleich** hat der Vermieter letztendlich ein geringeres Einkommen und muss entsprechend weniger Steuern zahlen.

Steuerersparnis

Entscheidend ist also dabei, dass die Werbungskosten entsprechend hoch ausfallen. Das ist aber bei Einkünften aus Vermietung nicht allzu schwer, denn Werbungskosten sind Aufwendungen, die zur Erwerbung, Sicherung und Erhaltung der Einnahmen dienen (§ 9 Einkommensteuergesetz). Dazu zählen z. B. die Zinsen für das Darlehen, das zum Erwerb des Gebäudes aufgenommen wurde (nicht aber die Tilgungsraten!); ebenso laufende Aufwendungen für das Gebäude, Kosten der Hausverwaltung, Grundsteuer, Müllabfuhr-, Kanalbenutzungs- und Straßenreinigungsgebühren, außerdem Absetzungen für Abnutzung und Substanzverringerung des Gebäudes. Ob diese Werbungskosten anfallen, hängt natürlich vom Einzelfall ab.

Beispiel:

Annette Jakobsen vermietet in ihrem Mehrfamilienhaus eine Wohnung an Verwandte. Die Mieteinnahmen im Jahr 1996 betragen 11 000 DM. Jakobsen zahlt aber noch Zinsen für den Kredit ab, den sie für den Erwerb des Hauses aufgenommen hat. Außerdem werden zahlreiche Reparaturen an der Wohnung vorgenommen. Ferner fallen Grundsteuern, Müllabfuhr-, Kanalbenutzungs- und Straßenreinigungsgebühren sowie Beiträge zum Haus- und Grundbesitzerverein an. Dazu kommen Absetzungen für Abnutzung und Substanzverringerung des Gebäudes. Insgesamt belaufen sich diese Ausgaben auf 20 000 DM. Da es sich dabei um Werbungskosten handelt, hat

Jakobsen einen Verlust in Höhe von 9 000 DM (11 000 DM minus 20 000 DM) bei der Vermietung gemacht. Diesen Verlust kann sie bei den anderen Einkünften, z.B. bei denen aus nichtselbstständiger Arbeit, ausgleichen. Damit verringert sich ihr zu versteuerndes Einkommen für das Jahr 1996 und sie zahlt insgesamt weniger Steuern.

Allerdings muss dabei einiges beachtet werden:

- Der Vermieter muss die Absicht haben einen Überschuss durch die Vermietung zu erzielen. Ansonsten werden die Verluste steuerlich nicht anerkannt. (Ob ihm ein Überschuss letztendlich gelingt, das ist dann seine Sache; schließlich kann das nicht garantiert werden.)
- Das Entgelt für die Überlassung der Wohnung zu Wohnzwecken sollte auf jeden Fall nicht weniger betragen als 50 % der ortsüblichen Marktmiete.
- *Der Drittvergleich* Der Mietvertrag mit einem Verwandten muss einem **Drittvergleich** standhalten. Der Steuergesetzgeber sieht bei Verträgen unter Familienmitgliedern vielfach die Gefahr eines Missbrauchs zuungunsten des Fiskus. Durch Missbrauch von rechtlichen Gestaltungsmöglichkeiten soll das Steuergesetz nicht umgangen werden (§ 42 Abgabenordnung). Da ein solcher Missbrauch auch bei Mietverträgen unter Verwandten häufig vermutet wird, werden diese vom Finanzamt besonders unter die Lupe genommen. Nur wenn das Mietverhältnis zwischen Familienmitgliedern genauso geschlossen und durchgeführt wird, wie das mit einem beliebigen Dritten der Fall wäre, hat der Vermieter eine Chance auf steuerliche Anerkennung.

Besonders kritisch ist die Rechtslage, wenn eine Wohnung an einen Unterhaltsberechtigten vermietet wird. Der Bundesfinanzhof – das oberste Gericht in Steuerangelegenheiten – sah einen Mietvertrag zwischen einem Vater und seinem unterhaltsberechtigten Sohn als steuerrechtlich rechtsmissbräuchlich an. Etwas anderes ist es, wenn Eltern unterhaltsberechtigt sind. Es ist grundsätzlich nicht rechtsmissbräuchlich, wenn der unterhaltsverpflichtete Sohn seiner Mutter den

Unterhalt in Geld auszahlt und wegen der Überlassung einer Wohnung einen Mietvertrag mit ihr abschließt (so das Gericht).

Wie Sie sehen, ist die steuerliche Behandlung von Mietverträgen unter Verwandten durchaus kompliziert. Sind Sie jedoch durch die vorangegangenen Zeilen zum Steuersparen angeregt worden, dann ist der Weg zum Steuerberater zu empfehlen. Er kann Ihnen die Vor- und Nachteile ganz konkret auf Ihren Fall zugeschnitten erläutern. Übrigens: Auch die Kosten für den Steuerberater können Sie von der Steuer absetzen.

Garagenmietvertrag

Wer hat noch nicht bei der Suche nach einem Parkplatz kostbare Zeit vergeudet! Was liegt da näher, als einen Kfz-Stellplatz oder eine Garage zu mieten?

Angenommen Sie haben einen Mietvertrag über eine Wohnung mit Garage geschlossen. Ihr Wohnungsnachbar hat zwar auch eine Garage gemietet, allerdings bei einer anderen Grundstücksgesellschaft, also unabhängig von der Wohnung. Nach ein paar Jahren und einer Mieterhöhung von 40 % wird ihm die Garage gekündigt, und zwar mit einer Kündigungsfrist von knapp drei Monaten. Diese Kündigung ist wirksam. Besorgt um seinen neuen Porsche wendet er sich an den gemeinsamen Wohnungsvermieter. Der Plan ist einfach: Der Nachbar bekommt Ihre Garage, der Vermieter erhält eine höhere Miete. Und Sie? Sie können Ihr Auto in Zukunft auf der Straße parken, denn der Vermieter kündigt Ihnen die Garage. Aber keine Sorge: Die Kündigung ist unwirksam. Der Vermieter darf nämlich die Garage nur im Zusammenhang mit der Wohnung kündigen. Eine Teilkündigung ist unzulässig. Damit besteht auch für Ihre Garage derselbe Kündigungsschutz wie für die Mietwohnung. Der Vermieter lässt aber nicht locker. Wenn er schon keinen neuen Mieter bekommt, dann will er zumindest mehr Geld sehen. Deshalb versucht er Ihnen die Miete für die Garage um 40 % zu erhöhen. Auch hier wird es nur bei einem Versuch bleiben. Die isolierte Mieterhöhung für Ihre Garage

Ist die Garage zusammen mit der Wohnung vermietet?

ist nämlich ebenfalls unzulässig. Eine Mieterhöhung ist nur im Zusammenhang mit der Wohnung möglich und 40 % sind bei einer Mietwohnung nicht drin. Hier schiebt das Gesetz zur Regelung der Miethöhe dem Vermieter einen Riegel vor.

Mieterhöhungs- und Kündigungsschutz für Ihre Garage, nicht jedoch für die des Nachbarn? Nun: Die eine Garage wurde in sachlichem Zusammenhang mit einer Wohnung gemietet, die andere nicht.

Wenn die Garage (oder der Kfz-Stellplatz) nicht im Zusammenhang mit einer Wohnung gemietet wurde, besteht kein besonderer Kündigungsschutz. Der Vermieter muss dann lediglich die Frist des § 565 BGB beachten. Das heißt: Ist der Mietzins nach Monaten oder einem längeren Zeitraum bemessen, kann der Vermieter das Mietverhältnis spätestens am dritten Werktag eines Monats für den Ablauf des übernächsten *Drei Monate Zeit* Monats kündigen. Sie haben also knapp drei Monate Zeit.

Wurden hingegen Wohnung und Garage (oder Kfz-Stellplatz) zusammen vermietet, dann liegt ein einheitlicher Mietvertrag vor. Der Vermieter kann die Garage nur zusammen mit der Wohnung kündigen. Damit erstreckt sich der Wohnraumkündigungsschutz auch auf die Garage. Eine separate Mieterhöhung ist ebenfalls ausgeschlossen. Gefordert wird also ein einheitliches Mietverhältnis. Ob ein solches vorliegt, ist manchmal schwer erkennbar. Wurde die Garage in einem Mietvertrag mit der Wohnung vermietet oder ohne ausdrückliche Erwähnung zusammen mit der Wohnung überlassen, dann ist die Angelegenheit klar. In beiden Fällen liegt eindeutig ein einheitliches Mietverhältnis vor.

Es gibt aber auch kompliziertere Fälle, z. B. wenn die Garage zu einem anderen Zeitpunkt als die Wohnräume vermietet wurde. Hier muss der Vertrag ausgelegt werden. Besteht ein sachlicher Zusammenhang zwischen den beiden Mietverträgen, liegt ein einheitliches Mietverhältnis vor. Dafür spricht z. B., dass die gleiche Mietdauer für Wohnung und Garage vereinbart oder im Garagenmietvertrag Bezug auf die Wohnung genommen wurde.

Wenn ein solches einheitliches Mietverhältnis vorliegt, dann ist Ihre Garage in der Regel ebenso sicher wie die Wohnung.

Eine Ausnahme gibt es aber doch: Will Ihr Vermieter neuen Wohnraum schaffen und braucht er hierzu die Garage oder den Platz, auf dem sie steht, dann ist eine Teilkündigung ausnahmsweise zulässig (§ 564 b Abs. 2 Nr. 4 BGB). Der Gesetzgeber versucht nämlich die Schaffung von neuem Wohnraum zu fördern. Deshalb wurde mit dem Wohnungsbau-Erleichterungsgesetz vom 17. Mai 1990 und dem Vierten Mietrechtsänderungsgesetz vom 21. Juli 1993 den Vermietern die Möglichkeit einer Teilkündigung von Nebenräumen eingeräumt. Voraussetzung ist jedoch:

- dass die Nebenräume nicht zum Wohnen bestimmt sind (das dürfte bei einer Garage kein Hinderungsgrund sein),
- dass der Vermieter Wohnraum zum Zwecke der Vermietung schaffen oder den neu zu schaffenden und den vorhandenen Wohnraum mit Nebenräumen und Grundstücksteilen ausstatten will.

Baut Ihr Vermieter also die vorhandenen Räume aus oder schafft er neue und braucht er dazu Ihre Garage, dann ist eine Teilkündigung möglich. Dabei muss er aber die Absicht haben den so entstandenen Wohnraum zu vermieten. *Teilkündigung*

Trifft das zu, ist die Kündigung spätestens am dritten Werktag eines Monats für den Ablauf des übernächsten Monats zulässig. Sollten sich die geplanten Bauarbeiten jedoch verzögern, können Sie eine entsprechende Verlängerung des Mietverhältnisses verlangen.

Als Trostpflaster dürfen Sie eine angemessene Senkung des Mietzinses fordern. Aber Vorsicht: Der Vermieter ist nicht von sich aus verpflichtet die Miete zu senken – hier müssen Sie selbst aktiv werden.

Einige Wohnungen werden automatisch mit Garage angeboten. Brauchen Sie keine, so können Sie untervermieten. Am besten klären Sie das gleich beim Vertragsschluss mit Ihrem Vermieter, ansonsten brauchen Sie dazu seine Zustimmung. Aber auch die ist nicht schwer zu bekommen, weil der Vermieter sie nur in Ausnahmefällen verweigern darf. Da sie dem Untermieter die Garage ohne Bezug zur Wohnung überlassen, besteht kein Kündigungsschutz.

Vertrag Nr. _____
Ausfertigung für Vermieter/Mieter

Mietvertrag für Garagen

(● grüne Punkte am Rande weisen darauf hin, daß eine zusätzliche Eintragung oder eine Streichung vorzunehmen ist.)

Unter Mieter und Vermieter werden die Mietparteien auch dann verstanden, wenn sie aus mehreren, ggf. auch juristischen Personen bestehen. Alle im Vertrag genannten Personen haben den Mietvertrag eigenhändig zu unterschreiben. Nichtzutreffende Teile des Mietvertrages sind durchzustreichen, freie Stellen sind auszufüllen oder durchzustreichen.

● Zwischen _____

● in _____ als Vermieter

● und _____

● wohnhaft: _____ als Mieter

wird folgender Mietvertrag geschlossen.

§ 1 — Mietsache

● 1. zur Einstellung von _____ Kraftfahrzeugen _____

werden auf dem Grundstück _____

_____ Garage _____ Nr. _____, _____ Boxe _____ Nr. _____, _____ Sammelgaragenplatz _____ Nr. _____ vermietet.

3. Der Anspruch des Mieters auf Übergabe der Mietsache entsteht erst nach voller Bezahlung des ersten Mietzinses. Hat der Mieter in den ersten drei Tagen nach dem Beginn des Mietverhältnisses die Mietsache nicht in Besitz genommen und den fälligen Mietzins nicht gezahlt, darf der Vermieter über die Mietsache anderweitig verfügen, ohne daß es einer Kündigung bedarf.

§ 2 – *Mietzeit und Kündigung*

● 1. Das Mietverhältnis beginnt am

● Das Mietverhältnis endet am

● Es verlängert sich jeweils um _____, wenn eine der Parteien nicht spätestens

● _____ vor Ablauf der Mietzeit der Verlängerung widerspricht.

● Das Mietverhältnis läuft auf unbestimmte Zeit und kann unter Einhaltung einer Frist von _____ gekündigt werden.

_____ zum Ende eines

2. Die Kündigung muß schriftlich erfolgen und dem anderen Vertragspartner spätestens am letzten Werktage vor Beginn der Kündigungsfrist zugegangen sein. Sind mehrere Personen gemeinsam Mieter, so gilt die gegenüber einem der Mieter ausgesprochene Kündigung auch für die anderen Mieter.

3. Der Vermieter kann den Mietvertrag aus wichtigem Grund mit sofortiger Wirkung ohne Einhaltung einer Kündigungsfrist kündigen, wenn der Mieter seinen vertraglichen Verpflichtungen nicht nachkommt (z. B. Zahlungsrückstand, erhebliche Belästigung des Vermieters oder anderer Mieter, vertragswidriger Gebrauch, unbefugte Überlassung an Dritte, Verstoß gegen behördliche Vorschriften, insbesondere wiederholter Verstoß gegen Umweltschutzbestimmungen, usw.). Ein Zahlungsrückstand in diesem Sinne liegt vor, wenn der Mieter mit mehr als einer Rate im Rückstand ist.

4. Hat der Vermieter gemäß Absatz 3 gekündigt, so ist er berechtigt, die eingestellten Gegenstände nach vergeblicher schriftlicher Aufforderung an die letzte bekannte Adresse des Mieters aus der Mietsache zu entfernen und die Zufahrt zu sperren.

5. Durch den Tod des Mieters wird der Vertrag nicht aufgehoben.

6. Setzt der Mieter den Gebrauch der Mietsache nach Ablauf der Mietzeit fort, so findet § 568 BGB für Vermieter und Mieter keine Anwendung. Eine Vereinbarung, durch die das abgelaufene Mietverhältnis fortgesetzt oder erneuert wird, bedarf stets der Schriftform.

§ 3 – Miete und Nebenkosten

● 1. Die Miete beträgt monatlich. . . . . DM _____

   in Worten: _____

● 2. Neben der Miete sind monatlich zu entrichten für:

   _____ z. Z. _____

   _____ z. Z. _____

   _____ z. Z. _____

   insgesamt: z. Z. _____

● 3. Außerdem hat der Mieter nachfolgende Nebenkosten, soweit nicht bereits in Absatz 1 und 2 enthalten, anteilig zu tragen:

§ 4 – Zahlung der Miete und der Nebenkosten

● 1. Die Miete und Nebenkosten sind monatlich im voraus, spätestens am dritten Werktag des Monats porto- und spesenfrei an den Vermieter oder an die von ihm zur Entgegennahme ermächtigte Person oder Stelle zu zahlen.

● 2. Die Miete und Nebenkosten sind z. Z. auf das Konto Nr. _____ bei _____ einzuzahlen.

● Miete und Nebenkosten werden im Lastschrift-Einzugsverfahren von einem vom Mieter zu benennenden Konto abge-

● 3. Bei verspäteter Zahlung ist der Vermieter berechtigt, Mahnkosten in Höhe von DM _____ je Mahnung, unbeschadet von Verzugszinsen, zu erheben.

§ 5 – Sammelheizung

● 1. Der Vermieter ist verpflichtet, die etwa vorhandene Sammelheizung, soweit es die Außentemperaturen erfordern, mindestens aber in der Zeit vom 1. Oktober bis 30. April in Betrieb zu halten.

Ein Anspruch des Mieters auf Versorgung mit Sammelheizung besteht für Sonnabende – Sonntage – gesetzliche Feiertage – nicht.

● 2. Die Heizkosten sind in der vereinbarten Miete ☐ enthalten ☐ nicht enthalten.
Der Mieter ist verpflichtet, die anteiligen Betriebskosten zu bezahlen.

● 3. Die Betriebskosten (Brennmaterial, Transportkosten, Bedienung) werden nach dem Verhältnis der – Nettomieten – Heizkörperfläche – m²-Zahl der beheizten Fläche – umgelegt.

Die Heizkörperfläche – beheizte Fläche – ist vereinbart mit _____ m².

● 4. Der Mieter hat mit der jeweils fälligen Miete einen Vorschuß zu leisten (s. § 3). Bei einer Erhöhung oder Senkung der Brennstoffpreise kann der Vermieter die Vorschüsse neu festsetzen.

● 5. Bis zum _____ eines jeden Jahres ist über die vorangegangene Heizperiode abzurechnen. Nachzahlungen bzw. Gutschriften sind zum nächsten Mietzahlungstermin auszugleichen.

§ 6 – Zustand und Benutzung der Mietsache, Haftung

● 1. Der Vermieter verpflichtet sich – vor dem Einzug des Mieters oder, wenn dies nicht möglich ist – bis spätestens zum _____ folgende Arbeiten vornehmen zu lassen:

_____

_____

_____

_____

_____

_____

2. Der Mieter verpflichtet sich, die Räume pfleglich zu behandeln und in ordnungsgemäßem Zustand zu erhalten und zurückzugeben.

3. Der Mieter kann gegenüber Mietforderungen mit Gegenforderungen nur aufrechnen oder ein Zurückbehaltungsrecht ausüben, wenn er seine Absicht dem Vermieter mindestens einen Monat vor der Fälligkeit der Miete schriftlich angezeigt hat.

4. Gebrauchsüberlassung an Dritte darf nur mit vorheriger schriftlicher Zustimmung des Vermieters erfolgen. Die Zustimmung kann widerrufen werden. – Der Handel mit Betriebsstoffen auf dem Grundstück durch den Mieter ist untersagt.

5. Vermieter haftet nicht für Sach- oder Personenschäden durch Dritte. Der Mieter verpflichtet sich, die eingestellten Fahrzeuge nebst Zubehör angemessen zu versichern.

6. Für alle Beschädigungen, die durch den Mieter oder Personen entstanden sind, die seinetwegen auf dem Grundstück waren, haftet der Mieter und verpflichtet sich, dieselben auf seine Kosten und auf schnellstem Wege zu beseitigen. Alle Mitteilungen seiner Familienangehörigen und Arbeitnehmer, soweit sie die Inbetriebnahme des/der Fahrzeuge(s) betreffen, erkennt der Mieter als für sich verbindlich an. Einschränkungen müssen dem Vermieter schriftlich mitgeteilt werden.

7. Im Falle einer Gebrauchsüberlassung haftet der Mieter auch für alle Handlungen oder Unterlassungen desjenigen, dem er den Gebrauch der Mietsache überlassen hat.

8. Der Mieter verpflichtet sich, die Regeln der Straßenverkehrsordnung bei der Fahrt zum und vom Mietobjekt einzuhalten.

9.

§ 7 – Elektrizität und Wasser

1. Die vorhandenen Leitungsnetze dürfen vom Mieter nur in dem Umfange in Anspruch genommen werden, daß keine Überlastung eintritt.

2. Bei Störungen oder Schäden an den Versorgungsleitungen hat der Mieter für sofortige Abschaltung zu sorgen und ist

§ 8 – *Ausbesserungen und bauliche Änderungen*

1. Der Vermieter darf Ausbesserungen und bauliche Änderungen auch ohne Zustimmung des Mieters vornehmen. Die Ausführungen der Arbeiten darf der Mieter nicht behindern oder verzögern.

2. Bauliche Änderungen darf der Mieter in und an der vermieteten Sache nur mit vorheriger schriftlicher Zustimmung des Vermieters vornehmen. Wird diese erteilt, so hat der Mieter für etwaige Genehmigung der Aufsichtsbehörden zu sorgen und die Kosten zu tragen. Bei Beendigung des Mietverhältnisses hat der Mieter den ursprünglichen Zustand wieder herzustellen und alle Reparaturen auf seine Kosten auszuführen. Doch soll dem Vermieter das Recht zustehen, die Mietsache in dem Zustand, der zur Zeit der Vertragsbeendigung besteht, zu übernehmen.

§ 9 – *Pfandrecht des Vermieters*

1. Der Mieter versichert, daß das / die in § 1 bezeichnete(n) Fahrzeug(e) nebst Zubehör sein freies, unbelastetes Eigentum

ist / sind, mit Ausnahme von _____

* _____
_____
_____
_____
_____
_____

2. Für alle Forderungen, die dem Vermieter aus diesem Vertrag zustehen, hat der Vermieter das Pfandrecht an den vom Mieter eingestellten Fahrzeugen und sonstigen Gegenständen.

§ 10 – *Beendigung der Mietzeit*

Ist der Vertrag ordnungsgemäß gekündigt worden, so ist der Mieter verpflichtet, die Besichtigung der Sache zu anderweitiger Vermietung während der üblichen Tagesstunden zu gestatten. Wird infolge behördlicher Anordnung die Räumung der Mietsache erforderlich, so endet damit der Vertrag.

§ 11 – Hausordnung

Der Mieter ist verpflichtet, diese Hausordnung genau zu befolgen. Er haftet für sich, seine Familienangehörigen, eventuelle Arbeitnehmer oder sonstige von ihm beauftragten Personen für die Einhaltung aller Bestimmungen.

a) Alle allgemeinen technischen und behördlichen Vorschriften, besonders die der Feuerwehr und Bauaufsichtsbehörde, sind zu beachten.

b) Jegliches Anzünden oder offene Feuer sowie das Rauchen ist in sämtlichen Garagen, Höfen und Durchfahrten verboten. Das Lagern von brennbaren Gegenständen und Betriebsstoffen, wie z. B. Öl, Petroleum, auch von entleerten Betriebsstoffbehältern und dgl., ist in den Miethäusern untersagt. Öl- oder fetthaltige Putzwolle oder Putzlappen dürfen nur in dicht schließenden, nicht brennbaren Behältern aufbewahrt werden. Brennbare Flüssigkeiten mit einem Flammpunkt unter 21° C dürfen in den Garagen nicht zum Reinigen verwendet werden. Stoffe, die zum Aufsaugen von brennbaren Flüssigkeiten benutzt wurden, sind sofort aus den Garagen zu entfernen. Sie sind im Freien gefahrlos und umweltfreundlich zu vernichten oder in einem geeigneten, nicht brennbaren Gefäß so zu lagern, daß eine gefahrlose Ausdünstung gewährleistet ist.

c) Auf den Höfen und in allen von den Mietern gemeinschaftlich benutzten Räumen dürfen Putzwolle, Putzlappen und andere Gegenstände nicht aufbewahrt, liegengelassen oder weggeworfen werden. Der Mieter hat die Mieträume stets sauber und trocken zu halten. In Lüftungsanlagen dürfen nicht verschlossen oder zugestellt werden. In den Garagen dürfen Motoren längere Zeit nur laufen, wenn die Verbrennungsgase durch Lüftungsanlagen, besondere Abgasleitungen oder auf andere Weise einwandfrei ins Freie abgeleitet werden.

d) Die Fahrzeuge dürfen – zu jeder Tages- und Nachtzeit ein- und ausfahren – nicht nach _____ Uhr einfahren und nicht vor _____ Uhr ausfahren – und zwar auf sämtlichen Teilen des Grundstücks **nur im Schritt-Tempo.** Nach jeweiligem Ein- und Ausfahren sind die Garagen- und Grundstückstore sofort zu verschließen.

e) In der Zeit von 22.00 bis 7.00 Uhr dürfen in den Räumen keine geräuschvollen Arbeiten oder sonstiger Lärm sowie Reinigungen stattfinden. Unnötiges Signalgeben auf den Grundstücken und in den Durchfahrten ist im Interesse des Lärmschutzes zu unterlassen.

f) Der Mieter darf zur Beleuchtung nur elektrisches Licht, ohne Änderungen der bestehenden Lichtanlage, benutzen. Er verpflichtet sich, den Strom der Hausleitungen nur zur Beleuchtung der gemieteten

Räume bei sparsamem Verbrauch zu benutzen. Elektrische Öfen und Geräte dürfen nur dann an die Stromleitung des Hauses angeschlossen werden, wenn diesbezüglich Abmachungen bestehen.

g) Das Aufladen von Batterien ist in den Garagen nicht gestattet.

h) Ätzende, säurehaltige oder andere umweltgefährdende Flüssigkeiten dürfen nicht in die Entwässerungsanlage gegossen werden.

i) Wagenwaschen und sonstiges Reinigen der Fahrzeuge können nur vorgenommen werden, wenn insbesondere ein Benzinabscheider und ein Schlamm- bzw. Sandfang entsprechend den bauaufsichtsamtlichen Auflagen vorhanden sind.

j) Sofern zum Wagenwaschen oder für andere Arbeiten gemeinschaftliche Räume oder Plätze benutzt werden, sind diese Arbeiten zügig durchzuführen und der Platz ist sofort danach freizumachen.

k) Bei kaltem Wetter müssen Türen und Fenster der Garagen geschlossen bleiben. Bei Frost ist darauf zu achten, daß die Ventile der Heizkörper nicht auf „kalt" stehen.

l) Bei Schneefall und/oder bei Glatteis ist der ☐ Mieter ☐ Vermieter – zur Schneeräumung und zum Streuen mit abstumpfenden Mitteln verpflichtet. Die Verwendung von auftauenden Salzen ist nicht zulässig. Für den Fall, daß der Mieter diese Verpflichtung übernommen hat, hat er dafür Sorge zu tragen, daß durch die Reinigung bzw. Streuung im Bereich der von ihm gemieteten Garage nicht die Zufahrt zu anderen Garagen, Eingängen oder Durchgängen behindert wird. Sofern die Garage direkt an einer öffentlichen Straße liegt, ist der Mieter zur Schneebeseitigung und Streuung bei Glatteis gemäß den behördlichen Vorschriften verpflichtet.

m) Außer dem Mieter, seinen Familienangehörigen und den von ihm beschäftigten Arbeitnehmern ist es keinen anderen Personen gestattet, Arbeiten an den eingestellten Kraftfahrzeugen auf dem Grundstück vorzunehmen.

n) Der Vermieter oder sein Beauftragter dürfen die Mieträume betreten. Der Mieter muß dafür sorgen, daß die Räume auch während seiner Abwesenheit betreten werden können. Bei längerer Abwesenheit (z. B. Reiseabwesenheit, Betriebsferien) hat er die Schlüssel an einer schnell erreichbaren Stelle unter entsprechender Benachrichtigung des Vermieters zu hinterlegen. – Der Vermieter behält sich vor, einen Schlüssel der Mieträume selbst zu behalten, um notfalls eine unverzügliche Brandbekämpfung einleiten zu können.

Vermieter und/oder Mieter haften als Gesamtschuldner, sofern es sich um mehrere Personen handelt. Für die Wirksamkeit einer Erklärung des Vermieters genügt es, wenn sie gegenüber einem der Mieter abgegeben wird.

● **§ 13 – *Weitere Vereinbarungen***

_____

_____

_____

_____

_____

_____

_____

_____

_____

_____

§ 14 – *Schlußbestimmung*

Sollte eine der Bestimmungen dieses Vertrages ganz oder teilweise rechtsunwirksam sein oder werden, so wird die Gültigkeit der übrigen Bestimmungen dadurch nicht berührt. In einem solchen Fall ist der Vertrag vielmehr seinem Sinne gemäß zur Durchführung zu bringen. Beruht die Ungültigkeit auf einer Leistungs- oder Zeitbestimmung, so tritt an ihre Stelle das gesetzlich zulässige Maß.

_____ , den _____ 19 _____

_____   _____
Vermieter   Mieter

BRUNNEN Bestell-Nr. **25 202**

Tabelle: Einkommensgrenzen beim Wohngeld

Zahl der zum Haushalt zählenden Familienmitglieder	Grenze für das monatliche Familieneinkommen (nach den Wohngeld tabellen) in DM	Entsprechendes monatliches Bruttoeinkommen (ohne Kindergeld) bei einem Verdiener vor einem pauschalen Abzug von			
		6%	12,5%	20%	30%
1	1420	1510	1620	1780	2030
2	2000	2130	2290	2500	2860
3	2480	2640	2830	3100	3540
4	3260	3470	3730	4080	4660
5	3660	3890	4180	4580	5230
6	4000	4260	4570	5000	5710
7	4320	4600	4940	5400	6170
8	4640	4940	5300	5800	6630

Tabelle: Mietstufen

Mietenstufe	Mietenniveau
I	niedriger als minus 15 vom Hundert
II	minus 15 vom Hundert bis niedriger als minus 5 vom Hundert
III	minus 5 vom Hundert bis niedriger als 5 vom Hundert
IV	5 vom Hundert bis niedriger als 15 vom Hundert
V	15 vom Hundert bis niedriger als 25 vom Hundert
VI	25 vom Hundert und höher

So machen Sie Ihre Ansprüche vor Gericht geltend

Haben Sie zu viel Miete bezahlt? War die Kaution zu hoch bemessen? Oder weigert sich der Vermieter seine Vertragspflichten zu erfüllen? Und eine gütliche Einigung ist nicht in Sicht? Dann können Sie Ihre Forderungen vor Gericht durchsetzen. Will der Vermieter Sie zu einem Tun oder Unterlassen zwingen, wird er sich ebenfalls oft hierzu einen Titel vom Gericht holen. Klagen Sie gegen den Vermieter, dann sind Sie Kläger und der Vermieter Beklagter. Klagt der Vermieter, dann kehrt sich die Bezeichnung um. Je nachdem, ob Sie Kläger oder Beklagter sind, müssen Sie unterschiedlich vorgehen. So muss z. B. der Kläger die Gerichtskosten vorschießen, während der Beklagte nur dann zur Kasse gebeten wird, wenn er den Prozess verliert. Nachfolgend bekommen Sie einige Tipps, wie Sie sich vor Gericht – in beiden Rollen – am besten schlagen.

Als Kläger oder Beklagter

Anwalt: ja oder nein?

Im Recht zu sein bedeutet nicht immer automatisch Recht zu bekommen. Auch wenn Sie vollkommen davon überzeugt sind, dass Ihr Anliegen nur so und nicht anders entschieden werden kann – verlassen Sie sich nicht hundertprozentig darauf. Schon zu Beginn des Studiums wird dem angehenden Juristen eingeschärft: „Vor Gericht und auf hoher See ist der Mensch in Gottes Hand." Auch wenn viele Gerichte häufig zugunsten der Mieter entscheiden, können Sie ja auch einfach Pech haben. Außerdem sind auch im Mietprozess, je nach Lage des Einzelfalls, einige Feinheiten zu beachten. Deshalb sollten Sie sich genau überlegen, ob Sie als Einzelkämpfer vor
Professionelle Hilfe? Gericht stehen wollen oder ob doch professionelle Hilfe besser wäre. Anwälte kennen in der Regel die Entscheidungstendenz der zuständigen Richter. Aber: Sie lassen sich ihre Dienste gut entlohnen. Andererseits schützt der Besuch beim Anwalt vor wenig aussichtsreichen Prozessen. Haben Sie den Anwalt mit Ihrer Angelegenheit betraut, sind Sie in der Regel von Ihren Sorgen befreit. Der Anwalt sagt Ihnen, ob Sie vor Gericht Aussicht auf Erfolg haben, und leitet die nötigen Schritte ein. Auch wenn ihm dabei ein gewichtiger Fehler unterlaufen sollte, ist nicht alles verloren. Wenn Sie sich nicht mehr an den Vermieter halten können, dann ist in einem solchen Fall der Anwalt zum Schadensersatz verpflichtet.

Das zuständige Gericht

Haben Sie beschlossen gegen Ihren Vermieter zu klagen, dann muss zuerst eine Klageschrift verfasst werden (ein Klagemuster finden Sie am Ende dieses Kapitels). Diese reichen Sie dann beim zuständigen Gericht ein. Aber welches Gericht ist für Ihre Klage zuständig? Normalerweise richtet sich das nach der Höhe des Streitwertes. So müssen einige Klagen vor dem Amtsgericht, andere vor dem Landgericht erhoben werden. Bei (Wohnraum-)Mietstreitigkeiten hat es Ihnen der Gesetzgeber leichter gemacht: Hier sind in erster Instanz stets die

Amtsgerichte zuständig (§ 23 GVG). Natürlich können Sie die Klage nicht an irgendeinem Amtsgericht erheben, denn auch die örtliche Zuständigkeit ist gesetzlich geregelt (§ 29 a ZPO): Für solche Streitigkeiten ist ausschließlich das Gericht zuständig, in dessen Bezirk sich die Räume befinden. Liegt die betreffende Wohnung also in München, dann müssen Sie auch beim Amtsgericht München die Klage erheben. Dasselbe gilt natürlich auch dann, wenn nicht Sie derjenige sind, der Klage erhebt, sondern Ihr Vermieter.

Was passiert vor Gericht?

Das Gericht leitet Ihre Klage an den Vermieter weiter. Der wird dann in der Regel eine Klageerwiderung bei Gericht einreichen, die an Sie weitergeleitet wird. Dadurch können Sie in Erfahrung bringen, auf welche Gründe der Vermieter seine ablehnende Haltung stützt. Zusätzlich wird vom Gericht ein Termin für eine Vorverhandlung anberaumt. Haben Sie keinen Anwalt beauftragt und sich auch sonst keiner Vertretung bedient, müssen Sie selbst zur Verhandlung erscheinen. Werden Sie hingegen vertreten, dann müssen Sie nur zur Verhandlung gehen, wenn der Richter das ausdrücklich anordnet.

In der Vorverhandlung wird der Streit vor dem Richter erläutert, der bei Unklarheiten nachhakt. Geht der Richter davon aus, dass die Klage keine Aussicht auf Erfolg hat, dann wird er dem Kläger nahe legen sie zurückzunehmen – das ist billiger als ein Urteil. Sieht der Richter, dass die Rechtslage nicht eindeutig und eine Einigung nicht ausgeschlossen ist, dann wird er den Streitparteien nahe legen einen Vergleich zu schließen. Dabei verzichtet der Kläger auf einen Teil seiner Forderung und der Beklagte gesteht ihm im Gegenzug den anderen Teil zu.

Die Vorverhandlung

Beispiel:
Xaver Hell ist erbost darüber, dass die Badewanne in seiner gemieteten Münchner Wohnung wegen rostiger Löcher nicht benutzbar ist. Trotz einer Mängelanzeige und der Aufforderung

den Mangel zu beseitigen reagiert der Vermieter überhaupt nicht. Hell macht Minderung geltend und zahlt die volle Miete unter Vorbehalt. Später weigert sich der Vermieter, die zu viel gezahlte Miete zurückzuüberweisen. Hell erhebt vor dem Amtsgericht München Klage auf Rückzahlung von 1 000 DM. Der Richter sagt in der Vorverhandlung, dass seiner Ansicht nach eine Mietminderung berechtigt sei, ob jedoch in dieser Höhe, da sei er sich noch nicht ganz sicher. Er schlägt daher vor, dass die Parteien den folgenden Vergleich schließen: Der Vermieter zahlt an Hell 600 DM und im Gegenzug verzichtet dieser auf den Rest. Gehen beide Parteien darauf ein, wird ein Vergleich geschlossen. Der Vermieter muss jetzt die 600 DM an Hell zahlen, dieser darf dann das restliche Geld nicht mehr verlangen.

Ist eine gütliche Einigung nicht möglich, dann wird der Prozess weitergeführt. Je nach Kompliziertheit des Sachverhalts kann alles weniger als eine Stunde, aber auch mehrere Sitzungen über Monate hinweg dauern. Unter Umständen müssen Zeugen vernommen oder auch Sachverständige gehört werden. Ein Sachverständiger ist z. B. nötig, wenn sich nicht klären lässt, ob die Feuchtigkeits- oder Schimmelflecken durch einen Baufehler oder das falsche Heiz- und Lüftungsverhalten des Mieters entstanden sind. Die Verhandlung endet dann mit einem Urteil des Richters.

Auch wenn er gegen Sie entscheidet, ist in der Regel noch nicht alles verloren. Oft können Sie weiter prozessieren.

Wann Berufung möglich ist Gegen die Urteile des Amtsgerichts ist, sofern der Beschwerdegegenstand mehr als 1 500 DM beträgt, Berufung möglich (§ 511 a ZPO); ebenso, wenn das Amtsgericht in einer Rechtsfrage von der Entscheidung eines Oberlandesgerichts oder des Bundesgerichtshofs abgewichen ist. Im Klartext: Streiten Sie z. B. über die Rückzahlung zu hoch bezahlter Miete und beläuft sich Ihr Rückforderungsanspruch auf 1 501,00 DM oder mehr, dann können Sie in Berufung gehen. Anderenfalls müssen Sie darauf hoffen, dass irgendein Oberlandesgericht oder der Bundesgerichtshof in einer Rechtsfrage anderer Meinung war als Ihr Richter am Amtsgericht. Allerdings wird es jetzt teurer, denn über die Berufung hat das Landgericht zu entscheiden und dort müssen Sie sich von einem Anwalt vertreten lassen.

Achtung! Wollen Sie sich mit dem negativen Urteil nicht abfinden, dann gehen Sie so schnell wie möglich zu einem Anwalt, damit Sie keine Fristen versäumen.

Sollten Sie nicht Kläger, sondern Beklagter sein, dann gilt dasselbe: Auch dann können Sie z. B. Berufung einlegen.

Einstweilige Verfügung

Stellen Sie sich vor, Sie kommen von einem Wochenendausflug zurück und können die Wohnungstür nicht öffnen, weil der Vermieter das Schloss ausgewechselt hat. Oder Sie drehen den Wasserhahn auf und stellen fest, dass Ihnen der Vermieter (wie bereits angedroht) das Wasser abgesperrt hat. Natürlich können Sie dann nicht Monate darauf warten, dass der Vermieter in einem regulären Gerichtsprozess zur Behebung des Missstandes verurteilt wird. Hier muss es schneller gehen. In solchen besonders eiligen Fällen können Sie beim Gericht den Erlass einer einstweiligen Verfügung beantragen. Das Gericht trifft dann schnell eine Entscheidung, sodass der Missstand (zumindest vorläufig) behoben werden kann.

Schnelle Hilfe

Auch der Vermieter kann es mal eilig haben, z. B. dann, wenn Sie dabei sind Sachen aus der Wohnung fortzuschaffen und er sein Vermieterpfandrecht gefährdet sieht. Dann kann er ebenfalls den Erlass einer einstweiligen Verfügung gegen Sie erwirken.

Schutz gegen Zwangsräumung

Kündigung – Kündigungsfrist abgelaufen – Mieter auf der Straße? So weit wird es in der Regel nicht kommen. Bis zum Ablauf der Kündigungsfrist darf der Mieter auf jeden Fall in der Wohnung bleiben. Aber auch, wenn sie abgelaufen ist, kann der Mieter so manches tun, um zumindest noch eine Zeit lang in der Wohnung bleiben zu dürfen. Zwar bestimmt das

Gesetz, dass nach Ablauf der Mietzeit die gemietete Sache an den Vermieter zurückzugeben ist (§ 556 BGB). Gleichzeitig hat der Gesetzgeber jedoch erkannt, dass diese strikte Regelung für den Mieter von Wohnraum oft zu unerträglicher Härte führen würde, und deshalb Vorschriften zum Schutz der Mieter erlassen.

Was passiert, wenn die Kündigungsfrist abgelaufen ist, ohne dass die Wohnung rechtzeitig geräumt wurde? Natürlich darf der Vermieter nach Ablauf der Kündigungsfrist den Mieter und seine Möbel nicht einfach selbst auf die Straße befördern. Vielmehr muss er zuerst vor Gericht **Klage auf Räumung der Wohnung** erheben. Kommt dann das Gericht zu der Überzeugung, dass der Vermieter im Recht ist, erlässt es ein Räumungsurteil. Lässt sich der Mieter davon nicht beeindrucken, kann der Vermieter einen Gerichtsvollzieher mit der Räumung der Wohnung beauftragen. Der muss dem Mieter unter Angabe des Zeitpunkts die Zwangsräumung androhen. Dabei hat er dem Mieter jedoch mindestens zwei Wochen Vorbereitungszeit zu gewähren. Verstreicht diese Frist, ohne dass der Mieter reagiert, dann kann er ihn mit seinen Sachen aus der Wohnung weisen. Falls der Mieter Widerstand leistet, darf der Gerichtsvollzieher sogar Gewalt anwenden oder die Polizei zur Hilfe heranziehen.

Jetzt aber die gute Botschaft: Nicht nur der Vermieter, sondern auch der Mieter darf auf gerichtliche Hilfe zählen. So kann das Gericht fehlerhafte Räumungsklagen abweisen, die Fortsetzung des Mietverhältnisses anordnen oder eine Räumungsfrist gewähren.

Klagt der Vermieter vor Ablauf der Kündigungsfrist auf Räumung, dann ist die Klage unzulässig und wird abgewiesen, sofern der Mieter dem Vermieter keinen Anlass gegeben hat an der rechtzeitigen Räumung zu zweifeln.

Beispiel:

Der Vermieter kündigt Xaver Hell zum 31. Dezember 1996. Außerdem erhebt er am 1. Dezember 1996 Klage auf Räumung der Wohnung. Hat Hell ihm keinen Anlass dazu gegeben am rechtzeitigen Auszug zu zweifeln, dann ist diese Klage unzuläs-

sig. Wenn sich jedoch Hell – erbost über die Kündigung – am 12. November 1996 zu der Aussage hat hinreißen lassen: „Hier kriegen Sie mich nicht raus, nur über meine Leiche!", dann wäre die Klage zulässig.

Auch wenn die Klage des Vermieters zulässig ist, heißt das nicht zugleich, dass der Mieter die Wohnung auch räumen muss. Das Gericht ist nämlich dazu verpflichtet im Räumungsprozess auch ohne Antrag des Mieters nachzuprüfen, ob der Mieter die Fortsetzung des Mietverhältnisses verlangen kann (§ 308 a ZPO). Eine solche Fortsetzung kommt dann in Betracht, wenn der Auszug aus der Wohnung für den Mieter eine besondere Härte bedeuten würde. Dabei kommen sowohl persönliche als auch wirtschaftliche Härtegründe in Betracht. Ein Härtegrund liegt z. B. vor:

- wenn angemessener Ersatzwohnraum zu zumutbaren *Härtegründe*
  Bedingungen nicht beschafft werden kann,
- wenn der Mieter ein geringes Einkommen hat,
- wenn der Mieter krank, gebrechlich oder sehr alt ist,
- wenn eine zum Haushalt des Mieters gehörende Person schwanger ist oder mit dem Umzug große Schwierigkeiten auf die bereits vorhandenen Kinder zukämen,
- wenn die Mietzeit lange gedauert hat,
- wenn der Mieter kurz vor einem Examen oder einer sonstigen wichtigen beruflichen Prüfung steht.

Diese Aufzählung ist natürlich nicht abschließend, also sollten vor Gericht auch andere vorhandene Schwierigkeiten vorgetragen werden. Besonders gute Chancen für eine Vertragsverlängerung hat der Mieter, wenn mehrere Härtegründe vorliegen, also z. B. wenn der 90-jährige Mieter bereits seit 40 Jahren in der fraglichen Wohnung lebt. (Näheres dazu finden Sie im Abschnitt „Härtegründe unter der Lupe" im Kapitel „Kündigung – und wie Sie sich dagegen wehren können".)

Leider findet diese auch als „Sozialklausel" bezeichnete Regelung nicht immer Anwendung. Der Mieter kann eine Fortsetzung des Mietverhältnisses nicht verlangen (§ 556 a BGB):

- wenn er das Mietverhältnis gekündigt hat,

- wenn ein Grund vorliegt, aus dem der Vermieter zur Kündigung ohne Einhaltung einer Kündigungsfrist berechtigt ist; also dann, wenn eine berechtigte fristlose Kündigung ausgesprochen wurde,
- wenn ein Zeitmietvertrag ohne Kündigungsschutz vorliegt,
- wenn der Wohnraum nur zum vorübergehenden Gebrauch gemietet wurde,
- wenn ein möbliertes Zimmer in der Wohnung des Vermieters an eine Einzelperson vermietet wurde,
- wenn der Mieter eine Ferienwohnung oder ein Ferienhaus als Wohnung vor dem 1. Juni 1995 gemietet hat und ihm dabei die Zweckbestimmung des Mietobjekts sowie der Ausschluss des Kündigungsschutzes mitgeteilt wurden,
- wenn mit einer Gemeinde ein Untermietverhältnis vor dem 1. Juni 1995 begründet wurde und dem Mieter der Ausschluss des Kündigungsschutzes und die Zweckbestimmung des Mietobjekts mitgeteilt wurden.

Gelangt das Gericht, natürlich unter Berücksichtigung der Interessen des Vermieters, zu der Ansicht, dass eine unzumutbare Härte vorliegt und ein Ausschluss des Kündigungsschutzes nicht gegeben ist, wird es das Mietverhältnis verlängern. Dabei entscheidet das Gericht auch über die Dauer der Verlängerung und über mögliche Änderungen des ursprünglichen Vertrages. Das Gericht entscheidet also unter anderem darüber, ob der Vertrag nur auf eine bestimmte oder ob er auf unbestimmte Zeit verlängert wird; ferner, ob der Mietzins beibehalten oder erhöht wird.

Das Gericht entscheidet

Ist der Mieter mit den neuen Vertragsbedingungen unzufrieden, ist ihm z. B. die neue Miete zu hoch oder die Vertragsdauer zu kurz, dann kann er Berufung einlegen (§ 308 a ZPO). Hier läuft aber ohne Rechtsanwalt nichts mehr. Dieselben Rechte hat natürlich auch der Vermieter.

Hat es mit der Verlängerung des Mietvertrages nicht geklappt? Auch jetzt steht der Mieter noch lange nicht auf der Straße. Das Zauberwort heißt jetzt **Räumungsfrist**. Eigentlich wäre bereits der Vermieter dazu verpflichtet dem Mieter bei persönlichen oder wirtschaftlichen Problemen, die das Erlangen einer Wohnung erschweren, auch nach Ablauf der Kündigungsfrist einen Räumungsaufschub zu gewähren. Will er aber davon nichts hören und klagt stattdessen auf Räumung, dann kann das Gericht den Mieter einerseits zwar zur Räumung verurteilen, gleichzeitig aber auch (auf Antrag oder von Amts wegen) eine Räumungsfrist bewilligen. Ob eine solche Frist gewährt wird, hängt davon ab, wie das Gericht die Situation des Mieters und die des Vermieters einstuft. Überwiegen die Interessen des Vermieters, dann muss der Mieter ausziehen, hat hingegen der Mieter die besseren Argumente auf seiner Seite, darf er bleiben. Für die Einräumung einer Frist sprechen dieselben sozialen Gesichtspunkte wie für die Verlängerung des Mietverhältnisses, also z. B. die Tatsache, dass der Mieter keinen zumutbaren Ersatzmietraum finden kann oder ernsthaft erkrankt ist. Auch dafür muss aber der Mieter den Beweis erbringen; deshalb: Jeden Schritt bei der Wohnungssuche schriftlich festhalten und auch die Wohnungsannoncen aufbewahren, ärztliche Atteste besorgen und sonstige Bescheinigungen dem Gericht vorlegen!

Räumungsfrist

Das Gericht kann die Räumungsfrist auf höchstens ein Jahr ab Rechtskraft des Räumungsurteils bemessen. Natürlich wird nur selten so viel Zeit gewährt. Die Dauer richtet sich danach, wie das Gericht die Chancen des Mieters beurteilt eine neue Wohnung zu finden, und natürlich auch nach den Interessen des Vermieters.

Auch wenn die vom Gericht eingeräumte Frist verstrichen ist, ohne dass der Mieter eine Wohnung gefunden hat, ist noch nicht alles verloren. Der Mieter kann auf Antrag bei Gericht eine weitere Räumungsfrist erlangen. Dieser Antrag muss zwei Wochen vor Ablauf der ursprünglichen Frist beim Gericht gestellt werden. Auch hier muss der Mieter den Beweis erbringen – wie bei der ersten Fristverlängerung.

Antrag auf weitere Frist

Wird eine Räumungsfrist gewährt, dann wird das ursprüngliche Mietverhältnis nicht direkt fortgeführt, sondern wandelt sich in ein **Raumnutzungsverhältnis** um. Solange der Mieter in der Wohnung bleibt, muss er an den Vermieter eine **Nutzungsentschädigung** zahlen. Das kann für den Mieter von Nachteil sein, denn die Nutzungsentschädigung muss nicht unbedingt der alten Miete entsprechen – der Vermieter kann auch die unter Umständen höhere Vergleichsmiete verlangen. Andererseits darf der Mieter jederzeit ausziehen und braucht nur für den Zeitraum bis zum Auszug Miete zu zahlen, auch wenn die Räumungsfrist noch nicht abgelaufen ist.

Wie schon erwähnt darf die vom Gericht bewilligte Räumungsfrist samt Verlängerung höchstens ein Jahr betragen. Hat der Mieter diese Frist voll ausgeschöpft ohne eine Ersatzwohnung gefunden zu haben, dann wird es schwierig. Zwar *Vollstreckungsschutz* kann er noch einen Antrag auf **Vollstreckungsschutz** vor Gericht stellen (§ 765 a ZPO), das wird jedoch nur in Ausnahmefällen zum Erfolg führen. Der Mieter muss nämlich beweisen, dass die Zwangsräumung zu einer sittenwidrigen Härte führen würde. Eine solche Härte könnte das Gericht unter Umständen darin sehen, dass der Mieter durch die Zwangsräumung obdachlos würde.

Kosten

Gerichts- und Anwaltskosten – ein Mietprozess kann ganz schön teuer werden. Wenn man den Prozess verliert, sind nicht nur die Gebühren für den eigenen Anwalt, sondern auch die Gerichtskosten und die Gebühren für den gegnerischen Anwalt zu zahlen (§ 91 ZPO). Von dem Grundsatz, dass die unterlegene Partei alle Kosten trägt, gibt es jedoch einige Ausnahmen:

Allgemein gilt die Regel, dass derjenige, der ohne Grund in einen Prozess gezwungen wurde, die entstandenen Kosten nicht zu tragen braucht (§ 93 ZPO). Erhebt der Vermieter eine Klage auf Räumung der Wohnung, obwohl Sie ihm keinen Anlass dazu gegeben haben am rechtzeitigen Auszug zu zweifeln, dann wird er Schiffbruch erleiden. Sie brauchen vor Gericht den Räumungsanspruch nur sofort anzuerkennen und der Richter verurteilt den Vermieter zur Kostentragung.

Ferner kann das Gericht im Räumungsprozess dem Vermieter als Kläger einen Teil oder die gesamten Kosten gemäß § 93 b ZPO auferlegen:

■ wenn das Verlangen des Mieters auf Fortsetzung des Miet-vertrages wegen des berechtigten Interesses des Vermieters nicht gerechtfertigt ist, das Obsiegen des Vermieters aber auf Gründen beruht, die erst nachträglich entstanden sind. Dabei muss der Mieter allerdings vorher die Fortsetzung des Mietverhältnisses unter Angabe von Gründen verlangt haben.

■ wenn bei befristeten Mietverhältnissen der Vermieter dem Mieter nicht unverzüglich sein berechtigtes Interesse ange-zeigt hat. Auch hier muss der Mieter vorher die Fortsetzung des Mietverhältnisses verlangt haben.

■ wenn der Mieter den Anspruch auf Räumung sofort aner-kennt und das Gericht ihm eine Räumungsfrist bewilligt und der Mieter bereits vor Klageerhebung unter Angabe von Gründen den Vermieter vergeblich um Fortsetzung des Mietverhältnisses oder angemessenen Räumungsaufschub ersucht hat.

Nicht verschwiegen werden darf hier auch, dass – obwohl die Räumungsklage abgewiesen und eine Fortsetzung des Miet-verhältnisses angeordnet wurde – der Mieter zur Zahlung der Kosten verurteilt werden kann, wenn er auf Verlangen des Vermieters nicht sofort Auskunft über die Gründe des Wider-spruchs erteilt hat (§ 93 b ZPO).

Die Gerichts- und Anwaltskosten richten sich nach der Höhe des Streitwertes. Dieser wird für jeden Rechtsstreit neu berechnet. Wenn es bei dem Rechtsstreit um eine Forderung in bestimmter Höhe geht, kann der Streitwert leicht bestimmt werden. Fordern Sie vom Vermieter z. B. 1 000 DM, dann ist der Streitwert genauso hoch. Etwas schwieriger wird es bei Mieterhöhung, Mietminderung oder Räumungsklage. Hier kann man nicht eindeutig sagen, für wie viele Monate diese Minderung oder Erhöhung gilt oder was die Räumung eigent-lich wert ist. Deshalb „fingiert" das Gesetz einen Streitwert. Dieser wird auf jährliche Zahlungen beschränkt. Demnach wird der Streitwert wie folgt festgesetzt: Wenn um eine Mieterhöhung gestritten wird, multipliziert man den Betrag, um den die Miete steigt, mit zwölf.

Der Streitwert

Beispiel:

Xaver Hell wird die Miete von 1 000 DM um 300 DM auf 1 300 DM erhöht. Will er den Streitwert herausfinden, muss er den Betrag, um den die Miete stieg (also 300 DM), mit zwölf multiplizieren. Der Streitwert beträgt in diesem Fall also 3 600 DM.

Geht es um eine Mietminderung und steht ein konkreter Betrag nicht fest, müssen Sie zuerst die Differenz zwischen der geforderten und der geminderten Miete berechnen und dann das Ergebnis mit zwölf multiplizieren.

Beim Räumungsprozess wird eine Monatsmiete mit zwölf multipliziert. Sollten noch Mietrückstände vorhanden sein, dann werden sie hinzuaddiert.

Beispiel:

Beträgt die Monatsmiete 500 DM und sind noch zwei Monatsmieten offen, wird der Streitwert wie folgt berechnet: 12 x 500 DM + 2 x 500 DM, das macht insgesamt 7 000 DM.

Wenn der Streitwert ermittelt ist, kann die Höhe der Gebühren aus den entsprechenden Tabellen abgelesen werden. (Die Tabellen für Gerichts- und Anwaltskosten finden Sie am Ende dieses Kapitels.) Das Gericht verlangt in der Regel nur drei Gebühren. Dazu kommen dann noch die Zustellungskosten. Nicht anders ist es mit den Anwälten. Hier müssen Sie ebenfalls mit drei Gebühren rechnen. Dazu zählen die Prozess-, die Verhandlungs- und die Beweisgebühr. Zusätzlich müssen Sie dem Anwalt noch eine Auslagenpauschale und die Mehrwertsteuer bezahlen.

Beispiel:

Der Vermieter verklagt Xaver Hell auf Räumung der Wohnung. Der Streitwert beträgt 10 000 DM. Hell lässt sich durch einen Anwalt vertreten. Wie aus der Gerichtsgebührentabelle ersichtlich ist, beläuft sich eine Gerichtsgebühr auf 235 DM. Diese muss der Kläger vorstrecken. Eine Anwaltsgebühr beträgt hier 595 DM, das ergibt sich aus der Anwaltsgebührentabelle.

Kommt es nun zu einer Verhandlung mit Beweisaufnahme, muss Hell drei Anwaltsgebühren bezahlen, also 1 785 DM. Dazu kommen noch die Pauschale in Höhe von 40 DM und 273,75 DM Mehrwertsteuer (zur Zeit 15%). Der Anwalt kostet Hell also 2 098,75 DM. Gewinnt Hell den Prozess, dann muss ihm der Vermieter diese Kosten erstatten. Sollte er verlieren, wird es hingegen teuer, denn dann muss er die Gerichtskosten, die Kosten seines eigenen Anwalts und zusätzlich die des Vermieteranwalts aufbringen. Damit kostet ihn der Prozess mindestens 4 197,50 DM Anwalts- und 470,00 DM Gerichtsgebühren.

Prozesskostenhilfe

Ein Prozess birgt ein hohes Kostenrisiko. So mancher Mieter mit geringem Einkommen könnte deshalb davor zurückschrecken einen berechtigten Anspruch vor Gericht durchzusetzen. Das widerspräche jedoch dem Sozial- und Rechtsstaatsprinzip. Deshalb sieht das Gesetz generell die Möglichkeit der Prozesskostenhilfe vor (§§ 115 ff. ZPO). Und das geht so: Zuerst muss der Mieter, der sein Recht durchsetzen will, einen Antrag auf Prozesskostenhilfe beim Prozessgericht stellen. Die Formulare für diesen Antrag gibt es bei den Geschäftsstellen der Gerichte. Wird der Antrag gestellt, so prüft das Gericht zuerst, ob die beabsichtigte Rechtsverfolgung oder Rechtsverteidigung hinreichende Aussicht auf Erfolg bietet und nicht mutwillig erscheint (§ 114 ZPO). Dann wird das Einkommen des Antragstellers unter die Lupe genommen. *Das Einkommen* Unter Einkommen versteht man dabei alle Einkünfte, also *wird geprüft* auch Weihnachtsgeld und Zinsen. Von diesen Einkünften können besondere Aufwendungen abgezogen werden wie z. B. Fahrten zum Arbeitsplatz oder bestimmte Versicherungsbeiträge. Steht das Einkommen fest, dann schaut der Richter in der Prozesskostenhilfetabelle (die Sie am Ende dieses Kapitels finden) nach, ob ein Anspruch auf Prozesskostenhilfe besteht, denn diese wird nur bis zu einer bestimmten Einkommenshöhe gewährt. Ist das Einkommen niedrig genug, wird die Hilfe gewährt. Der Antragsteller muss dann keine

Gerichtskosten und auch keine Kosten für den eigenen Anwalt zahlen. Verliert er jedoch den Prozess, so kommen auf ihn die Kosten für den gegnerischen Anwalt zu.

Bei besonderen Einkommensverhältnissen werden die Kosten nur vorgeschossen und eine ratenweise Rückzahlung vereinbart.

Praxishilfen

Tabelle: Gerichtskosten

Gegenstands-wert bis ... DM	Gebühr ... DM	Gegenstands-wert bis ... DM	Gebühr ... DM
600	50	70 000	775
1 200	70	80 000	835
1 800	90	90 000	895
2 400	110	100 000	955
3 000	130	130 000	1 155
4 000	145	160 000	1 355
5 000	160	190 000	1 555
6 000	175	220 000	1 755
7 000	190	250 000	1 955
8 000	205	280 000	2 155
9 000	220	310 000	2 355
10 000	235	340 000	2 555
12 000	265	370 000	2 755
14 000	295	400 000	2 955
16 000	325	460 000	3 250
18 000	355	520 000	3 545
20 000	385	580 000	3 840
25 000	430	640 000	4 135
30 000	475	700 000	4 430
35 000	520	760 000	4 725
40 000	565	820 000	5 020
45 000	610	880 000	5 315
50 000	655	940 000	5 610
60 000	715	1 000 000	5 905

Tabelle: Prozesskostenhilfe

einzusetzendes Einkommen (in DM)		eine Monatsrate von (in DM)
bis	30	0
	100	30
	200	60
	300	90
	400	120
	500	150
	600	190
	700	230
	800	270
	900	310
	1 000	350
	1 100	400
	1 200	450
	1 300	500
	1 400	550
	1 500	600
über	1 500	600 zuzüglich des 1 500 übersteigenden Teils des einzusetzenden Einkommens

Tabelle: Anwaltskosten

Gegenstands-wert bis ... DM	Gebühr ... DM	Gegenstands-wert bis ... DM	Gebühr ... DM
600	50	70 000	1 705
1 200	90	80 000	1 845
1 800	130	90 000	1 985
2 400	170	100 000	2 125
3 000	210	130 000	2 285
4 000	265	160 000	2 445
5 000	320	190 000	2 605
6 000	375	220 000	2 765
7 000	430	250 000	2 925
8 000	485	280 000	3 085
9 000	540	310 000	3 245
10 000	595	340 000	3 405
12 000	665	370 000	3 565
14 000	735	400 000	3 725
16 000	805	460 000	3 975
18 000	875	520 000	4 225
20 000	945	580 000	4 475
25 000	1 025	640 000	4 725
30 000	1 105	700 000	4 975
35 000	1 185	760 000	5 225
40 000	1 265	820 000	5 475
45 000	1 345	880 000	5 725
50 000	1 425	940 000	5 975
60 000	1 565	1 000 000	6 225

Rechtsanwalt Dr. Hugo Schnabel   1997-04-03
Newtonstraße 3
81827 München

An das
Amtsgericht München
Pacellistraße 2

80333 München

Klage

in Sachen
Uwe Gierig, Lilienstraße 3–7, 80757 München
– Kläger –
Prozessbevollmächtigter: RA Dr. Hugo Schnabel, Newtonstr. 3,
81827 München
gegen
Xaver Hell, Steinstraße 16, 80464 München
– Beklagter –

wegen Zustimmung zur Mieterhöhung

Im Namen und Auftrag des Klägers erhebe ich hiermit Klage
zum Amtsgericht München und beantrage:
I. Der Beklagte wird dazu verurteilt der Erhöhung der Nettomiete für die Wohnung in der Steinstraße Nr. 16, 80464 München, 3. Stockwerk, rechts, von 1 000 DM auf 1 400 DM zuzustimmen.
II. Der Beklagte trägt die Kosten des Rechtsstreits.
III. Das Urteil ist bezüglich der Kosten des Rechtsstreits vorläufig
vollstreckbar.

Begründung: Am 10. Oktober 1993 wurde zwischen dem
Kläger und dem Beklagten ein Mietvertrag geschlossen. Mietobjekt ist die oben genannte Wohnung. Dabei wurde eine
Miete in Höhe von 1 000 DM vereinbart. Eine Erhöhung fand in
den letzten drei Jahren nicht statt.

Muster:
Klageerhebung
wegen Verweigerung
der Zustimmung zur
Mieterhöhung

Die ortsübliche Vergleichsmiete liegt inzwischen bei 1 500 DM.
Beweis: die in der Anlage benannten Vergleichswohnungen.

Mit Schreiben vom 15. Januar 1997, das dem Beklagten am
17. Januar 1997 zugegangen ist, forderte der Kläger den
Beklagten dazu auf der Mieterhöhung auf 1 400 DM, also auf
die Höhe der ortsüblichen Miete zuzustimmen. In diesem
Schreiben benannte der Kläger drei Vergleichswohnungen
zum Beweis, dass die ortsübliche Vergleichsmiete nicht überschritten wurde.
Beweis: Kopie des Schreibens an den Mieter.

In diesem Schreiben wurde der Beklagte auf seine Überlegungsfrist hingewiesen, ebenso auch darauf, dass der Kläger
für den Fall der Verweigerung der Zustimmung innerhalb der
Frist Klage auf Zustimmung erheben werde. Dennoch hat sich
der Beklagte innerhalb der gesetzten Frist nicht geäußert, deshalb ist Klage geboten.
Beweis: Kopie des besagten Schreibens.

Den Gegenstandswert des Verfahrens gebe ich mit 4 800 DM
(12 x 400 DM) an.

Dr. Schnabel
Rechtsanwalt

Rechtsanwältin   1997-04-15
Dr. Stefanie Klever
Mozartstraße 4
80660 München

An das
Amtsgericht München
Pacellistraße 2

80333 München

In Sachen Gierig (Prozessbevollmächtigter RA Dr. Schnabel) ./.   *Muster:*
Hell wegen Zustimmung zur Mieterhöhung, Az.: 15 C 111/97   *Klageerwiderung*

zeige ich an, dass ich den Beklagten vertrete.

In der mündlichen Verhandlung werde ich beantragen:

I.   Die Klage wird abgewiesen.
II. Der Kläger trägt die Kosten des Rechtsstreits.
III. Das Urteil ist bezüglich der Kosten des Rechtsstreits vor-
     läufig vollstreckbar.

Begründung: Das Mieterhöhungsverlangen des Klägers ist aus
mehreren Gründen unwirksam. Zwar benannte der Vermieter
in seinem Schreiben drei Wohnungen als angebliche Vergleichswohnungen, außer der Adresse benannte er jedoch
keine Tatsachen, die einen solchen Vergleich rechtfertigen
würden. Die Wohnungen waren für den Beklagten nicht identifizierbar. Dem Schreiben des Klägers waren weder das Baujahr noch die Größe der einzelnen Wohnungen oder die
jeweilige Ausstattung zu entnehmen.
Beweis: Kopie des Mieterhöhungsschreibens.

Ferner begehrt der Kläger eine Erhöhung der ursprünglichen
Miete von 1000 DM auf 1400 DM. Das stellt eine Erhöhung um
40 % dar und ist eindeutig zu hoch. Gemäß § 2 MHG wäre
höchstens eine Mieterhöhung um 30 % möglich gewesen.
Gründe, die ausnahmsweise eine stärkere Erhöhung rechtfertigen würden, liegen nicht vor.

Das Mieterhöhungsverlangen des Klägers ist deshalb sowohl
formell unwirksam als auch eindeutig zu hoch. Die Klage ist
daher abzuweisen.

Dr. Klever/Rechtsanwältin   **Anlagen**

Xaver Hell   1997-10-04
Steinstr. 16
80464 München

An das
Amtsgericht München
Vollstreckungsgericht
Pacellistraße 2

80333 München

Sehr geehrte Damen und Herren,

das Amtsgericht München hat mich zur Räumung der Wohnung in der Steinstraße 16 verurteilt (Az.: 7 C 523/96). Das Urteil
ist inzwischen rechtskräftig. Dabei wurde mir eine Räumungsfrist von zwei Monaten zugebilligt. Obwohl ich alle Anstrengungen unternommen habe, konnte ich bisher keine Wohnung finden. Dabei habe ich sogar zusätzlich einen Makler mit
der Suche beauftragt, aber auch dieser konnte keine bezahlbare Wohnung finden.
Beweis: Schriftliche Aufzeichnungen über die Wohnungssuche
und der Maklervertrag.

Außerdem erlitt ich am 20. September 1997 einen schweren
Magendurchbruch, weshalb mir der Arzt absolute Ruhe für
die nächsten Wochen verordnet hat.
Beweis: ärztliches Attest.

Die mit einem Zwischenumzug verbundene Aufregung würde
für mich eine besondere Härte darstellen. Ich bitte Sie deshalb
mir eine weitere Räumungsfrist von zwei Monaten zu
gewähren. Ich versichere weiterhin, dass ich trotz meiner
Erkrankung alle Anstrengungen auf mich nehme, um einen
Ersatzwohnraum zu finden.

Mit freundlichen Grüßen

Xaver Hell

Anlagen
schriftliche Aufzeichnungen über Wohnungssuche
Maklervertrag
ärztliches Attest

Das Einmaleins des Mietrechts – kleines Lexikon

Abmahnung
Will der Vermieter wegen vertragswidrigen Gebrauchs kündigen, muss er den Mieter vorher abmahnen (§ 550 BGB). Dem Mieter muss damit Gelegenheit gegeben werden sich wieder vertragsgemäß zu verhalten. Lediglich bei besonders schweren Vertragsverstößen, wenn also eine Fortsetzung des Mietverhältnisses unzumutbar ist, kann die Abmahnung unterbleiben (§ 554 a BGB).

Abnutzung
→ **Schönheitsreparaturen**

Abriss
Wenn der Eigentümer das Haus abreißen lassen will, braucht er zunächst eine behördliche Abbruchgenehmigung. Mit dieser Genehmigung kann die Kündigung des Mieters begründet werden.

Falls das Gebäude in einem so schlechten Zustand ist, dass die Instandsetzung unzumutbar wäre, kann der Vermieter auch ohne Vorlage der Abrissgenehmigung kündigen, wenn er einen Neubau errichten will.

Abstand

Zahlungen an den Vormieter dafür, dass er die Wohnung frei macht, oder für Einrichtungsgegenstände, die er in der Wohnung zurücklässt.

Abwesenheit, längere

Der Mieter kann die Räume ungenutzt lassen, solange er will, Dabei hat er jedoch seine Pflichten aus dem Mietverhältnis weiter zu erfüllen, also den Mietzins pünktlich zu zahlen und dafür zu sorgen, dass keine Schäden an der Wohnung auftreten.

Änderung des Mietvertrages

Wenn sich Mieter und Vermieter über die Änderungen einig sind, kann der Vertrag jederzeit geändert werden. Auch mündliche Änderungen sind gültig, es sei denn, im Mietvertrag wurde ein Schriftformerfordernis vereinbart. Gegen den Willen einer Vertragspartei ist jedoch keine Änderung des Mietvertrages möglich.

Allgemeine Geschäftsbedingungen
→ **Formularmietvertrag**

Altverträge

Als Altverträge bezeichnet man in den alten Bundesländern Mietverträge, die vor dem 1. April 1977 geschlossen wurden. Auf diese Verträge findet das AGB-Gesetz mit Ausnahme des § 9 AGBG keine Anwendung.

In den neuen Bundesländern bezeichnet man Mietverträge, die vor dem 3. Oktober 1990 abgeschlossen wurden, ebenfalls als Altverträge. Für diese gelten einige Besonderheiten.

Bagatellschäden
→ **Reparaturen**

Bauliche Veränderungen

Für Maßnahmen, die eine Veränderung der Bausubstanz zur Folge haben, braucht der Mieter die Zustimmung des Vermieters. Spätestens beim Auszug kann der Vermieter verlangen, dass vom Mieter eigenmächtig durchgeführte bauliche Veränderungen rückgängig gemacht werden.

Bauliche Veränderungen durch den Vermieter muss der Mieter dulden, wenn sie der Verbesserung der Wohnung dienen und keine besondere Härte für den Mieter bedeuten (§ 541 b BGB).

→ auch **Mieterhöhung**

Befristetes Mietverhältnis

Wenn im Mietvertrag eine bestimmte Mietzeit, z. B. drei Jahre, festgelegt ist, endet das Mietverhältnis mit dem Ablauf dieser Zeit, ohne dass eine Kündigung nötig wäre (§ 564 Abs. 1 BGB).

Vor diesem Zeitpunkt kann das Mietverhältnis nur beendet werden, wenn Gründe für eine außerordentliche Kündigung vorliegen oder der Mieter einen Nachmieter benennen kann und der Vermieter, nach dem Grundsatz von Treu und Glauben diesen akzeptieren muss. Spätestens zwei Monate vor dem vereinbarten Ende der Mietzeit kann der Mieter vom Vermieter die Fortsetzung des Mietverhältnisses auf unbestimmte Zeit verlangen, wenn der Vermieter kein berechtigtes Interesse an der Beendigung des Mietverhältnisses hat (§ 564 c BGB). Dieses Recht steht dem Mieter allerdings nicht zu bei echten Zeitmietverträgen.

Besuch

Der Mieter darf nach Belieben Besucher empfangen, unabhängig von Dauer, Häufigkeit oder Art der Besuche. Nur wenn es zu unzumutbaren Belästigungen kommt, hat der Vermieter ein Recht zur Kündigung.

Bleibt der Besucher für mehrere Monate, liegt kein Besuch mehr vor, sondern eine Aufnahme in die Wohnung, die das Einverständnis des Vermieters erfordert.

Betreten der Mieträume durch den Vermieter

Der Mieter braucht, wenn im Mietvertrag nichts anderes vereinbart ist, den Vermieter nur in wenigen Ausnahmefällen in die Wohnung zu lassen:

- zur Prüfung, ob Reparaturen oder Instandsetzungsarbeiten nötig sind,
- bei Gefahren für die Mietsache,
- im letzten Monat der ablaufenden Mietzeit, um potenziellen Nachmietern die Besichtigung zu ermöglichen,
- wenn die Wohnung verkauft werden soll um möglichen Käufern die Besichtigung zu ermöglichen.

Auch in diesen Ausnahmefällen muss der Vermieter seinen Besuch rechtzeitig anmelden.

Betriebskosten
→ Nebenkosten

Eigenbedarf
Der Eigenbedarf ist einer der Gründe für ein berechtigtes Interesse des Vermieters, das nach § 564 b BGB Voraussetzung für eine wirksame ordentliche Kündigung ist.

Eigenbedarf liegt nur vor, wenn der Vermieter die Räume als Wohnung für sich, die zu seinem Hausstand gehörenden Personen oder seine Familienangehörigen braucht.

Aus dem Kündigungsschreiben müssen sich die Eigenbedarfsgründe ergeben. Dabei muss es sich um vernünftige und nachvollziehbare Gründe handeln. Stellt sich nach dem Auszug des Mieters heraus, dass die Gründe nur vorgeschoben waren, muss der Vermieter dem Mieter Schadensersatz zahlen.

Eigentumswohnung
Bei der Vermietung einer Eigentumswohnung gelten für das Verhältnis zwischen Mieter und Vermieter die allgemeinen Vorschriften des Mietrechts. Auch die Umwandlung einer vermieteten Wohnung in eine Eigentumswohnung ändert nichts an der Rechtsposition des Mieters.

Familienangehörige
Der Mieter darf auch ohne Einwilligung des Vermieters nächste Familienangehörige, also Ehegatten, Kinder und Ge-

schwister, in die Wohnung aufnehmen, solange keine Überbelegung auftritt.

Beim Tod des Mieters treten die Familienangehörigen, mit denen der Mieter einen gemeinsamen Hausstand geführt hat, in das Mietverhältnis ein, wenn sie nicht innerhalb eines Monats nach Kenntnis vom Tod des Mieters erklären, dass sie das Mietverhältnis nicht fortsetzen wollen (§ 569 a BGB).

Fehlbelegungsabgabe
Diese müssen viele Mieter von Sozialwohnungen, deren Einkommen gestiegen ist, an die Gemeinde zahlen. Die Höhe dieser Abgabe ist nicht einheitlich geregelt.

Formularmietvertrag
Wenn der Mietvertrag nicht individuell vereinbart wurde, sondern es sich um ein vorgefertigtes Formular handelt, unterliegt er der verstärkten Kontrolle durch das Gesetz zur Regelung des Rechts der Allgemeinen Geschäftsbedingungen (AGBG). Die wichtigsten Bestimmungen des AGBGs sind:
- Für den Mieter überraschende Klauseln im Formularmietvertrag sind unwirksam (§ 3 AGBG).
- Individuelle Vereinbarungen haben Vorrang vor den Allgemeinen Geschäftsbedingungen (§ 4 AGBG).
- Alle unklaren Formulierungen werden zu Lasten des Verwenders (in der Regel also des Vermieters) ausgelegt (§ 5 AGBG).

Garage, Stellplatz
Wenn die Garage nicht im Zusammenhang mit einer Wohnung gemietet wurde, besteht kein Kündigungsschutz. Es muss dann lediglich die Frist des § 565 BGB von knapp drei Monaten beachtet werden.

Wurden Wohnung und Garage zusammen vermietet, dann wird die Garage als Nebenraum behandelt. Der Kündigungsschutz erstreckt sich dann auch auf sie.

Gebrauchsüberlassung
→ Untermiete

Gewerbliche Nutzung

Will der Mieter die Wohnung gewerblich nutzen, dann muss der Vermieter ausdrücklich zustimmen. Wird die Wohnung ohne Zustimmung gewerblich genutzt, kann der Vermieter nach § 553 BGB fristlos kündigen. Keine Zustimmung ist jedoch erforderlich, wenn es sich nur um geringfügige Büroarbeiten handelt, bei denen eine erhöhte Abnutzung der Wohnung und eine Belästigung von Nachbarn ausgeschlossen sind.

Gründe in der Person eines Dritten

Begehrt der Mieter die Aufnahme eines Dritten, kann ihm der Vermieter dies unter anderem dann verweigern, wenn in der Person des Dritten (z. B. Lebensgefährten) ein wichtiger Grund vorliegt. Der wichtige Grund muss in den persönlichen Verhältnissen des Dritten begründet sein. Das ist z. B. dann der Fall, wenn der Dritte der Prostitution nachgeht oder Alkoholiker ist und dadurch den Hausfrieden gestört wird. Im Rechtsstreit muss der Vermieter das Vorliegen des wichtigen Grundes beweisen.
→ **Untermiete**
→ **Unzumutbarkeit der Aufnahme eines Dritten**

Hausordnung

Damit die Hausordnung für den Mieter maßgeblich ist, muss sie dem Mietvertrag beigefügt werden.

Haustiere

Ein völliges Verbot der Haustierhaltung ist nur wirksam, wenn es individuell, also nicht nur durch einen Formularmietvertrag vereinbart wurde. Auch in Formularmietverträgen gültig ist dagegen eine Klausel, nach der die Haustierhaltung von der Zustimmung des Vermieters abhängig gemacht wird, es sei denn, es handelt sich um Kleintiere, bei denen eine Belästigung ausgeschlossen ist.

Heizkosten
→ **Nebenkosten**

Instandsetzung
→ **Reparaturen**

Kaltmiete
Der Mietzins ohne Heiz- und Warmwasserkosten.

Kapitalkostenerhöhung
→ **Mieterhöhung**

Kappungsgrenze
Die Kappungsgrenze bedeutet: Die Miete darf innerhalb von drei Jahren nicht um mehr als 30 % erhöht werden. Bei vor 1981 fertig gestellten Wohnungen beträgt die Kappungsgrenze in der Regel 20 %.

Kaution
Der Vermieter hat nur dann einen Anspruch auf Zahlung einer Kaution, wenn dies im Mietvertrag vereinbart ist. Bei Wohnräumen darf die Kaution nicht höher sein als drei Monatsmieten ohne Nebenkosten (§ 550 b BGB). Der Vermieter muss die Kaution zu dem für Spareinlagen mit dreimonatiger Kündigungsfrist üblichen Zinssatz anlegen. Nach Beendigung des Mietverhältnisses muss er die Kaution einschließlich Zinsen zurückzahlen, es sei denn, es bestehen noch Forderungen des Vermieters gegen den Mieter.

Kostenmiete
Der Vermieter von Sozialwohnungen darf nur die Kostenmiete verlangen, also die Miete, die zur Deckung der laufenden Aufwendungen erforderlich ist (§ 8 WoBindG). Eine Erhöhung der Kostenmiete ist nur möglich, wenn sich die laufenden Aufwendungen ohne Verschulden des Vermieters erhöhen.

Kündigung, fristlose
Eine fristlose Kündigung ist nur in wenigen Fällen möglich:
■ wenn der Mieter trotz einer Abmahnung des Vermieters einen vertragswidrigen Gebrauch der Wohnung fortsetzt, der die Rechte des Vermieters erheblich verletzt (§ 553 BGB),

- wenn der Mieter mit zwei Monatsmieten in Zahlungsverzug ist (§ 554 BGB),
- wenn eine Vertragspartei schuldhaft in solchem Maß eine Verpflichtung verletzt, dass der anderen die Fortsetzung des Mietverhältnisses nicht zugemutet werden kann.
- Der Mieter kann fristlos kündigen, wenn ihm der Vermieter den Gebrauch der Wohnung vorenthält (§ 542 BGB).

Kündigung, ordentliche

Der Mieter kann ohne Grund kündigen, der Vermieter nur, wenn er ein berechtigtes Interesse an der Kündigung hat (§ 564 b BGB). Beispiele für berechtigtes Interesse sind:

- Der Mieter hat seine vertraglichen Verpflichtungen schuldhaft erheblich verletzt.
- → **Eigenbedarf** des Vermieters.
- Der Vermieter würde durch die Fortsetzung des Mietverhältnisses an einer angemessenen wirtschaftlichen Verwertung gehindert und erhebliche Nachteile erleiden.

Der Vermieter muss den Kündigungsgrund im Kündigungsschreiben darlegen.

Mieterhöhung

Der Vermieter muss dem Mieter die Mieterhöhung schriftlich erklären und begründen.

Wenn die Mieterhöhung nicht durch bauliche Änderungen (Modernisierung), Erhöhung der Betriebs- oder Kapitalkosten begründet ist, müssen nach dem Miethöhegesetz (MHG) außerdem folgende Voraussetzungen vorliegen:

- Die Mieterhöhung darf nicht durch den Mietvertrag ausgeschlossen sein.
- Die bisherige Miete (ohne Nebenkosten) wurde seit mindestens einem Jahr nicht erhöht.
- Die neue Miete darf nicht höher sein als die ortsübliche Vergleichsmiete. Um das zu beweisen, kann der Vermieter entweder auf einen Mietspiegel verweisen, drei vergleichbare Wohnungen benennen oder ein Gutachten eines öffentlich bestellten und vereidigten Sachverständigen vorlegen.

Die Miete darf innerhalb von drei Jahren nicht um mehr als 30 % erhöht werden. Bei vor 1981 fertig gestellten Wohnungen beträgt die → **Kappungsgrenze** in der Regel 20 %.

Sind diese Voraussetzungen nicht erfüllt, ist der Vermieter außer bei einer Erhöhung der Betriebs- oder Kapitalkosten nur dann zur Mieterhöhung berechtigt, wenn er Modernisierungsmaßnahmen durchgeführt hat, die

- den Gebrauchswert der Wohnung nachhaltig erhöhen,
- die allgemeinen Wohnverhältnisse auf Dauer verbessern,
- nachhaltige Einsparungen von Heizenergie oder Wasser bewirken,

oder wenn er andere bauliche Änderungen aufgrund von Umständen, die er nicht zu vertreten hat (z. B. behördliche Auflagen), durchgeführt hat.

Im Fall der Mieterhöhung wegen baulicher Veränderungen darf die Mieterhöhung jährlich höchstens 11 % der aufgewendeten Kosten betragen.

Mietminderung

Zur Mietminderung, also zur Kürzung der Miete, ist der Mieter nach § 537 BGB berechtigt, wenn die Wohnung einen Mangel hat, der ihre Tauglichkeit als Wohnraum aufhebt oder diese mindert.

Dieses Recht kann auch nicht durch den Mietvertrag ausgeschlossen werden. Voraussetzung für den Anspruch auf Mietminderung ist, dass der Mieter dem Vermieter den Mangel angezeigt und ihn nicht selbst verschuldet hat.

Mietspiegel

Beim Mietspiegel handelt es sich um eine örtliche Mietwerttabelle. Es gibt sie jedoch nicht in jeder Gemeinde. Von Bedeutung ist der Mietspiegel, weil der Vermieter damit die örtliche Vergleichsmiete beweisen kann, wenn er die Miete erhöhen will.

Mietvertrag

Ein Mietvertrag liegt vor, sobald sich Mieter und Vermieter über das Bestehen des Mietverhältnisses geeinigt haben. Ein

Schriftstück ist also nicht nötig. Zum späteren Beweis und zur Klarstellung aller Rechte und Pflichten empfiehlt es sich aber den Mietvertrag schriftlich zu schließen.

Modernisierung
→ **Bauliche Veränderungen**
→ **Mieterhöhung**

Mündliche Vereinbarungen
In der Regel sind im Mietrecht mündliche Vereinbarungen gültig. Wollen die Mietparteien allerdings einen Mietvertrag über einen längeren Zeitraum als ein Jahr schließen, ist die Schriftform nötig.
→ **Schriftform**

Nachmieter
Die Benennung eines Nachmieters berechtigt den Mieter nur dann zur vorzeitigen Beendigung eines befristeten Mietverhältnisses, wenn das im Mietvertrag ausdrücklich vereinbart ist oder wenn die Weigerung des Vermieters einen zumutbaren Nachmieter zu akzeptieren für den Mieter eine unzumutbare Härte bedeuten würde.

Nebenkosten
Der Mieter muss neben der Grundmiete für Nebenkosten nur dann aufkommen, wenn das im Mietvertrag ausdrücklich vereinbart ist. Dem Mieter dürfen dabei bestimmte Kosten auferlegt werden, die sich aus Anlage 3 zu § 27 der II. Berechnungsverordnung ergeben, wie z. B. Heizkosten. Im Mietvertrag muss klargestellt werden, ob die Nebenkosten neben der Grundmiete als monatliche Pauschale oder als Vorauszahlung zu zahlen sind, über die der Vermieter eine Abrechnung erstellen muss.

Provision
Ein Makler darf unter bestimmten Voraussetzungen für die erfolgreiche Vermittlung einer Wohnung bis zu zwei Monatsmieten (ohne Nebenkosten) Provision verlangen.

Reparaturen

Die Übernahme von Reparaturen ist an sich Aufgabe des Vermieters. Kleinere Reparaturen können jedoch im Mietvertrag dem Mieter auferlegt werden, wenn gleichzeitig eine Höchstgrenze für die Kosten pro Reparatur und pro Jahr festgelegt ist und ausdrücklich vereinbart wird, auf welche Teile sich die Reparaturpflicht bezieht.

Schönheitsreparaturen

Unter Schönheitsreparaturen versteht man das Tapezieren und das Streichen der Wände, Decken, Heizkörper und Innentüren sowie das Streichen der Außentüren und der Fenster von innen.

Der Mieter muss nach § 536 BGB Schönheitsreparaturen nur dann ausführen, wenn das im Mietvertrag ausdrücklich festgelegt ist.

Schriftform

Zur Gültigkeit einiger Rechtsgeschäfte und zur Ausübung bestimmter Rechte bedarf es oft der Einhaltung der Schriftform. Diese Form ist in der Regel nur gewahrt, wenn das entsprechende Schriftstück auch eigenhändig von den Betroffenen unterschrieben wird.

Im Mietrecht ist die Schriftform vor allem bei Kündigungen von Mietverhältnissen und beim Abschluss von Mietverträgen erforderlich, wenn sie für einen längeren Zeitraum als ein Jahr geschlossen werden.
→ **Mündliche Vereinbarungen**

Sonderkündigungsrecht

Kündigungen im Mietrecht sind an die Einhaltung bestimmter Kündigungsfristen gebunden. Dabei kommt es entscheidend auf die Dauer des Mietverhältnisses an. Von dieser Regel gibt es allerdings einige Ausnahmen. Eine Sonderkündigung, mit entsprechend kürzerer Kündigungsfrist kommt z. B. bei einer Mieterhöhung wegen Modernisierung, Vermietung von Einliegerwohnungen oder bei dienstlicher Versetzung von Beamten in Betracht.

Sozialklausel

Die Sozialklausel (§ 556 a BGB) besagt, dass der Mieter einer ordentlichen Kündigung widersprechen kann, wenn die Beendigung des Mietverhältnisses eine unerträgliche Härte für ihn bedeuten würde.

Sozialwohnung

Sozialwohnungen sind Wohnungen, deren Einrichtung durch öffentliche Mittel gefördert wurde. Für sie gelten die Regelungen des Wohnungsbindungsgesetzes, das z.B. die Wohnberechtigung von der Unterschreitung bestimmter Einkommensgrenzen abhängig macht.

Staffelmiete

Als Staffelmiete bezeichnet man Vereinbarungen im Mietvertrag, nach denen Mieterhöhungen im Voraus festgelegt werden. Solche Vereinbarungen sind nur wirksam, wenn sie schriftlich erfolgen. Die Laufzeit beträgt höchstens zehn Jahre (§ 10 MHG).

Stellplatz
→ **Garage**

Tierhaltung
→ **Haustiere**

Tod des Mieters

Wenn der Mieter stirbt, besteht der Mietvertrag zwischen den Erben und dem Vermieter zunächst fort. Beide Seiten haben aber ein Kündigungsrecht nach § 569 BGB. Besondere Regelungen bestehen für Ehegatten und im Haushalt des Verstorbenen lebende → **Familienangehörige.**

Umbau
→ **Bauliche Veränderungen**

Umwandlung in Wohnungseigentum
→ **Eigentumswohnung**

Untermiete

Für die Untervermietung ist gemäß § 549 BGB grundsätzlich das Einverständnis des Vermieters erforderlich. Eine Ausnahme gilt für die Aufnahme von Ehegatten, Verlobten oder des Lebenspartners, wenn es dadurch nicht zur Überbelegung kommt. Ebenfalls keine Erlaubnis des Vermieters ist erforderlich, wenn es sich um einen bloßen → **Besuch** handelt.

Wenn der Mieter ein berechtigtes Interesse an der Untervermietung eines Teils der Wohnung hat und die Untervermietung für den Vermieter nicht unzumutbar ist, kann der Mieter vom Vermieter die Zustimmung verlangen und notfalls einklagen.
→ **Gründe in der Person eines Dritten**
→ **Unzumutbarkeit der Aufnahme eines Dritten**

Unzumutbarkeit der Aufnahme eines Dritten

Der Vermieter muss die Aufnahme eines Dritten unter anderem dann nicht dulden, wenn ihm das nicht zugemutet werden kann. Das ist z. B. dann der Fall, wenn der Mietvertrag sowieso demnächst endet. Religiöse oder rassistische Erwägungen des Vermieters führen nicht zu einer Unzumutbarkeit der Aufnahme.
→ **Gründe in der Person eines Dritten**
→ **Untermiete**

Vergleichsmiete
→ **Mieterhöhung**

Verkauf

Das Mietverhältnis bleibt bestehen, wenn der Vermieter die Wohnung verkauft. Der Käufer übernimmt die Rechte und Pflichten des alten Vermieters.

Vermieterpfandrecht

Nach § 559 BGB hat der Vermieter für unerfüllte Forderungen aus dem Mietverhältnis ein Pfandrecht an den eingebrachten Sachen des Mieters. Es darf sich aber nicht um unpfändbare Gegenstände (§§ 811, 812 ZPO) handeln.

Vertragswidriger Gebrauch
→ **Kündigung, fristlose**

Vorzeitiger Auszug
→ **Nachmieter**

Wohnberechtigungsschein
Wer eine → **Sozialwohnung** mieten will, braucht einen Wohnberechtigungsschein. Auf Antrag wird er von den Wohnämtern der Gemeinden ausgestellt. Voraussetzung ist ein niedriges Gesamteinkommen der Familie, die in eine Sozialwohnung ziehen will.

Wohngeld
Wohngeld wird in der Regel nur auf Antrag gewährt. Dieser Antrag muss beim Wohnungsamt der Gemeinde gestellt werden. Ob ein Anspruch auf Wohngeld besteht, richtet sich in erster Linie nach dem Einkommen.

Zeitmietvertrag
→ **Befristetes Mietverhältnis**

Adressen – so finden Sie schnelle und kompetente Hilfe

Rechte – Pflichten – Mieterhöhung – Mietminderung – Kündigung: Das Mietverhältnis bietet den Mietparteien oft Anlass unterschiedlicher Meinung zu sein. Die komplizierten Mietgesetze und eine uneinheitliche Rechtsprechung sorgen auch nicht immer für die erhoffte Klarheit. Streitigkeiten zwischen Mieter und Vermieter gehören daher zur Tagesordnung. Häufig landen sie dann auch vor Gericht. Eine gute Vorbereitung auf den bevorstehenden Prozess ist unerlässlich auf dem Weg zum Erfolg.

Hilfe und Beratung

Zusätzliche Hilfe und Beratung in Einzelfragen sind dabei oft dringend zu empfehlen. Dazu können Sie sich an Rechtsanwälte, Mietervereine und andere Beratungsstellen wenden. Wie Sie die richtigen Stellen finden, das erfahren Sie auf den folgenden Seiten.

Es gibt zwar Fachanwälte für Arbeits-, Sozial-, Steuer- und Verwaltungs-, nicht jedoch für Mietrecht. Viele Anwälte beschäftigen sich aber schwerpunktmäßig mit diesem Rechtsgebiet. Ihre Adressen können Sie bei Mietervereinen, dem örtlichen Anwaltsverein oder der regionalen Anwaltskammer erfragen. In den „Gelben Seiten" der Telekom finden sich oft Hinweise darauf, welche Interessensschwerpunkte ein Rechtsanwalt hat.

Die Beratung durch den Anwalt hat natürlich ihren Preis. Die Beratungsgebühr richtet sich in der Regel nach der Bundesrechtsanwaltsgebührenordnung. Sie können aber auch eine pauschale Honorarvereinbarung treffen.

Guter Rat muss aber nicht immer teuer sein. Mieter mit einem geringen Einkommen können sich unter bestimmten Voraussetzungen fast kostenlos durch einen Rechtsanwalt beraten lassen. Dieser Anspruch basiert auf dem **Beratungshilfegesetz.** Und so kommen Sie in den Genuss dieser Hilfe: *Antrag auf Beratungshilfe* Zuerst stellen Sie beim zuständigen Amtsgericht einen Antrag auf Bewilligung der Beratungshilfe. Dabei müssen Sie Ihre Einkommensverhältnisse angeben und auch belegen. Steuerbescheide und Lohnbescheinigungen sollten Sie deshalb unbedingt aufbewahren. Die Hilfe wird gewährt, wenn Ihr Einkommen eine bestimmte Höhe nicht überschreitet. Die Kriterien für die zulässige Höhe sind dieselben wie beim Anspruch auf Prozesskostenhilfe ohne Ratenzahlung. Hätten Sie also einen Anspruch auf Prozesskostenhilfe, dann haben Sie ebenfalls einen auf kostenlose Beratung. Sie erhalten dann vom Gericht einen Berechtigungsschein. Damit können Sie zu einem Rechtsanwalt Ihrer Wahl gehen. Sie zahlen ihm dann nur eine Schutzgebühr in Höhe von 20 DM und können sich beraten lassen.

Hat der Vermieter Sie verklagt oder wollen Sie gegen ihn gerichtlich vorgehen, können Sie bei einem niedrigen Einkommen Prozesskostenhilfe beim Gericht beantragen. Wenn Ihr Antrag Erfolg hat und nicht nur eine Ratenzahlung bewilligt wird, dann sind Sie die Sorgen um die Gerichtskosten und die Gebühren des eigenen Anwalts los, nicht aber die um die Kosten des gegnerischen Anwalts. Verlieren Sie den Prozess, dann müssen Sie nämlich die Anwaltskosten der Gegenpartei ersetzen. (Näheres zur Prozesskostenhilfe finden Sie in Kapitel „So machen Sie Ihre Ansprüche vor Gericht geltend".)

Rechtsschutzversicherungen

Wollen Sie das Kostenrisiko, das ein Mietprozess mit sich bringt, nicht selbst tragen, dann können Sie eine Rechtsschutzversicherung abschließen. Schon die Beratung durch einen Rechtsanwalt ist für Sie damit kostenfrei. Kommt es dann später zu einem Prozess, brauchen Sie weder die Gerichtskosten noch die Kosten für den eigenen oder den gegnerischen Anwalt zu zahlen und das unabhängig davon, ob Sie gewinnen oder verlieren. Auch die Kosten für ein Sachverständigengutachten werden von der Rechtsschutzversicherung getragen. Der Mieterrechtsschutz muss ausdrücklich vereinbart sein!

Schon die Beratung ist kostenlos

Einen Schönheitsfehler gibt es aber doch: Die Versicherung wird die Kosten nur dann übernehmen, wenn Sie zum Zeitpunkt des Eintritts des streitigen Ereignisses bereits drei Monate versichert waren. Erhöht Ihnen der Vermieter also die Miete, dann nützt es für den bevorstehenden Prozess nichts, wenn Sie erst nach Zugang des Mieterhöhungsverlangens eine Rechtsschutzversicherung abschließen.

Neben vielen Versicherungsgesellschaften bieten übrigens auch **Mietervereine** ihren Mitgliedern preiswerte Mieterrechtsschutzversicherungen an. Beim Mieterverein München kostet sie z. B. zur Zeit (1996) 24 DM.

Rat und Hilfe bei allen Mietproblemen können Sie auch bei Mietervereinen einholen. Diese Vereine bieten neben einer persönlichen kompetenten Beratung auch eine Vielzahl von Broschüren und sonstiges Informationsmaterial an. Wollen Sie das Angebot nutzen, müssen Sie vorher Mitglied werden und einen Jahresbeitrag zahlen. Der Jahresbeitrag für den Mieterverein München e.V. belief sich z. B. im Jahr 1996 auf 72 DM. Die Beiträge sind unterschiedlich hoch, also fragen Sie am besten vorher nach. Im Folgenden finden Sie eine Zusammenstellung der Adressen der Landesverbände dieser Vereine. Dort wird man Ihnen die Anschrift des örtlichen Mietervereins in Ihrer Nähe mitteilen.

Adressen der Mietervereine

Deutscher Mieterbund e.V.,
Aachener Straße 313, Postfach 41 02 69, 50931 Köln,
Telefon: (02 21) 9 40 77-0, Fax: (02 21) 9 40 77-22

Deutscher Mieterbund, Landesverband **Baden-Württemberg**,
Urbanstraße 30, 70182 Stuttgart,
Telefon: (07 11) 23 29 37

Deutscher Mieterbund, Landesverband **Bayern** e.V.,
Weißenburger Straße 16, 63739 Aschaffenburg,
Telefon: (0 60 21) 1 58 87

Berliner Mieterverein e.V.,
Landesverband im Deutschen Mieterbund,
Wilhelmstraße 74, 10117 Berlin,
Telefon: (0 30) 23 19 99-0

Deutscher Mieterbund Land **Brandenburg** e.V.,
Dortusstraße 36, 14467 Potsdam,
Telefon: (03 31) 2 70 02 44

Mieterverein zu **Hamburg** von 1890 R.V.,
Landesverband im Deutschen Mieterbund,
Glockengießerwall 2, 20095 Hamburg,
Telefon: (0 40) 32 25 41

Deutscher Mieterbund, Landesverband **Hessen** e.V.,
Adelheidstraße 70, 65185 Wiesbaden,
Telefon: (06 11) 37 80 70

Deutscher Mieterbund,
Landesverband **Mecklenburg-Vorpommern** e.V.,
Warnowallee 23, 18107 Rostock,
Telefon: (03 81) 7 69 78 16

Deutscher Mieterbund,
Landesverband **Niedersachsen-Bremen** e.V.,
Herrenstraße 14, 30159 Hannover,
Telefon: (05 11) 12 10 60

Deutscher Mieterbund, Landesverband der Mietervereine
in **Nordrhein-Westfalen** e.V.,
Luisenstraße 12, 44137 Dortmund,
Telefon: (02 31) 14 92 60

Rheinischer Mieterverband e.V.,
Mühlenbach 49, 50676 Köln,
Telefon: (02 21) 24 61 18

Deutscher Mieterbund, Landesverband **Rheinland-Pfalz** e.V.,
Spittelstraße 5, 67655 Kaiserslautern,
Telefon: (06 31) 6 92 50

Deutscher Mieterbund, Landesverband **Saarland** e.V.,
Karl-Marx-Straße 1, 66111 Saarbrücken,
Telefon: (06 81) 3 21 48

Deutscher Mieterbund,
Landesverband **Sächsischer Mietervereine** e.V.,
Dresdner Straße 36, 09130 Chemnitz,
Telefon: (03 71) 4 02 40 95

Deutscher Mieterbund, Landesverband **Sachsen-Anhalt** e.V.,
Steinweg 5, 06110 Halle,
Telefon: (03 45) 5 50 01 68

Deutscher Mieterbund, Landesverband
Schleswig-Holstein e.V.,
Eggerstedtstraße 1, 24103 Kiel,
Telefon: (04 31) 9 79 19-0

Deutscher Mieterbund, Landesverband **Thüringen** e.V.,
Schillerstraße 34, 99096 Erfurt,
Telefon: (03 61) 5 98 05-0

Sonstige Beratungsstellen

Wohnen Sie in Bremen, dann können Sie sich auch von Arbeitnehmerkammern beraten lassen. In Hamburg sind die öffentlichen Rechtsauskunft- und Vergleichsstellen dafür zuständig. Auch in Berlin gibt es öffentliche Rechtsberatungsstellen.

Abkürzungen

Abs.	Absatz
AG	Amtsgericht
AGBG	Gesetz zur Regelung des Rechts der Allgemeinen Geschäftsbedingungen
Art.	Artikel
Az.	Aktenzeichen
BGB	Bürgerliches Gesetzbuch
BGH	Bundesgerichtshof
BVerfG	Bundesverfassungsgericht
GKG	Gerichtskostengesetz
GVG	Gerichtsverfassungsgesetz
LG	Landgericht
MDR	Monatsschrift für Deutsches Recht
MHG	Gesetz zur Regelung der Miethöhe
MM	Mietrechtliche Mitteilungen (Berliner Zeitschrift)
MÜG	Mietenüberleitungsgesetz
NJW	Neue Juristische Wochenschrift
NJW-RR	Neue Juristische Wochenschrift – Rechtsprechungsreport
Nr.	Nummer
OLG	Oberlandesgericht
StGB	Strafgesetzbuch
WoBindG	Wohnungsbindungsgesetz
WoGG	Wohngeldgesetz
WoVermittG	Gesetz zur Regelung der Wohnungsvermittlung
WM	Zeitschrift Wohnungswirtschaft und Mietrecht
ZGB	Zivilgesetzbuch
ZMR	Zeitschrift für Miet- und Raumrecht
ZPO	Zivilprozessordnung

Im FALKEN Verlag sind zahlreiche Rechtsratgeber erschienen.
Bitte fragen Sie in Ihrer Buchhandlung.

Der Text dieses Buches entspricht den Regeln der neuen deutschen
Rechtschreibung.

Dieses Buch wurde auf chlorfrei gebleichtem
und säurefreiem Papier gedruckt.

Die Deutsche Bibliothek – CIP-Einheitsaufnahme

Gaida, Martin:
Recht für Mieter : Wohnungssuche, Mietvertrag, Mieterhöhung,
Nebenkosten, Wohnungsmängel, Wohngeld, Kündigung,
Prozessführung, Auszug / Martin Gaida. –
Niedernhausen/Ts. : FALKEN, 1997
  ISBN 3-8068-1932-7

ISBN 3 8068 1932 7

Umschlaggestaltung: Peter Udo Pinzer
Titelbild und Bild Rückseite: Weber Haus Objektbau, Rheinau-Linx
Layout: Susanne Ahlheim-Wilhelm, Siedelsbrunn
Redaktion: Gabi Neumayer
Koordination: Dr. Petra Begemann

Die Ratschläge in diesem Buch sind von dem Autor und vom Verlag sorgfältig erwogen und geprüft, dennoch kann eine Garantie nicht übernommen
werden. Eine Haftung des Autors bzw. des Verlags und seiner Beauftragten
für Personen-, Sach- und Vermögensschäden ist ausgeschlossen.

Satz: Raasch & Partner GmbH, Neu-Isenburg
Druck: Freiburger Graphische Betriebe GmbH, Freiburg

817 2635 4453 6271